中文社会科学引文索引（CSSCI）来源集刊
中国人文社会科学期刊AMI综合评价核心集刊

珞珈管理评论

LUOJIA MANAGEMENT REVIEW

2024年卷 第6辑（总第57辑）

武汉大学经济与管理学院

WUHAN UNIVERSITY PRESS
武汉大学出版社

图书在版编目(CIP)数据

珞珈管理评论. 2024年卷. 第6辑 : 总第57辑 / 武汉大学经济与管理学院主办. -- 武汉 : 武汉大学出版社, 2024. 11. -- ISBN 978-7-307-24682-9
Ⅰ. F272-53
中国国家版本馆CIP数据核字第2024SR7771号

责任编辑:范绪泉　　责任校对:汪欣怡　　版式设计:韩闻锦

出版发行:**武汉大学出版社**　(430072　武昌　珞珈山)
(电子邮箱:cbs22@ whu.edu.cn 网址:www.wdp.com.cn)
印刷:武汉市天星美润设计印务有限公司
开本:880×1230　1/16　印张:10　字数:245千字
版次:2024年11月第1版　2024年11月第1次印刷
ISBN 978-7-307-24682-9　定价:48.00元

珞珈管理评论
LUOJIA MANAGEMENT REVIEW
中文社会科学引文索引（CSSCI）来源集刊
中国人文社会科学期刊AMI综合评价核心集刊
2024年卷第6辑（总第57辑）

目　　录

CONTENTS

薪酬激励对员工越轨创新行为的影响机制研究*

● 李绍龙[1]　孙　芳[2]　张　勇[3]
（1　武汉大学经济与管理学院　武汉　430072；2　湖北经济学院工商管理学院　武汉　430205；
3　重庆大学经济与工商管理学院　重庆　400044）

【摘　要】组织正式管理实践是诱发员工从事越轨创新行为的重要因素。薪酬激励作为非常重要的组织正式管理实践，却鲜有研究探讨其对越轨创新行为的影响机制。本研究基于社会交换理论，探索了外部薪酬比较、绩效薪酬工具性感知对员工越轨创新行为的影响效应和作用机制。基于 267 位证券从业人员的三阶段问卷调查研究发现：外部薪酬比较、绩效薪酬工具性感知均对员工的越轨创新行为存在显著的正向影响；外部薪酬比较与绩效薪酬工具性感知会交互影响越轨创新行为；外部薪酬比较、绩效薪酬工具性感知通过回报义务感正向影响越轨创新行为，且回报义务感中介了外部薪酬比较与绩效薪酬工具性感知对员工越轨创新行为的交互影响。

【关键词】越轨创新　外部薪酬比较　工具性感知　回报义务感
中图分类号：C93　　文献标识码：A

1. 引言

创新，不仅是社会发展的重要动力，也是企业获得竞争优势的关键因素（Lua et al.，2023）。面对当前全球经济和产业发展不确定因素的增加，企业越来越依靠员工的创造力来达成目标甚至实现突破（杨晓等，2024）。由于资源有限或者员工希望完善自己的想法等原因，许多创新并未获得组织的官方认可，而是由员工私下开展（Criscuolo et al.，2014）。例如，3M 公司的员工私下研究发明了思高胶带、报事贴等里程碑产品，为公司带来了丰厚的利润。这种通过非正统方法进行的创新对企业而言意义重大，学者们将其定义为“越轨创新”（Criscuolo et al.，2014）。具体而言，越轨创新行为指的是由员工主动发起的，尚未获得组织正式支持且不被上级管理者知晓的，以有利于组织创新为目的的行为（Criscuolo et al.，2014）。

* 基金项目：国家自然科学基金项目（项目批准号：72272114；72302082；72110107002）。
通讯作者：孙芳，E-mail：sunfang@ whu. edu. cn。

Globocnik 和 Salomo(2015)的里程碑研究指出，与员工完成工作相关的组织正式管理实践对员工的越轨创新起到了重要作用。然而根据文献回顾，作为组织里的一种重要激励机制——薪酬激励，其与越轨创新行为之间的关系较少被探究。关于创新的研究发现，薪酬是影响员工创新的重要因素（梅春等，2021；白景坤等，2020；张勇等，2014；Zhang et al.，2022），它有助于激发员工的外部动机从而正向影响员工的渐进性创新。实践中也发现，高薪行业人员进行越轨创新的现象比较常见，例如 J. P. 摩根的员工在未获取高层领导授权下，开发了一款利用自然语言处理技术自动解读和分析合同的工具"COIN"(Contract Intelligence)。因此，本研究试图以证券行业从业人员作为研究样本，探究薪酬激励对员工越轨创新的影响效应，以期丰富现有越轨创新的影响因素研究。

在组织薪酬管理实践中，"外部竞争性"和"员工贡献"是反映组织薪酬激励设计的两个重要方面(Gerhart & Newman，2019)。外部竞争性指与竞争对手的薪酬比较，员工贡献强调组织应该在多大程度上对员工的绩效付酬(Gerhart & Newman，2019)。于组织员工而言，薪酬的外部竞争性可以通过外部薪酬比较结果来衡量(Shore et al.，2006)，员工对薪酬与绩效间关联程度的主观感受可以通过绩效薪酬的工具性感知来反映(陈丽芬，2015；Bamberger & Belogolovsky，2010)。据此，本研究欲从薪酬激励设计中的"外部竞争性"和"员工贡献"切入，探究员工的外部薪酬比较和绩效薪酬工具性感知对其越轨创新行为的影响。具体而言，本研究推测员工的外部薪酬比较和绩效薪酬工具性感知均会正向影响其越轨创新。同时，本研究还推测员工的外部薪酬比较和绩效薪酬工具性感知会交互影响其越轨创新。当员工的绩效薪酬工具性感知较高时，员工对于自己的付出与未来的收获之间的联系程度感受更加深刻。这进一步刺激了外部薪酬比较处于优势位置的员工，让其更加愿意通过从事越轨创新行为来获得潜在的收获。

针对上述问题，本研究选取社会交换理论作为解释上述影响效应的理论框架。根据社会交换理论，在利益互惠的行为中，一方对另一方提供的帮助、支持等，将使另一方产生回报的义务(Blau，1964)。在组织里，组织与员工之间的关系也遵循互惠原则(Blau，1964)。回报组织的义务感指的是员工对于自己应该关心组织的良好发展并且帮助组织去实现目标所保持的信念(Eisenberger et al.，2001)。考虑到越轨创新的目的正是组织的利益(Criscuolo et al.，2014)，因此，当员工觉得自己的薪酬比类似职位的同行高时，他/她很有可能产生回报义务感，并通过从事越轨创新来回报组织的优待。此外，社会交换理论还提出，当个体预期未来会获得的回报越高，涉入并维持与另一方的交换关系的可能性也越大(Blau，1964)。绩效薪酬工具性感知反映了员工对于自己付出的努力与组织提供给自己的薪酬支持之间的联系程度(Hui et al.，2004)。这种信念程度高，员工对于未来组织薪酬的公平感、满意度等也将随之提高(Werner & Ones，2000)。员工对组织的这些积极情绪，会促使员工产生回报组织的义务感(Blau，1964)。在这种回报义务感的驱使下，员工会更加重视组织的利益和目标，甚至从事高风险的行为(Wang et al.，2019)。因此，本研究基于社会交换理论，欲引入回报义务感来揭示员工的外部薪酬比较和绩效薪酬工具性感知对越轨创新产生影响的作用机制。本研究进一步构建了一个被中介的调节效应模型，揭示回报义务感在外部薪酬比较与绩效薪酬工具性感知对员工越轨创新的交互影响中存在的中介机制。

综上所述，为明晰薪酬对员工越轨创新行为的影响路径和边界条件，基于社会交换理论，本文将致力于探究以下 3 个问题：一是员工的外部薪酬比较和绩效薪酬工具性感知对其越轨创新行为的影响效应；二是员工的外部薪酬比较和绩效薪酬工具性感知对其越轨创新行为的交互影响机制；三是回报义务感在绩效薪酬工具性感知与外部薪酬比较对员工越轨创新影响的中介机制及被中介的交互影响机制。

2. 理论基础与研究假设

2.1 外部薪酬比较、绩效薪酬工具性感知与越轨创新行为

根据 Criscuolo 等(2014)的定义，越轨创新是一种为了实现组织利益而实施的角色外创新行为。虽然该行为是为了组织的利益，但考虑到其尚未获得组织正式支持且不被上级管理者知道，因此该行为具有隐蔽性与风险性，需要员工自身有较强的实施意愿(Criscuolo et al.，2014；Augsdorfer，2005)。薪酬比较即个体把自己的薪酬与他人进行比较，其中既包括组织内部员工之间的薪酬比较，也包括员工与组织外部相似岗位员工的薪酬比较，即外部薪酬比较(Williams et al.，2006)。外部薪酬比较能够反映员工是否觉得组织提供了有外部竞争性的薪酬(Gerhart & Newman，2019)。研究认为，员工在获取组织支付的薪酬后倾向于将自己的收入水平在外部市场中进行比较，尤其是倾向于与类似岗位的同行进行比较(贺伟和蒿坡，2014；Aime et al.，2020；Shore et al.，2006)。与外部类似岗位的同行进行的薪酬比较，在增强了员工对自身薪酬水平的认知的同时，对员工的行为有着重要影响(彭镇等，2020)。本研究推断员工的外部薪酬比较有利于促进员工的越轨创新行为。

薪酬激励的相关研究指出，组织给员工支付了有相对比较优势的薪酬，有助于获得员工的隐性支持，并促进员工从事意图有利于组织的行为来换取组织额外提供的资源(Wang & Seifert，2017)。此外，当员工通过外部薪酬比较发现自己的薪酬高于比较对象时，会感觉自己受到了组织的重视并觉得自己有被组织公平对待。社会比较理论指出，正向的社会比较结果会提升员工的自我价值感，进而激发出更多的角色外行为来为企业做贡献从而匹配与维护自己提升的自我价值感，其中包括创新行为(Chen & Aryee，2007；Festinger，1954)。例如，彭镇等(2020)研究发现，当企业为其员工提供具有外部竞争力的薪酬时，企业的创新效率更高。Wang 等(2022)研究发现，高工资会导致员工以牺牲诚实为代价为组织管理者谋求利益。基于上述分析，本研究认为外部薪酬比较很可能与越轨创新正相关，即员工通过外部薪酬比较发现自己处于越有利的位置，越可能为了组织的利益从事越轨创新行为。据此，本研究提出以下假设：

H1：员工的外部薪酬比较与其越轨创新行为正相关。即相较于外部比较对象，员工的薪酬水平越高，则其越可能实施更多的越轨创新行为。

工具性，即对于特定行为将导致特定结果的信念，是员工从事角色外行为的一个重要激励因素(Hui et al.，2004；Vroom，1964)。绩效薪酬工具性感知指的是员工对于由绩效表现所能带来的薪酬的感知程度，反映了员工对绩效与薪酬之间的关联度的理解(陈丽芬，2015；Bamberger & Belogolovsky，2010)。绩效薪酬工具性感知越高，说明员工认为自己为组织所做的贡献越大，越有可能获得更多的薪水或者获得晋升(刘张发，2024)；绩效薪酬工具性感知越低，说明员工认为自己的升职加薪与自己对组织的贡献关联程度越低。这种基于员工的工作绩效而非特定的创造性绩效的薪酬认知，为员

工达到绩效目标提供了更多的路径选择(Shore et al., 2006)。研究发现，员工的绩效薪酬工具性感知越高，越会参与能为组织带来利益的活动以获得组织提供的升职加薪，甚至采用非正式的方式(Yukl & Latham, 1978)。例如，Baer(2012)发现员工行为的工具性(预期自己的行为会带来积极结果)是创新行为的重要刺激因素之一。张勇等(2014)研究发现，绩效薪酬正向影响员工的渐进性创新。此外，绩效薪酬工具性导向的员工更加野心勃勃，拥有更高的风险偏好以及成就动机(Quratulain et al., 2021)。相关研究也发现，员工的风险倾向正向影响其越轨创新(Globocnik, 2019)。相应的，虽然越轨创新是一种具备较高风险的行为，但是员工有可能在薪酬刺激下，产生更强的风险偏好，从而更有可能从事越轨创新行为。即当员工具备较高的绩效薪酬工具性感知时，其更有可能通过参与越轨创新以谋求获得更高的薪酬回报。因此，本研究提出如下假设：

H2：员工的绩效薪酬工具性感知与其越轨创新行为正相关。即员工的绩效薪酬工具性感知越强，则其越可能实施更多的越轨创新行为。

2.2 外部薪酬比较和绩效薪酬工具性感知的交互影响

本研究推断绩效薪酬工具性感知不仅可能对员工的越轨创新行为有直接影响，同时还很有可能与员工的外部薪酬比较交互影响员工的越轨创新行为。关于越轨创新的研究指出，在个体选择越轨创新这一行为的过程中，个体认知起到了重要的催化作用(杨刚等, 2019)。员工的绩效薪酬工具性感知不仅反映了员工对自己的绩效与自己未来薪酬回报之间的关系的认知，还体现了员工对组织公平性的认知(陈丽芬, 2015; Werner & Ones, 2000; Rusbult et al., 1990)。当绩效薪酬工具性感知较弱时，员工倾向于认为自己努力为组织做出的绩效与自己未来在当前组织中的升职加薪关系不大，会对组织的公平性产生怀疑，从而削弱了正向外部薪酬比较带来的被组织公平对待的积极情感。在这种情况下，在外部薪酬比较中处于相对优势位置的员工可能会对组织感到失望，从而使外部薪酬比较结果对员工越轨创新的影响减弱。反之，当绩效薪酬工具性感知较强时，员工认为组织会区分绩效水平且会对给组织带来贡献的个体进行奖励，觉得该组织是个公平的组织。对于在外部薪酬比较中处于相对优势位置的员工而言，该认知进一步加强了员工对组织的积极情感，提升了员工对组织的满意度，从而使得员工更加愿意投入越轨创新。例如，王碧英等(2022)研究发现，当员工感知到自己能在组织更好地成长发展时，员工的组织忠诚度和组织承诺程度更高，在此情况下，员工的职场地位对其越轨创新行为的影响更强。因此，本研究提出如下交互效应假设：

H3：员工的外部薪酬比较和绩效薪酬工具性感知会交互影响员工的越轨创新行为。即绩效薪酬工具性感知越强，外部薪酬比较对员工的越轨创新的正向影响越强。

2.3 回报义务感的中介作用

根据 Eisenberger 等(2001)的定义，回报组织的义务感指的是个体对于自己应该关心组织的良好发展并且帮助组织去实现目标所保持的信念。这种信念包括两个方面，一方面是为了帮助组织实现目标，员工需做出工作上的贡献和需为组织提供帮助的信念；另一方面是员工重视组织的利益和福利的信念(Eisenberger et al., 2001)。员工从组织中得到的利益越多，他们就越有可能对组织发展出更大的义务感(Rousseau, 2005)，为双方间高质量的社会交换关系作贡献(Hom et al., 2009)。例如，吴坤津等(2016)研究发现，当员工在组织中感受到关心和支持后，会产生一种“应有之情”并主动强化自身回报组织的意识。

社会交换理论指出，员工与组织之间具有互惠性，组织和员工之间存在相互依赖的互动(Blau, 1964)。在这个互动中，组织为员工提供了可交换的资源，例如文化、薪酬、服务、支持等，且这些交换资源是相互的(Blau, 1964)。这些交换资源给员工创造了一种义务感，激发了员工从事意图回报组织的行为(Blau, 1964)。因此，作为一种社会交换规则，回报义务感是组织和员工之间社会交换的重要中介机制。过去的研究表明，员工与企业之间的各种关系特征可以驱动员工在特定领域的义务感，进而导致相关的组织行为(Morrison & Phelps, 1999)。而回报义务感常常促使员工从事有利于组织的行为，包括角色外行为(Eisenberger et al., 2001)。例如，Li 等(2022)研究发现，对领导产生回报义务感的员工更倾向于从事亲领导非伦理行为来回馈领导。

在本研究中，正向的外部薪酬比较结果和绩效薪酬工具性感知很有可能通过员工的回报义务感增加其越轨创新行为。一方面，当发现自己被支付了高于其他企业类似岗位的薪酬时，基于互惠的规范，这会让员工感受到来自组织的支持进而产生回报组织的义务感。另一方面，绩效薪酬工具性感知反映了员工对于自己付出的努力与组织未来提供给自己的升职加薪等支持之间的联系程度(陈丽芬, 2015)。这种信念程度高，员工对于组织薪酬的公平感、满意度等也将随之提高(陈丽芬, 2015; Werner & Ones, 2000; Rusbult et al., 1990)。而员工对组织所持有的积极看法，也会促使员工产生回报组织的义务感并涉入和维持与组织之间的积极交换关系(Blau, 1964)。此外，关于社会交换的研究指出，回报义务感高的员工更重视组织利益并乐意为实现组织目标做出更多贡献(Eisenberger et al., 2001)。例如，Wang 等(2019)研究发现，在回报义务感的驱使下，员工会更加重视组织的利益和目标，甚至从事高风险的行为。因此，本研究提出如下两个中介效应假设：

H4：回报义务感中介了员工的外部薪酬比较与其越轨创新行为之间的正向关系。

H5：回报义务感中介了员工的绩效薪酬工具性感知与其越轨创新行为之间的正向关系。

结合 H3、H4 和 H5 的理论推导，本研究进一步推断回报义务感中介了员工的外部薪酬比较与绩效薪酬工具性感知对其越轨创新行为的交互影响。因此，本研究进一步提出以下假设：

H6：员工的回报义务感中介了外部薪酬比较与绩效薪酬工具性感知对其越轨创新行为的交互影响。

综上所述，本研究的理论模型如图 1 所示。

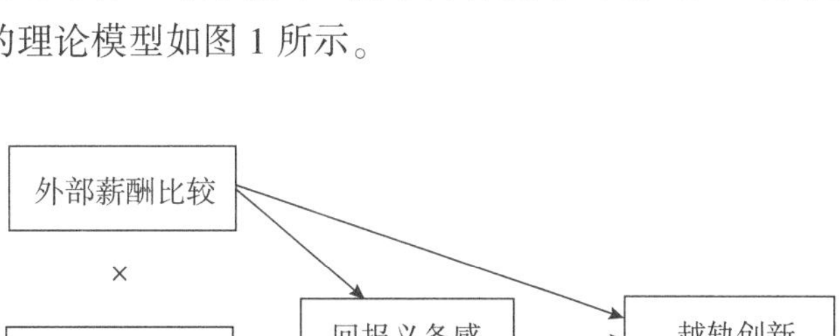

注：×表示交互效应

图 1　研究模型图

3. 研究方法

3.1 样本与数据收集

本研究采用滚雪球的方式邀请来自广州、深圳、武汉等地证券公司的员工参与问卷调查。受疫情影响，调研采用了电子问卷调查的方式收集数据。在正式填答问卷之前，研究人员会告知受访员工本研究的目的、内容、程序以及参与者享有隐私权、匿名权等相关权利，并承诺被调查员工提供的数据仅用于科学研究。在被调查员工签署电子版的知情同意书之后，才开始调查问卷的正式填答。为了减少共同方法偏差，本研究采用三阶段的数据收集方式，每次调研时间间隔两周。为了保证问卷的匹配，每位受访员工均有一个唯一编码。问卷中均设置有注意力检测题项，未通过注意力检测题项的填答者将被直接拒绝。在第一次调研中，受访员工填写了自己的人口统计学数据、外部薪酬比较和绩效薪酬工具性感知，共回收有效问卷 308 份。间隔两周之后，研究者邀请参与过第一次问卷调查的企业员工参与第二次问卷调查。在第二次问卷调查中，受访员工填答了回报义务感，本轮共回收有效问卷 279 份。又间隔两周之后，研究者继续邀请参加过第二次调研的员工对自己的越轨创新行为进行评价。最终回收有效问卷 267 份，整体有效回收率 86.7%。

在上述 267 个有效样本中，员工的平均年龄为 33.88 岁(标准差=6.11)，在当前企业平均工作年限为 6.45 年(标准差=5.64)，女性占 59.6%，且 96.6%的参与者具有本科及以上学历，硕士及以上学历占比达到 39.0%。

3.2 变量的测量

本研究选取国外较为成熟且已被研究者们广泛运用的量表来对变量进行测量，量表均由英文原版量表翻译而成。为了确保中文量表能够准确反映原英文量表的含义，本研究运用了 Brislin(1986)提出的“翻译—回译”步骤。

外部薪酬比较：本研究对员工的外部薪酬比较的测量条目来自 Heneman 和 Schwab(1985)的薪酬满意度问卷(Pay Satisfaction Questionnaire，PSQ)，共计 1 个条目，采用李克特 5 点制量表计分。该条目为“相较于在类似公司中工作与我相似的员工，我的薪酬水平______”(1=少得多，2=少一些，3=差不多，4=多一些，5=多得多)。

绩效薪酬工具性感知：本研究对绩效薪酬工具性感知的测量改编自 Mayer 和 Davis(1999)编制的工具性感知量表。本量表共包含 3 个条目，采用李克特 5 点制量表计分。示例条目如“如果我在公司中的绩效表现名列前茅，那么我的收入报酬也会排在公司前列”(1=很不符合，3=不好确定，5=很符合；Cronbach's α=0.86)。

回报义务感：本研究采用 Eisenberger 等(2001)开发的回报义务感量表，该量表共 7 个条目，采用李克特 7 点制量表计分。示例条目如“我觉得我有责任尽我所能来帮助我的公司实现其目标”(1=

非常不符合，4=不好确定，7=非常符合；Cronbach's α=0.90）。

越轨创新：本研究采用 Criscuolo 等（2014）开发的越轨创新量表，该量表共 5 个条目，采用李克特 7 点制量表计分。示例条目如“在主要工作之外，我喜欢自己捣鼓一些新的构想”（1=非常不符合，4=不好确定，7=非常符合；Cronbach's α=0.87）。

控制变量：与越轨创新行为的相关研究保持一致，本研究对参与者的性别、年龄、在当前企业的工作年限以及受教育程度进行了控制。

4. 数据分析与结果

4.1 变量区分效度的验证性因子分析

本研究使用 Mplus 8.4 软件进行了验证性因子分析，并使用了打包策略（Little et al.，2002），结果如表 1 所示。由于外部薪酬比较由单一条目测量，故先构建了包含绩效薪酬工具性感知、回报义务感和越轨创新的三因子模型。结果显示，上述三因子模型拟合情况（χ^2=110.520，df=41，χ^2/df=2.696，CFI=0.966，TLI=0.954，RMSEA=0.080，SRMR=0.049）明显优于其他因子模型（见表 1）。上述结果说明本研究中各变量之间的区分效度良好。

表 1　**验证性因子分析结果**

因子模型	χ^2	df	χ^2/df	CFI	TLI	RMSEA	SRMR
三因子模型	110.520	41	2.696	0.966	0.954	0.080	0.049
二因子模型 1	400.056	43	9.304	0.824	0.775	0.176	0.094
二因子模型 2	502.565	43	11.688	0.774	0.711	0.200	0.158
二因子模型 3	648.519	43	15.082	0.702	0.619	0.230	0.173
单因子模型	977.608	44	22.218	0.540	0.426	0.282	0.134

注：N=267，三因子模型为绩效薪酬工具性感知、回报义务感、越轨创新；二因子模型 1 为绩效薪酬工具性感知+越轨创新、回报义务感；二因子模型 2 为绩效薪酬工具性感知+回报义务感、越轨创新；二因子模型 3 为绩效薪酬工具性感知、回报义务感+越轨创新；单因子模型为绩效薪酬工具性感知+回报义务感+越轨创新。

4.2 描述性统计与相关性分析

本研究使用 SPSS 28.0 软件对所有变量进行了描述性统计分析。表 2 展示了描述性统计分析的结果，列出了各个变量的均值、标准差、相关系数和内部一致性系数。由表 2 可见，外部薪酬比较与回报义务感（r=0.312，p<0.001）及越轨创新之间（r=0.435，p<0.001）、绩效薪酬工具性感知与回报义务感（r=0.318，p<0.001）及越轨创新之间（r=0.484，p<0.001）、回报义务感与越轨创新之间（r=

0.467，$p<0.001$)均存在显著的正相关关系，为进一步分析提供了支持。

表 2　　描述性统计分析结果

变　量	均值	标准差	1	2	3	4	5	6	7	8
1 性别[a]	0.60	0.49	—							
2 年龄	33.88	6.11	0.037	—						
3 当前企业工作年限	6.45	5.64	0.024	0.690***	—					
4 教育水平	3.37	0.59	−0.031	−0.234***	−0.178**	—				
5 外部薪酬比较	2.70	0.83	0.000	0.045	0.049	−0.092	—			
6 绩效薪酬工具性感知	3.53	0.94	−0.064	0.063	−0.066	0.004	0.407***	(0.86)[b]		
7 回报义务感	5.38	1.08	−0.067	0.035	0.066	0.030	0.312***	0.318***	(0.90)[b]	
8 越轨创新	4.76	1.04	−0.181**	−0.011	−0.084	0.001	0.435***	0.484***	0.467***	(0.87)[b]

注：**表示 $p<0.01$，***表示 $p<0.001$。

a 对于性别，0 代表男性，1 代表女性。

b 括号中数字为该量表的内部一致性系数。

4.3 假设检验

本研究运用 SPSS 28.0 软件以及 Process 3.3 插件对假设进行检验(Hayes，2018)。在对数据进行分析之前，本研究对除性别以外的所有变量进行了中心化处理。首先，本研究构建和分析了控制变量模型(见表 3 模型 4)。然后，在控制了性别、年龄、在当前企业的工作年限以及受教育程度后，对外部薪酬比较和绩效薪酬工具性感知与越轨创新间的关系进行回归分析(表 3 模型 5)，结果显示外部薪酬比较对越轨创新($B=0.374$，$p<0.001$)、绩效薪酬工具性感知对越轨创新($B=0.381$，$p<0.001$)均存在显著正向影响。因此，H1 和 H2 成立。同时，表 3 模型 7 的结果显示，外部薪酬比较和绩效薪酬工具性感知的交互项对越轨创新的影响显著($B=0.217$，$p<0.001$)，H3 获得了初步支持。为了进一步验证 H3，本研究绘制了交互效应图(如图 2 所示)。同时，简单斜率分析结果显示，当员工具备较高的(均值加一个标准差)绩效薪酬工具性感知时，其外部薪酬比较对越轨创新的正向影响显著(简单斜率=0.570，$p<0.001$)。而当员工具备较低的(均值减一个标准差)绩效薪酬工具性感知时，其外部薪酬比较对越轨创新的正向影响不显著(简单斜率=0.160，n.s.)。综上所述，H3 得到了进一步支持。

中介效应的检验采用了 Baron 和 Kenny(1986)推荐的检验程序，并用拔靴法(Bootstrapping)进行了进一步分析。层级回归结果显示(表 3 模型 2)，外部薪酬比较对回报义务感的正向影响显著($B=0.282$，$p<0.001$)，绩效薪酬工具性感知对回报义务感的正向影响显著($B=0.273$，$p<0.001$)。将回报义务感加入层级回归模型后(表 3 模型 6)，外部薪酬比较对越轨创新的正向影响依然显著($B=$

0.292，$p<0.001$），但影响力有所下降（回归系数由0.374下降为0.292）；绩效薪酬工具性感知对越轨创新的正向影响也依然显著（$B=0.301$，$p<0.001$），影响力也有所下降（回归系数由0.381下降为0.301）；同时，回报义务感对越轨创新的正向影响显著（$B=0.294$，$p<0.001$）。上述数据分析结果显示，回报义务感在外部薪酬比较与越轨创新之间，以及绩效薪酬工具性感知和越轨创新之间发挥了部分中介作用。使用SPSS 28.0软件中的Process 3.3插件进一步分析，基于5000次抽样的Bootstrapping结果显示，外部薪酬比较通过回报义务感影响越轨创新的间接效应显著（间接效应=0.083，95%置信区间[0.030，0.146]），绩效薪酬工具性感知通过回报义务感影响越轨创新的间接效应显著（间接效应=0.080，95%置信区间[0.025，0.147]）。综上所述，H4和H5得到验证。

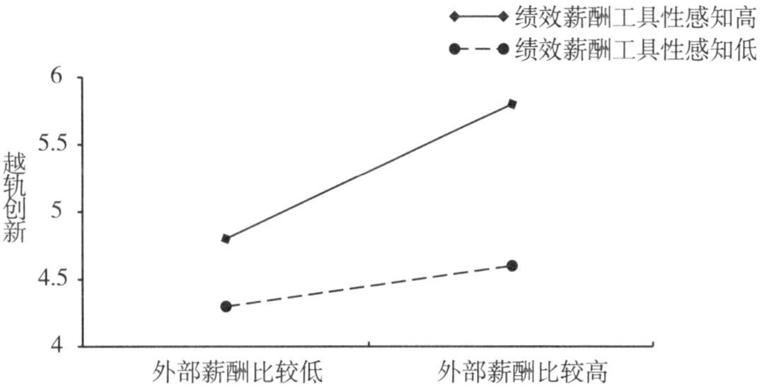

图2　外部薪酬比较和绩效薪酬工具性感知对越轨创新的交互影响效应图

对于被中介的调节效应检验，层级回归结果显示，外部薪酬比较和绩效薪酬工具性感知的交互项对越轨创新的正向影响显著（表3模型7，$B=0.217$，$p<0.001$），且对回报义务感的正向影响显著（表3模型3，$B=0.175$，$p<0.05$）。同时，表3模型8的结果显示，将回报义务感加入回归模型后，外部薪酬比较和绩效薪酬工具性感知的交互项对越轨创新的正向影响依然显著（$B=0.170$，$p<0.01$），但影响力有所下降（回归系数由0.217下降为0.170）；回报义务感对越轨创新的正向影响显著（$B=0.272$，$p<0.001$）。使用Process 3.3插件进行的5000次抽样Bootstrapping结果显示，外部薪酬比较和绩效薪酬工具性感知的交互项通过回报义务感影响越轨创新的间接效应显著（间接效应=0.048，95%置信区间[0.001，0.111]）。综上所述，H6得到验证。

表3　**层级回归分析结果**

	回报义务感			越轨创新				
	模型1	模型2	模型3	模型4	模型5	模型6	模型7	模型8
截距项	5.473***	5.450***	5.382***	4.987***	4.956***	4.936***	4.872***	4.872***
控制变量								
性别	−0.149	−0.113	−0.092	−0.384**	−0.333**	−0.300**	−0.308**	−0.283**
年龄	−0.002	−0.011	−0.012	0.016	0.003	0.007	0.002	0.005

续表

	回报义务感			越轨创新				
	模型 1	模型 2	模型 3	模型 4	模型 5	模型 6	模型 7	模型 8
当前企业工作年限	0.015	0.024	0.030	−0.027	−0.015	−0.022	−0.007	−0.016
教育水平	0.074	0.102	0.134	−0.014	0.023	−0.007	0.062	0.026
自变量								
外部薪酬比较		0.282***	0.275***		0.374***	0.292***	0.365***	0.290***
绩效薪酬工具性感知		0.273***	0.312***		0.381***	0.301***	0.429***	0.344***
中介变量								
回报义务感						0.294***		0.272***
交互项								
外部薪酬比较×绩效薪酬工具性感知			0.175*				0.217***	0.170**
R^2	0.011	0.155	0.174	0.044	0.332	0.410	0.363	0.429
ΔR^2	—	0.144	0.019	—	0.288	0.079	0.031[a]	0.066
F	0.709	22.164***	5.942*	3.011*	56.039***	34.504***	12.816***	8.491**

注：* 表示 $p<0.05$，** 表示 $p<0.01$，*** 表示 $p<0.001$。

a 模型 7 中的 ΔR^2 等于模型 7 的 R^2 值减去模型 5 的 R^2 值。

5. 讨论

5.1 理论意义

首先，本研究从薪酬激励的角度切入，探索了组织薪酬设计中两大重要考量因素，即“外部竞争性”（以外部薪酬比较衡量）和“员工贡献”（以绩效薪酬工具性感知衡量），是否会影响员工的越轨创新行为，不仅丰富了越轨创新行为的影响因素研究，也进一步拓展了其研究视角。根据 Globocnik 和 Salomo（2015）的里程碑研究，与员工完成工作相关的组织正式管理实践对员工的越轨创新起到了重要作用。然而，已有关于越轨创新行为的情境因素研究中，学者们主要探索了领导政治技能（贾建锋等，2023）、领导正念（彭伟等，2022）、不同领导风格（贾建锋和刘志，2021；王弘钰和邹纯龙，2019）等领导因素，以及差错管理氛围（王弘钰和寇先柳，2023）、职场负面八卦（张昊民等，2022）、组织创新氛围（王弘钰和于佳利，2019）等组织文化与氛围因素的影响作用及机制，整体上缺乏对组织正式管理实践因素的关注。薪酬激励作为一种组织正式管理实践手段，不仅在影响员工的创新行为方面起到了重要作用（梅春等，2021；白景坤等，2020；张勇等，2014；Zhang et al.，2022），同时也是员工角色外行为的重要影响因素（曹伟航等，2023；杜林致等，2019）。本研究从“认知→行为”

这一影响路径逻辑出发，基于薪酬设计中的“外部竞争性”和“员工贡献”，发掘出了员工的外部薪酬比较和绩效薪酬工具性感知对其越轨创新的正向影响，进一步拓展了越轨创新这一研究领域的研究视角和方向。

其次，本研究探索了薪酬制度因素对员工的越轨创新行为的联合影响。在组织薪酬管理实践中，“外部竞争性”和“员工贡献”是体现员工薪酬水平的两个重要维度，并且在组织薪酬中二者常常联合作用(Gerhart & Newman，2019)。然而传统薪酬激励研究往往单独探讨“外部竞争性”或者“员工贡献”对于员工行为的影响效应，鲜有研究探究上述两种重要因素对于员工行为存在的联合影响。例如，刘亭立等(2023)和彭镇等(2020)探讨了员工的外部薪酬差距对员工创新的影响，曹伟航等(2023)探讨了绩效薪酬对员工亲社会违规行为的影响。本研究不仅发现员工的外部薪酬比较、绩效薪酬工具性感知会正向影响其越轨创新行为，还发现外部薪酬比较与绩效薪酬工具性感知会交互影响员工的越轨创新行为，说明“外部竞争性”和“员工贡献”两大因素对于员工的行为存在联合影响效应，从而为今后薪酬激励对员工行为的影响研究拓宽了研究思路。

最后，本研究基于社会交换理论，验证了回报义务感会中介薪酬激励因素与员工越轨创新之间的关系以及绩效薪酬工具性感知与外部薪酬比较对员工越轨创新的交互影响，完善了薪酬激励因素影响员工越轨创新的作用机制。社会交换是产生越轨创新行为的主要机制之一，但是基于该理论视角去探索员工同组织之间交换的研究还比较缺乏(刘伟鹏等，2024)。已有研究探索了谦卑型领导(吴玉明等，2020)、亲和幽默型领导(贾建锋和刘志，2021)、真实型领导(吴士健等，2020)会通过建立良好的上下级关系、提高员工的责任知觉和组织自尊促使员工实施越轨创新。本研究发现，在组织和员工的互动中，员工获得的由组织提供的具有竞争优势的薪酬会让员工产生回报组织的义务感，从而激发了员工的越轨创新这一回报组织的行为。该结论丰富了组织政策对越轨创新行为产生影响的作用机制研究。此外，本研究还发现，员工对薪酬的工具性感知能够进一步强化外部薪酬比较通过增强员工回报义务感而增加其越轨创新行为的中介机制，从而进一步明晰了上述社会交换机制发挥作用的边界条件，完善了社会交换理论在薪酬激励制度对员工越轨创新行为影响过程中的研究框架。

5.2 实践启示

本研究对于管理实践也具有一定的启示意义，有助于管理者更好地引导企业内的越轨创新行为。在实践中，不同的企业对员工的越轨创新行为支持态度不一，有的企业不支持员工越轨创新，有的企业受限于资源无法满足所有员工的创新意图而默许员工的越轨创新。本研究发现，薪酬在同行中处于优势位置的员工更有可能为了回报组织的优待而从事越轨创新行为。本研究还发现，员工的绩效薪酬工具性感知与其越轨创新行为正相关，且员工的绩效薪酬工具性感知越高，外部薪酬比较对员工的回报义务感以及越轨创新行为的影响越大。根据上述研究结论，管理者可以根据企业的需要，通过合理的激励设计，对员工的越轨创新行为进行适当的引导。

具体而言，如果企业希望增加员工越轨创新行为，首先，管理者可以考虑提供相较同行而言具有优势的薪酬水平。薪酬激励是引导员工越轨创新的重要实践方法。实践中，企业可通过提供具有竞争力的薪酬，提高员工薪酬的外部比较水平，从而增强员工回报组织的义务感，进而促进员工的越轨创新。

其次，在企业薪酬的设计中，要关注薪酬与员工贡献的关联程度。例如，在员工的薪酬构成中，企业可增加绩效薪酬部分在总薪酬中的比重，使员工的薪酬与其对企业的贡献联系更紧密，同时也让员工感知到自己的付出会带来组织更多的正向回馈，从而更多地参与越轨创新行为。

最后，企业可关注其他能增强员工对组织的回报义务感的实践方法，例如为员工提供良好的晋升通道、增加对员工的人文关怀等。本研究发现，回报义务感会正向影响员工越轨创新，因此，企业可通过提供更多的能促进员工回报义务感的措施来促进员工的越轨创新，尤其是那些薪酬可能处于同行下游水平且提升到有竞争力的薪酬水平有难度的企业。

5.3 研究不足与展望

首先，本研究中的样本数据为企业员工自我报告，可能存在共同方法变异的问题。由于本研究的变量难以被第三方观测到，自我报告可能是一种较为有效的测量方式。同时，本研究按照以往学者的建议，在不同的时间点收集了数据来尽量避免共同方法变异的问题(Podsakoff et al.，2003)。未来的研究可以考虑采用客观数据来进一步规避共同方法变异的问题。例如，未来研究可以通过收集客观薪酬数据来测量员工的薪酬激励情况，并用员工越轨创新的客观成果数据来测量越轨创新的情况。

其次，本研究虽然采用了多阶段的问卷调查法进行模型的检验，但是始终属于横截面数据，而无法对变量之间的因果关系进行推断。今后的研究可以进一步采用纵向面板数据或者实验设计来对研究模型进行验证，从而实现因果关系的推断。

最后，本研究的调查样本均来自中国的证券公司，样本选取具有一定局限性。虽然证券公司采取薪酬激励的现象更为普遍，但是其他国家或其他行业的越轨创新行为产生的原因和机制与本研究的发现是否一致，尚待进一步的跨国、跨行业研究进行验证。未来的研究可以考虑使用来自不同国家、不同行业的样本对理论模型进行检验，进一步增加理论的普适性。

◎ 参考文献

[1]曹伟航，张正堂，宋锟泰．绩效薪酬对员工亲社会违规行为的影响机制：一个跨层的被调节中介模型[J]. 安徽大学学报(哲学社会科学版)，2023，47 (2).

[2]陈丽芬．绩效评估公平、工资系统认知与绩效工资公平关系研究：兼论绩效工具性感知的中介效应[J]. 管理工程学报，2015，29 (1).

[3]贺伟，蒿坡．薪酬分配差异一定会降低员工情感承诺吗——薪酬水平、绩效薪酬强度和员工多元化的调节作用[J]. 南开管理评论，2014，17 (4).

[4]贾建锋，刘志．幽默不拘，创新不限：亲和幽默型领导与员工越轨创新[J]. 管理科学，2021，34 (2).

[5]贾建锋，汤晓涓，刘志．信息传递视角下领导政治技能对员工越轨创新的影响机制[J]．软科学，2023，37（4）．

[6]刘伟鹏，贾建锋，杨付．越轨创新：研究评述与展望[J]．外国经济与管理，2024，46(4)．

[7]刘张发．核心员工股权激励提高企业创新产出：源自创新投入还是创新效率[J]．商业研究，2024（1）．

[8]梅春，邓鸣茂，陆蓉．垂直薪酬差异对公司创新产出的影响机理[J]．管理科学，2021，34（6）．

[9]彭镇，陈修德，许慧．外部薪酬差距对企业创新效率的影响研究[J]．证券市场导报，2020（12）．

[10]彭伟，徐晓玮，韩丽娟，陈佳贤．领导正念对员工越轨创新行为的影响机制：心理脱离和上下级关系的作用[J]．中国人力资源开发，2022，39（7）．

[11]王弘钰，寇先柳．差错管理氛围对员工越轨创新的影响：一个有调节的中介效应模型[J]．技术经济，2023，42（1）．

[12]王碧英，刘凯，舒夏俊．被看重的“清道夫”？职场地位对越轨创新行为的影响[J]．心理研究，2022，15（4）．

[13]王弘钰，于佳利．组织创新氛围对越轨创新行为的影响机制研究[J]．软科学，2019，33（2）．

[14]吴士健，杜梦贞，张洁．真实型领导对员工越轨创新行为的影响——组织自尊与建设性责任认知的链式中介作用及差错反感文化的调节作用[J]．科技进步与对策，2020，37(13)．

[15]吴坤津，刘善仕，王红丽，冯镜铭．“真有之情”与“应有之情”：内部人身份感知对员工创新行为的双重影响机制[J]．商业经济与管理，2016（7）．

[16]吴玉明，潘诚，周银珍．谦卑型领导与越轨创新行为——上下级关系与心理特权的链式中介模型[J]．软科学，2020，34(4)．

[17]杨刚，宋建敏，纪谱华．员工创造力与越轨创新：心理特权和道德推脱视角[J]．科技进步与对策，2019，36（7）．

[18]杨晓，温少海，王辉．上下级工作与私人关系对员工越轨创新行为的差异性研究[J]．管理学报，2024，21（2）．

[19]张勇，龙立荣，贺伟．绩效薪酬对员工突破性创造力和渐进性创造力的影响[J]．心理学报，2014，46（12）．

[20]Baer, M. Putting creativity to work: The implementation of creative ideas in organizations[J]. Academy of Management Journal, 2012, 55 (5).

[21]Baron, R. M., Kenny, D. A. The moderator-mediator variable distinction in social psychological research: Conceptual, strategic, and statistical considerations[J]. Journal of Personality and Social Psychology, 1986, 51 (6).

[22]Blau, P. Exchange and power in social life[M]. New York: Wiley, 1964.

[23]Brislin, R. W. The wording and translation of research instruments[M]//Lonner, W. J., Berry, J. W. Field methods in cross-cultural research. Beverly Hills, CA: Sage, 1986.

[24]Chen, Z. X., Aryee, S. Delegation and employee work outcomes: An examination of the cultural context of mediating processes in China[J]. Academy of Management Journal, 2007, 50 (1).

[25] Criscuolo, P., Salter, A., Ter Wal, A. L. Going underground: Bootlegging and individual innovative performance[J]. Organization Science, 2014, 25 (5).

[26] Eisenberger, R., Armeli, S., Rexwinkel, B., Lynch, P. D., Rhoades, L. Reciprocation of perceived organizational support[J]. Journal of Applied Psychology, 2001, 86 (1).

[27] Gerhart, B., Newman, J. Compensation[M]. New York: McGraw-Hill Education, 2019.

[28] Globocnik, D. Taking or avoiding risk through secret innovation activities — The relationships among employees' risk propensity, bootlegging, and management support [J]. International Journal of Innovation Management, 2019, 23 (3).

[29] Globocnik, D., Salomo, S. Do formal management practices impact the emergence of bootlegging behavior? [J]. Journal of Product Innovation Management, 2015, 32 (4).

[30] Heneman, H. G., Schwab, D. P. Pay satisfaction: Its multidimensional nature and measurement[J]. International Journal of Psychology, 1985, 20 (2).

[31] Hom, P. W., Tsui, A. S., Wu, J. B., Lee, T. W., Zhang, A. Y., Fu, P. P., Li, L. Explaining employment relationships with social exchange and job embeddedness [J]. Journal of Applied Psychology, 2009, 94 (2).

[32] Hui, C., Lee, C., Rousseau, D. M. Psychological contract and organizational citizenship behavior in China: Investigating generalizability and instrumentality[J]. Journal of Applied Psychology, 2004, 89 (2).

[33] Li, S., Jain, K., Tzini, K. When supervisor support backfires: The link between perceived supervisor support and unethical pro-supervisor behavior[J]. Journal of Business Ethics, 2022, 179 (1).

[34] Little, T. D., Cunningham, W., Shahar, G., Widaman, K. To parcel or not to parcel: Exploring the question, weighing the merits [J]. Structural Equation Modeling: A Multidisciplinary Journal, 2002, 9 (2).

[35] Lua, E., Liu, D., Shalley, C. E. Multilevel outcomes of creativity in organizations: An integrative review and agenda for future research[J]. Journal of Organizational Behavior, 2024, 45 (2).

[36] Mayer, R. C., Davis, J. H. The effect of the performance appraisal system on trust for management: A field quasi-experiment[J]. Journal of Applied Psychology, 1999, 84 (1).

[37] Morrison, E. W., Phelps, C. C. Taking charge at work: Extrarole efforts to initiate workplace change [J]. Academy of Management Journal, 1999, 42 (4).

[38] Podsakoff, P. M., MacKenzie, S. B., Lee, J. Y., Podsakoff, N. P. Common method biases in behavioral research: A critical review of the literature and recommended remedies [J]. Journal of Applied Psychology, 2003, 88 (5).

[39] Quratulain, S., Khan, A. K., Sabharwal, M., Javed, B. Effect of self-efficacy and instrumentality beliefs on training implementation behaviors: Testing the moderating effect of organizational climate[J]. Review of Public Personnel Administration, 2021, 41 (2).

[40] Rousseau, D. M. I-deals: Idiosyncratic deals employees negotiate for themselves[M]. New York: ME

Sharpe, 2005.
[41] Shore, T. H., Tashchian, A., Jourdan, L. Effects of internal and external pay comparisons on work attitudes[J]. Journal of Applied Social Psychology, 2006, 36 (10).
[42] Wang, T., Long, L., Zhang, Y., He, W. A social exchange perspective of employee-organization relationships and employee unethical pro-organizational behavior: The moderating role of individual moral identity[J]. Journal of Business Ethics, 2019, 159 (2).
[43] Wang, W., Seifert, R. Pay reductions and work attitudes: The moderating effect of employee involvement practices[J]. Employee Relations, 2017, 39 (7).
[44] Wang, L., Song, F., Zhong, C.-B. High compensation and unethical reciprocity[J]. Journal of Management, 2022, 48 (8).
[45] Werner, S., Ones, D. S. Determinants of perceived pay inequities: The effects of comparison other characteristics and pay-system communication[J]. Journal of Applied Social Psychology, 2000, 30 (6).
[46] Williams, M. L., McDaniel, M. A., Nguyen, N. T. A meta-analysis of the antecedents and consequences of pay level satisfaction[J]. Journal of Applied Psychology, 2006, 91 (2).
[47] Yukl, G. A., Latham, G. P. Interrelationships among employee participation, individual differences, goal difficulty, goal acceptance, goal instrumentality, and performance[J]. Personnel Psychology, 1978, 31 (2).
[48] Zhang, Y., He, W., Long, L. R., Zhang, J. W. Does pay for individual performance truly undermine employee creativity? The different moderating roles of vertical and horizontal collectivist orientations[J]. Human Resource Management, 2022, 61 (1).

The Influence Mechanism of Compensation Incentive on Employees' Bootlegging

Li Shaolong[1] Sun Fang[2] Zhang Yong[3]

(1 Economics and Management School, Wuhan University, Wuhan, 430072;
2 Business School, Hubei University of Economics, Wuhan, 430205;
3 School of Economics and Business Administration, Chongqing University, Chongqing, 400044)

Abstract: Formal management practices are important factors that induce employees to engage in bootlegging. However, few existing studies have explored the relationship between organizational formal management practices and employees' bootlegging from the perspective of organizational compensation design. Based on social exchange theory, this study explores the mechanisms of the effects of external pay comparison and performance-pay instrumentality perception on employees' bootlegging. The results of a three-stage questionnaire survey based on 267 securities practitioners show that external pay comparison and performance-pay instrumentality perception have significant positive effects on employees' bootlegging, and external pay comparison and performance-pay instrumentality perception will interact to influence employees' bootlegging.

Meanwhile, external pay comparison and performance-pay instrumentality perception positively influence employees' bootlegging through felt obligation to reciprocate organization, and felt obligation to reciprocate organization also mediates the interactive impact of external pay comparison and performance-pay instrumentality perception on employees' bootlegging.

Key words: Bootlegging; External pay comparison; Instrumentality perception; Felt obligation to reciprocate organization

专业主编：杜旌

医疗运营管理研究综述*
——基于文献计量和可视化分析方法

● 李　哲[1]　周　峰[1]　肖　璐[2]　徐小林[1]
（1　南京大学商学院　南京　210093；2　浙江农林大学经济管理学院　杭州　311300）

【摘　要】世界医疗卫生行业在人口老龄化、COVID-19、新兴技术革命等因素冲击下面临重大变革，医疗运营相关研究数量相应快速增长。本文从运营管理视角出发，对近三十年间国内外医疗运营相关研究进行了回顾。基于文献计量和可视化分析方法，本文确定了容量管理、医护人员管理、医疗供应链管理和中国情境下的医疗运营研究四个关键主题，构建起对应的研究框架开展文献梳理和综述。在对现有文献进行回顾的基础上，本文还探讨了医疗运营中的新技术和新兴模式、医疗运营系统的危机管理能力等有价值的未来研究方向。

【关键词】医疗运营　运营管理　文献计量
中图分类号：R197.32　　文献标识码：A

1. 引言

过去 70 年间，全球医疗卫生事业得到了长足发展。各国对医疗卫生投入持续增加，2021 年全球医疗卫生支出达 9.8 万亿美元，占全球 GDP 的 10.8%；2022 年度我国医疗卫生总支出为 76845 亿元，占 GDP 的比重达 7%。据世界卫生组织统计，全球人口预期寿命已经由 1950 年的 46.5 岁延长到 2019 年的 72 岁；中国人口的平均寿命也从 40 岁增长到 77.4 岁。同时，随着社会环境的变化和科学技术的创新，医疗行业也处于转型和变革的关键时期。一方面，各类新兴技术如 5G、区块链和生成式 AI 等纷纷涌现，催生了远程就诊、智能问诊等一批新模式、新业态，助推了医疗行业的创新发展。另一方面，人口老龄化、慢性疾病患病人数增加、COVID-19 大流行等，向医疗行业提出了更多全新、迫切的要求。如何在动荡环境中改变医疗资源运营策略以满足新形势下的医疗服务需要，成

* 基金项目：江苏省卫生健康发展研究中心开放课题“医疗卫生服务体系中物资保障供应链研究”（编号：JSHD2022017）。

通讯作者：肖璐，E-mail：xiaolu@zafu.edu.cn。

为医疗行业实现可持续发展的关键。

运营管理领域学者对医疗运营问题的关注由来已久，各项研究的深入开展丰富了对医疗机构运营活动的认识。实证研究表明，运营管理不善的医疗机构通常面临着更高的服务中断可能性(Pinedo, 2005)，而科学的运营管理策略则可以帮助医院达成医疗服务高质量与低成本之间的平衡，在减少医疗资源浪费的同时，提高医疗机构的整体服务绩效(Youn et al., 2021)。另外，医疗运营研究也为医疗机构提供了有效的流程分析和改进工具，以更好地应对新挑战、新变革，具备丰富的应用前景和巨大的经济、社会价值。尤其伴随近年来兴起的大数据、机器学习、人工智能等技术浪潮，医疗运营研究在与其不断深入结合的过程中拓展着其研究与应用的边界(Misic & Perakis, 2020)。一方面，受限于医疗运营问题的跨学科特点，其研究问题往往缺乏明确边界；另一方面，医疗机构的实际运营活动中存在大量的独特情境，可能导致其研究结论缺乏一致性和适用性。因此，对医疗运营研究开展整合与综述工作具有十分重要的理论和实践意义。

目前，学界已经有一些较具代表性的医疗运营综述工作。比如，Gupta(2007)聚焦于手术室这一核心情境，对其中常见的运营管理问题进行了总结，并就手术室容量管理、手术预约和排队问题提出了初步模型和可能的解决方法。Singh 等(2020)对医疗运营领域的实证研究进行了系统回顾，总结了相关研究的独特特征，并指出了个性化医疗等具有潜力的未来研究方向。Youn 等(2022)则着重探讨了医疗运营中的容量管理和计划调度问题，他们根据手术室、门诊等各类医疗单元及门诊预约、医护人员调度等不同的医疗调度活动对相关文献进行了全面回顾。在承认上述研究积极价值的同时，我们也关注到其存在一定的局限性：首先，现存综述大部分聚焦于容量管理、预约和排队管理等单一主题，对医疗供应链、医护人员调度等话题的总结和梳理尚不完善，忽视了各主题之间的联系。其次，当前研究大多成文较早，对最新研究动态的把握存在不足，而且主要立足于国外情境，对我国特色的医疗运营问题缺乏系统探讨。

综上所述，本文将基于运营管理视角，对国内外医疗运营相关文献进行系统回顾。首先，本文通过文献计量和可视化分析方法，对医疗运营文献的发展脉络、研究主题等内容进行分析和概括。在此基础上，构建包含容量管理、医护人员管理、医疗供应链管理、中国情境下的医疗运营问题四个方面的研究框架，对各主题的相关文献进行综述。最后，对本文的研究结论进行概括，并讨论未来有价值的研究方向。

2. 研究方法与数据来源

本文采用 Citespace 软件对医疗运营领域相关研究进行文献计量分析。Citespace 能利用关键词聚类、突变分析、引文分析、作者合作网络分析等功能来实现文献的可视化分析。数据来源方面，本文使用 Web of Science(WOS)核心数据合集和中文社会科学引文索引(CSSCI)对中英文文献进行检索，时间设定为 1993—2023 年，英文文献的期刊来源限定在运营管理与数学优化领域的顶级期刊，详细的英文期刊目录和检索类型及词段展示在表 1 和表 2 中。经检索获得文献 662 篇，手动去除与医疗运营主题相关度较低的文献后，最终共保留 324 篇文献(英文文献 209 篇，中文文献 115 篇)开展文献计量分析。

表 1　　**WOS 数据库文献检索方法**

检索类型	词　段
主题(TS)	healthcare, hospital
关键词(AK) 标题(TI) 摘要(AB)	scheduling, dispatch, patient, supply, operation, capacity, equipment, ambulance, medicine, ward, bed, physician, nurse
期刊来源(SO)	*Management Science*, *Operations Research*, *Manufacturing and Service Operations Management*, *Production and Operations Management*, *Journal of Operations Management*, *Mathematics of Operations Research*, *Mathematical Programming*, *Journal of Optimization Theory and Applications*, *Journal of Global Optimization*

表 2　　**CSSCI 数据库文献检索方法**

检索类型	词　段
主题	医疗机构，医院
篇关摘	运营成本、流程优化、配置优化、库存、救护车、排队、患者流量、手术室、病房、床位、挂号、等待时间、供应链、调度、人员管理

3. 文献计量分析

3.1　英文医疗运营文献计量分析

3.1.1　文献发表年份和期刊来源

图 1 展示了历年来各期刊医疗运营领域相关文献发表数量情况。近 30 年间，该领域文献发表数量由 2 篇(1993 年)增长至 32 篇(2023 年)，总体数量呈现持续上升态势。从 2010 年起，相关研究数量出现大幅度增长，并一直保持较高的增长幅度，表明医疗运营相关问题开始成为运营管理领域的焦点议题，受到学术界的广泛关注。经统计，最近五年内发表的文献数量达到 118 篇，占总体文献数量的 56.5%，凸显了该话题在当下学术研究中的热点地位。

在期刊来源方面，通过对各运营领域主要期刊发表医疗运营文献的初步统计，发现 *Production and Operations Management* 期刊所发表的相关研究数量最多，高达 69 篇。此外 *Manufacturing and Service Operations Management* 45 篇，*Journal of Operations Management* 37 篇，*Operations Research* 34 篇。从每本期刊的独立发表趋势来看，相关研究数量也体现了随时间演进持续上升的态势，进一步说明医疗运营相关问题在运营管理研究领域的重要地位。

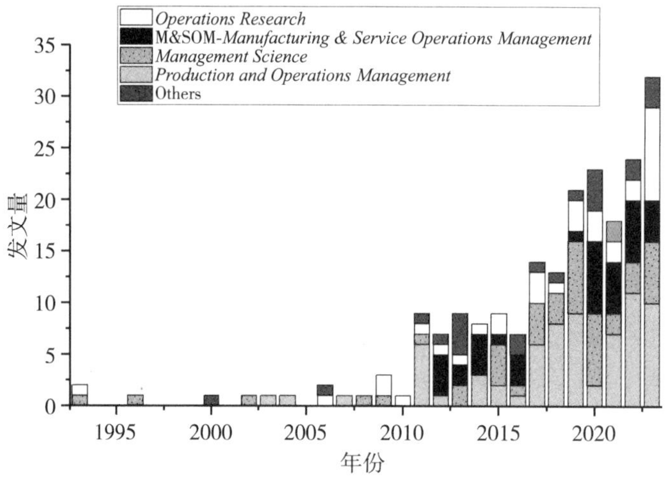

图 1　英文文献发表年份和期刊来源统计

3.1.2　文献发表的主要国家和地区

本文对英文文献所属国家和地区进行了可视化分析，结果如图 2 所示。图中各区域颜色的深浅程度反映了该地区机构和学者参与文献发表的数量，颜色越深，其对应的发文量越多。由图可知，美国机构和学者参与发表文献的数量最多，高达 172 篇，远超其他国家和地区，表明在医疗运营领域美国具备强劲的学术影响力。相对而言，中国机构和学者在国际顶级期刊发表的医疗运营相关文献数量大幅度少于美国，仅发表了 23 篇，在医疗运营学术领域影响力较低。此外，加拿大(19 篇)、挪威(7 篇)、德国(5 篇)、土耳其(5 篇)、韩国(5 篇)、法国(4 篇)等国家的研究机构和学者也在医疗运营领域开展了研究和探索。进一步对文献发表的区域聚集情况进行分析发现，北美、欧洲和东亚是三个主要的高影响力区域，展现了一定的区域合作特征。

3.1.3　文献发表的主要机构

对文献署名机构进行统计发现在医疗运营领域的研究中，80%的研究由高校主导，高校科研机构在该领域中占据着主导地位。此外还有部分医疗机构(如 California Pacific Medical Center、Massachusetts General Hospital 等)和企业(如 Amazon)参与其中。表 3 展示了文献发表数量排名前 20 的机构名称，其中 Columbia University 发表的文献数量最多，达到了 24 篇，University of Pennsylvania、Emory University、Indiana University Bloomington、Indiana University System、IU Kelley School of Business、National University of Singapore 几所机构的表现也十分突出，发文数量在 10 篇及以上。在发文量排名前 20 的机构中仅有 National University of Singapore 一所位于新加坡，剩余 19 所均为美国研究机构，表明亚洲高校对医疗运营领域的研究和探索仍处于发展阶段。

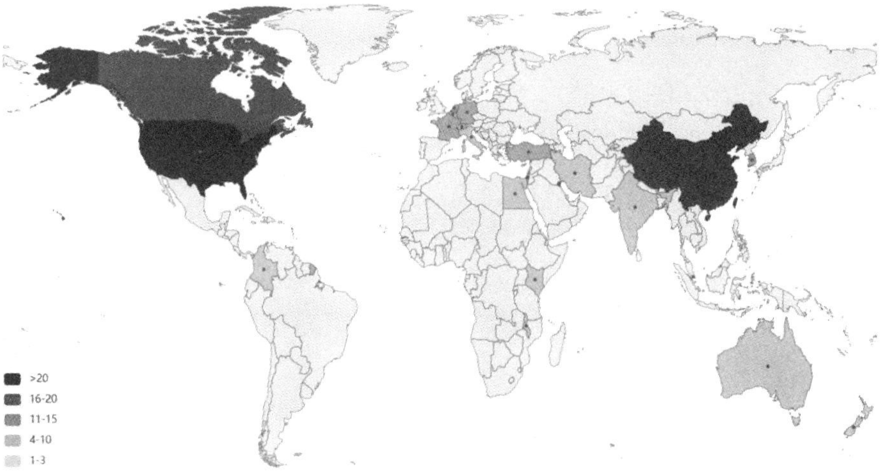

图 2 英文文献发表的主要国家和地区统计

表 3 **英文文献发表的主要机构统计**

机　　构	数量	机　　构	数量
Columbia University	24	Mays Business School	8
University of Pennsylvania	12	Purdue University	8
Emory University	11	Purdue University System	8
Indiana University Bloomington	11	University of Michigan	8
Indiana University System	11	University of Michigan System	8
IU Kelley School of Business	10	University of North Carolina	8
National University of Singapore	10	University of North Carolina Chapel Hill	8
Arizona State University	8	Baruch College (CUNY)	7
Arizona State University-Tempe	8	City University of New York (CUNY) System	7
Harvard University	8	Cornell University	7

3.1.4 高被引文献

文献引用的共现分析方面，本文以一年作为一个时间切片，使用 Citespace 绘制了文献共被引图，保留了共被引次数大于 5 次的文献标签，结果如图 3 所示。其中，共被引次数最高的文献是 Song 等(2015)发表在 *Management Science* 的“The Diseconomies of Queue Pooling: An Empirical Investigation of Emergency Department Length of Stay”。他们使用了 2007—2010 年医院急诊科的就诊患者数据集，采用 DID 方法对医院不同排队管理方式下的系统效率进行了研究。研究结果表明：在同样的公平约束下，相较于专用排队系统(dedicated queuing system)，当采用医生支配程度更高的池排队系统(pooled queuing system)时，患者的平均等待时间和住院时间会显著降低。

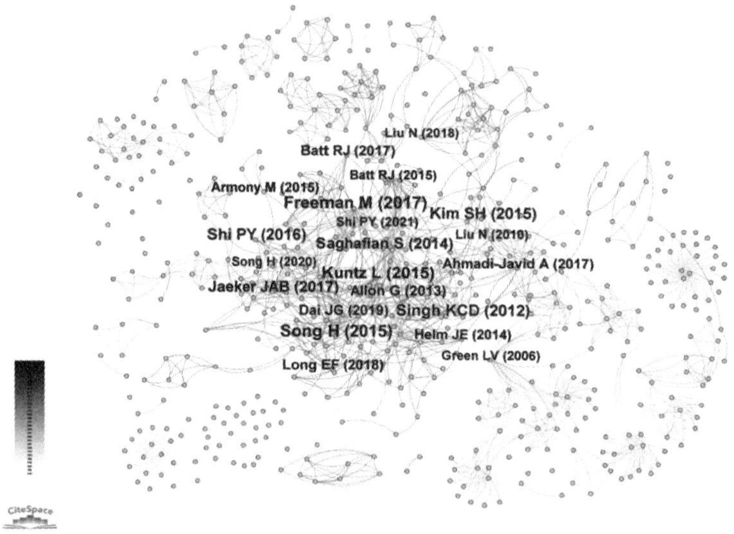

图 3　英文文献共被引分析

共被引次数大于等于 10 次的文献还有 Kuntz 等(2015)、Kim 等(2015)、Shi 等(2016)和 Singh (2014)。Kuntz 等(2015)利用德国 83 家医院的患者数据，探究了医院承载病人容量的安全临界点问题，并就柔性扩容、医院集群等应对措施进行了探讨。Kim 等(2015)研究了医院 ICU 病房的准入策略，通过使用 15 家医院超过 190000 例住院患者的大型数据集，量化各类运营成本并进行估算，搭建了一个从成本收益角度帮助医院进行 ICU 住院决策的模拟框架。Shi 等(2016)基于新加坡医院的系统数据开展研究，对减少患者入院等待时间的多种策略进行了讨论。Singh(2014)对医院急诊科医生的多任务处理行为进行实证研究，发现工作绩效(患者出院所需的总时间)与医生的多任务处理水平呈 U 形关系。在最初的阶段，多任务处理行为会提高其效率，但这种影响会随着多任务处理行为的进一步增加而减少甚至产生负面影响。

本文发现，上述 5 篇高共被引文献均为数据驱动型实证研究，推测可能的原因在于：医疗机构的实际运营数据难以收集和量化，研究方法以数学建模为主，实证研究基础相对薄弱。因此，数据驱动型研究的边际贡献相对更大，表现出更高的被引次数。

3.1.5　关键词共现分析

关键词是研究者对研究内容的总体概括，在文献的分类及脉络梳理方面具有重要意义。经统计，209 篇文献中共有关键词 349 个，出现次数大于 1 次的关键词 132 个，有 20 个关键词的出现次数大于 10 次。我们使用 Citespace 关键词共现的可视化分析功能，同样以一年为一个时间切片，设置标签显示的阈值为 5，绘制了图 4 所展示的图谱。图中标签的字体大小与关键词的出现次数成正比，相互之间的连线表示共同出现的频率，连线的颜色反映了联系时间。为了方便分析及图形美观，我们去除了对文献梳理意义较弱的概括类词汇(如 health care、management、impact、demand 等)。

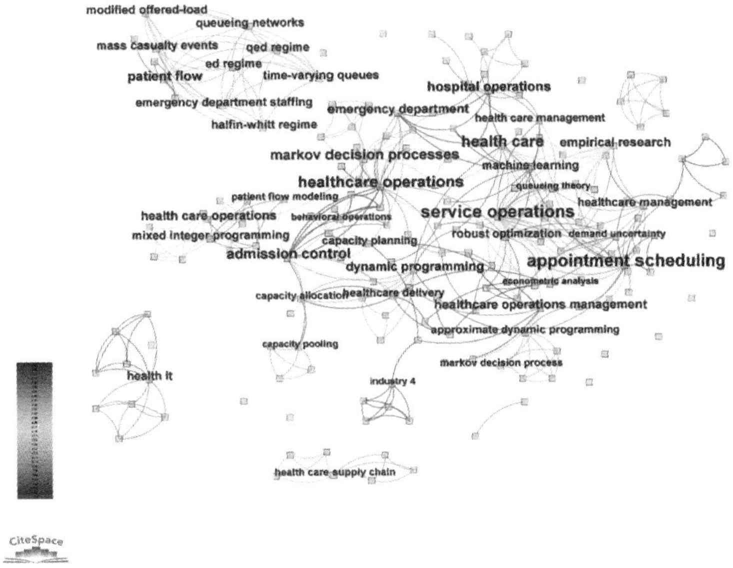

图 4　英文文献关键词共现分析

根据图谱，可以发现：医疗运营（healthcare operations）、优化（optimization）、服务管理（service operations）、预约调度（appointment scheduling）、准入控制（admission control）、马尔可夫决策过程（markov decision processes）、患者流量（patient flow）、医院运营（hospital operations）、动态规划（dynamic programming）、医疗运营管理（healthcare operations management）是出现次数排名前 10 的高频词汇，涵盖了医疗运营领域的主要研究问题。

在此基础上，为进一步研究关键词随时间变化的趋势，考察研究热点的具体变化，本文采用 Citespace 中的 Timezone View 绘制了图 5。图 5 中的每一竖列代表 1993—2023 年的时间切片，关键词节点的位置表示其最早出现的时间节点，连线依旧代表不同关键词之间的联系。观察图谱发现，医

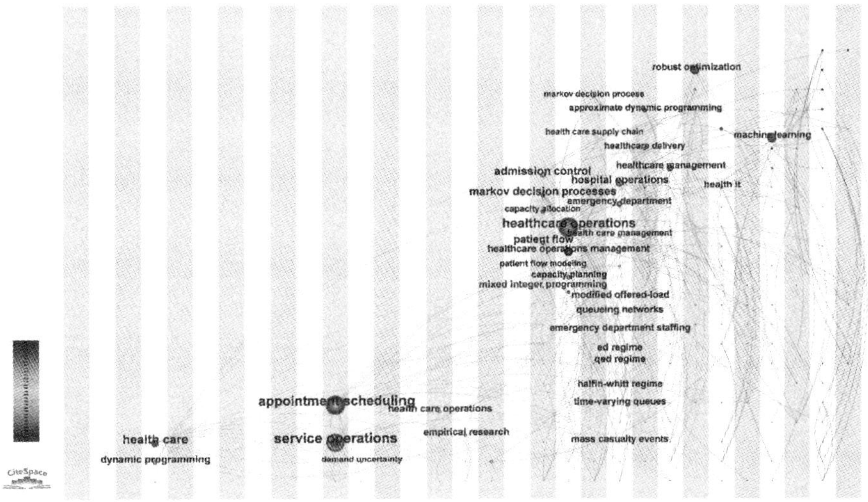

图 5　英文文献关键词变化趋势

疗运营领域早期的文献较为聚焦，主要研究动态规划（dynamic programming）、预约调度（appointment scheduling）、服务运营（service operations）等经典问题；与前文年份分析对应，2010 年出现了大量的医疗运营（healthcare operations）相关热点研究问题，包括准入控制（admission control）、马尔可夫决策过程（markov decision processes）、患者流量（patient flow）等；近几年，机器学习（machine learning）等方法的运用是领域内的研究焦点。这表明随着医疗运营问题受到越来越多的关注，学者们聚焦的研究问题也更加多样化和精细化。

3.1.6 关键词聚类分析

为更好地提取关键词中的有效信息，我们还对关键词进行了聚类分析。在 Citespace 中共提供了 LSI、LLR 和 MI 三种算法进行聚类分析，为方便识别不同类别研究的特点，我们选取了 LLR（Log-Likelihood Ratio）算法进行分析。分析得到 Q 值 0.4761（>0.3），P 值 0.7997（>0.5），说明聚类结构显著且结果在统计学层面上具有说服力。最终共呈现了 9 个聚类，聚类名称及成员信息展示在表 4 中。根据不同聚类所包含的关键词，可以对各方向的研究主题进行概括和总结。

表 4　**英文文献关键词聚类结果**

序号	聚类名称	聚类成员
1	healthcare operations management	healthcare; impact; model; healthcare operations; emergency department; capacity allocation
2	inpatient flow management	inpatient flow management; analysis of algorithms; approximations/heuristic; cost analysis; appointment scheduling
3	appointment scheduling	appointment scheduling; no-shows; simulation; healthcare; dynamic programming
4	supply chain	supply chain; healthcare management; information technology; additive manufacturing; it integration
5	discrete-choice model	discrete-choice model; structural estimation; multihospital system; sectors; non-profit healthcare
6	robust optimization	robust optimization; admission control; markov decision processes; machine learning; healthcare
7	healthcare operations	healthcare operations; quality; productivity; electronic health records; maintenance repair
8	systems	systems; care fragmentation; policy; care coordination; conjoint analysis
9	nurse management	nurse management; structural equation modeling; cost control; quality assurance; healthcare technology

从聚类的结果发现，医疗运营领域的英文文献研究主要围绕以下几个研究主题展开：患者流量管理、患者预约调度、医疗供应链管理（药品、器械等）、医疗系统或绩效优化、人员调度管理（护士、医生等）。

3.2 中文医疗运营文献计量分析

3.2.1 文献发表年份和期刊来源

随着我国医疗行业的发展、成熟与完善，医疗运营领域也得到我国学者的广泛关注。2005 年起至今，国内学者已在 CSSCI 来源期刊发表 115 篇相关论文，发文量在 2017 年达到峰值，之后发文量稍有回落，但大体上保持稳定增加趋势，见图 6。其中，刊发医疗运营相关研究数量较多的期刊有《中国管理科学》《系统工程理论与实践》与《管理科学学报》，发文量分别为 16 篇、12 篇与 6 篇。

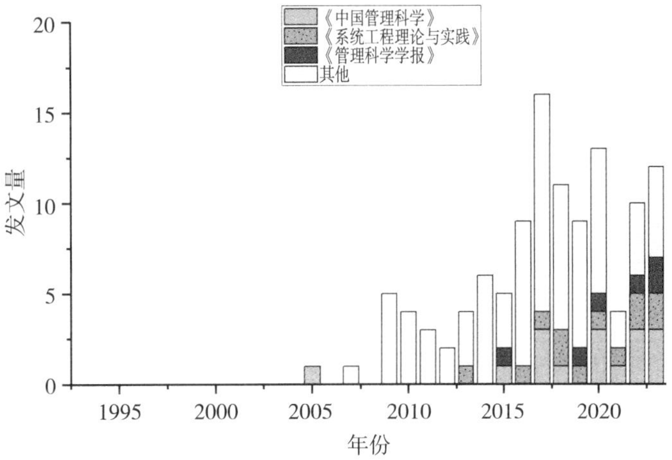

图 6　中文文献发表年份和期刊来源统计

3.2.2 关键词共现分析

同样，本文对中文文献的关键词进行共现分析，结果如图 7 所示。出现频率较高的关键词包括：医联体、分级诊疗、排队论、社会福利、门诊预约、预约调度、等待时间、集团采购、下转率等。与英文文献的高频关键词相比，中文文献的高频关键词不仅涵盖了医疗运营中最常见的排队预约问题、调度优化问题，还体现出我国医疗政策改革的一些特点，如医联体建设改革背景下的分级诊疗与下转率研究、国家集采政策背景下的医疗运营模式探索等，反映出国内学者对中国特色医疗政策改革背景下医疗运营问题的关注。

3.2.3 关键词聚类分析

本文同样采用 LLR 算法对中文文献进行了关键词聚类分析，最终共得到 9 个聚类（$Q=0.8679>0.3$，$P=0.9528>0.5$），聚类名称及成员信息见表 5。我们发现，医疗运营领域的中文文献聚焦在如下主题：预约排队就诊流程管理及优化、医联体分级下转管理及优化、药品安全与库存管理、医院采购模式、手术室排程管理及优化。

图 7　中文文献关键词共现分析

表 5　**中文文献关键词聚类结果**

序号	聚类名称	聚 类 成 员
1	急诊室	排队论、门诊预约、等待时间、医疗转诊
2	预约调度	预约调度、仿真、收益管理、遗传算法、动态规划
3	医联体	医联体、分级诊疗、资源配置、排队网络
4	限价政策	定价、协调契约、限价政策、延时敏感、公益性
5	联合库存	公立医院、药品管理、医改、联合库存
6	下转率	下转率、社会福利、服务能力、支付价格
7	集团采购	集团采购、规模经济、采购策略、预测精度
8	药品	供应链、成本控制、医疗服务、安全隐患
9	手术室	手术排程、医院管理、手术室、排程、蚁群算法

4. 医疗运营研究文献回顾及述评

结合前文对医疗运营领域 324 篇文献的计量与可视化分析结果，本文对相关文献进行了充分阅读和理解，分别从容量管理、医护人员管理、医疗供应链管理和中国情境下的医疗运营研究四个方面对文献展开梳理和回顾。

4.1　容量管理

医疗机构向患者提供医疗服务时，与其他服务行业类似，同样面临着需求不确定和成本与服务质量相权衡的两大核心问题(Jack & Powers，2004)。但区别于传统服务行业，医疗机构的运营活动会受到更加苛刻的限制：一方面，医疗机构必须保持较高的服务水平。若患者的服务需求无法及时满足，不仅会导致医疗运营效率的降低，还会对患者的生命健康带来严重后果(Chan et al.，2017)，使医院陷入舆论和法律风险。另一方面，医疗机构扩容成本较高，其收入与支出途径又受到政府和社会的严格监管，意味着医疗机构不能简单依靠增加服务窗口等策略来提升服务水平，而是需要实行更加灵活的运营策略，以期实现内部资源利用率的最大化。

医疗运营中的容量管理旨在充分利用内部资源，通过不同的规划和组合，来满足病人不断变化的医疗服务需求，以实现服务能力的最大化(Youn et al.，2022；杜少甫等，2013)。学术界也对不同医疗服务部门中的各类容量管理问题进行研究。以下从手术排程、床位管理、门诊预约等方面对不同情境下的容量管理相关研究进行综述。

4.1.1　手术排程

手术是医院主要的成本中心与利润来源(Jung et al.，2019；Pitt，2009)。实践中，医院面临的手术主要分为两类，即紧急手术(尽快进行)和计划手术(择期进行)。其中，紧急手术面临更高的需求不确定性，进一步导致手术室的容量利用率出现较大波动，造成手术室闲置或拥挤等问题，如何进行合理的手术排程是提高手术室容量利用率的关键。多数研究以最大化手术室资源利用率为导向，对手术室容量管理问题进行探讨。Gerchak 等(1996)构建了一个随机动态规划模型，将手术排程问题简化为计划手术排程和手术室容量上限确定时，每日接收的紧急手术数量的最优决策。Jung 等(2019)在此基础上，着眼于打破两种手术类型的界限，通过集中排程、手术室共享和使用优化程序对计划手术进行重新规划，以提高手术室的容量利用率，使医院对紧急手术实现更高的满足率。在医疗机构的实际情境中，维持较高的手术室利用效率固然重要，但患者的福利(等待时间)也不容忽视。因此，部分研究将患者福利纳入目标并对手术排程模型进行了改进。郭斯琪和梁峰(2019)同时考虑了医院和患者利益，并以双方利益最优为目标建立起多目标先行规划模型，基于蚁群算法求解模型完成手术排程任务。Zhou 等(2021)分别采用确定性等效和方差边界两种近似方法，研究在设定患者预期等待时间上限的前提下，最小化手术调度的预期时间跨度问题，并基于医院的真实数据开展案例研究，验证其方法相较于传统策略的优势。Keyvanshokooh 等(2022)开发了一种多阶段随机和分布鲁棒优化方法，以确定患者的最佳手术日期，满足其接受医疗服务的目标约束，并最大限度地减少手术超时问题。另外，部分学者也以成本为导向，研究手术室的容量管理问题。Olivares 等(2008)借助报童模型构建结构估计框架，并在此基础上开发用于假设检验的统计方法，对有关医院的医疗运营数据进行实证检验。实证结果显示，医院更加重视容量闲置时的有形成本，而并非超时工作带来的隐性成本的增加。Rath 等(2017)开发了一种数据驱动的鲁棒优化方法，并在 UCLA Ronald Reagan 医学中心进行相关实践验证，发现该方法能够成功提高麻醉师和手术室的利用率，并使每日成本降低约 7%。Wang 等(2023)使用机器学习方法根据性别、年龄、基础疾病等特征将患者划分为不同类型，并根据基于特征的聚类模糊集来估计手术持续时间，以此协助进行不同类型的手术排程决策。

4.1.2 床位管理

床位数量反映了医院最基本的医疗服务能力，是维持医院高效运转的核心资源。先前的研究发现医院的床位调度和配置水平与患者的医疗结果和满意度息息相关，还会对医院的总体运营绩效产生影响(Gutierrez & Rubli，2021；Johnson et al.，2020)。因此，学界对医疗部门的床位容量管理策略开展了大量研究。与手术排程类似，医院在住院床位安排上同样面临着随机到达的紧急入院需求与可以进行择期安排的入院需求。Helm 和 Van Oyen(2014)基于 PALM 方法对择期入院系统进行了重新设计和优化；Meng 等(2015)考虑通过对择期入院需求的配额管理来缓解医院的床位紧缺问题；Kim 和 Tong(2023)的研究识别了医生在作出入院床位分配决策时的行为偏差，并提供了能够改善这种行为偏差的策略。此外，医院的床位管理通常建立在不同的病区基础上，病区间的容量管理存在溢出效应(Kim et al.，2023)，因此，不同病区间的床位协调调度同样对提升床位利用率具有重要意义。Thompson 等(2009)指出，在面临入院需求激增期间，医院可以采用将患者在不同楼层和病区之间进行主动转移的调度策略以缓解床位紧张状况。部分研究还基于此观点探讨了不同病区床位共享与动态优化等策略的积极作用(Best et al.，2015；Dai & Shi，2019；Song et al.，2020)。在常规的数学建模分析方法之外，床位管理相关文献中还采用了仿真分析、指标构建与优化等分析方法。Xie 等(2023)通过对传统的床位利用率指标进行优化，构建了全新的床位短缺指数(BSI)以更好了解床位的实际利用水平，并及时识别出床位短缺风险，进而帮助进行床位的调度和优化决策。基于仿真方法，部分学者探讨了病人滞留与床位配比等问题(霍达等，2017；吴晓丹等，2017)。部分学者还聚焦于重症监护病房(ICU)的床位紧缺状况开展研究，构建了在 ICU 床位紧缺和服务质量保障的前提下，将部分患者转移至普通床位的优化方法(Dobson et al.，2010；Ouyang et al.，2020)。对 ICU 就诊患者的筛选机制进行优化是缓解床位紧张的另一可行策略，Kim 等(2015)量化考察了 ICU 服务对患者医疗质量的影响，开发了一个系统的入院评估框架，借此来帮助医院做出更有效率的患者分流入院决策，缓解床位紧缺状况，提高床位利用水平。

4.1.3 门诊预约

门诊预约是大多患者就医过程中的必经环节，传统门诊预约模式下存在患者缺席预约等诸多问题，严重影响了就诊系统运行效率。Cayirli 和 Veral(2003)对门诊预约相关文献进行总结，认为预约调度系统在实现医疗服务需求与门诊容量匹配目标过程中，往往存在两类问题：一是预约门诊服务的患者的异质性往往会使患者接受治疗的持续时间具有差异，进一步导致同一门诊预约服务系统中不同患者的等待时间和接受服务水平出现差异。二是已预约患者出现违约缺席行为的概率较高，进而影响门诊预约系统的效率。围绕这两类问题，学者从多个方面展开了研究。Qi(2017)探究了在异质患者接受医疗服务时间不确定的情况下，用以平衡患者接受服务水平的最佳服务策略。Saghafian(2023)在多重运营绩效目标的前提下，开发了对于异质患者而言更加简单、高效的安排和接纳策略。

Osadchiy 和 Diwas(2017)使用非参数估计方法，引入患者的等待意愿，探讨其对患者缺席行为的影响。Liu(2016)发现预约延误时间较长的患者会有更高的缺席概率，通过在预约系统中设置时间窗口的方式能改进预约系统的服务效率。Kong 等(2020)考虑了患者缺席行为的出现概率变化，对预约系统进行改进，并显著降低总预期成本。部分学者结合实际门诊预约数据展开实证研究，发现患者的缺席概率还与预约的提前期成正相关，Liu 和 Ziya(2014)考虑了存在上述正相关关系的情形下，对预约系统的容量控制决策进行了优化。此外，还有部分学者着眼全局，从预约系统整体规则和目标出发，开发改进策略。Deglise-Hawkinson(2018)对传统的先到先得模式进行改进，考虑不同患者接受医疗服务的紧急程度，并据此对排队网络进行优化。阎崇钧等(2015)构建了带有爽约患者的医疗预约系统联合计划与调度问题模型，探讨了患者爽约概率对系统收益、医院空闲成本、患者候诊成本等的影响。Lee 等(2018)开发了一种以最小化患者等待时间、医生空闲时间和医生加班时间加权总和为目标的门诊系统调度策略。Liu 和 Diwas(2023)还从行为科学的视角出发，通过在就诊前提醒中添加“等待框架”信息，增加了患者错过预约的感知成本，进而减少患者缺席的概率，从系统层面提高了医院的门诊资源利用率。当下，针对问诊预约中的容量管理问题，诸多医疗机构正逐步探索“以患者为中心”的预约模型改革方案(Wang et al.，2019)，患者满意度成为评价医院门诊预约管理能力的关键指标。秦岚和徐寅峰(2013)就以加权病人等待时间作为患者满意度度量的指标，建立起以最大化患者满意度为目标的排队模型，对实践中常见的不同优先级排队策略和时间段优先型排队策略进行了比较和优化分析，并提出了针对性的建议。

4.1.4　院际合作下的容量管理策略

当医院面临严重的医疗服务需求冲击时，可能会超出其服务容量的安全临界点，造成严重的系统拥挤状况，影响医疗服务质量，威胁到患者的生命健康安全(Kuntz et al.，2015)。在这种情形下，医院之间的集群和容量共享策略发挥着重要的疏解作用(Jack and Powers，2004)。Lan 等(2022)的实证研究也表明医院之间的合作能够显著改善患者接受的医疗服务质量。但当前大部分研究只关注单一医疗机构中的容量管理问题，缺乏对多机构联合的调度策略在床位管理、手术排程等主题中应用的探讨(万昕乐等，2018)。Mills 等(2018)发现医疗联盟改善了医院的应急准备和反应能力，当出现大型灾害事件时，现场救助人员可以根据不同医院的服务能力信息决定将患者送往何处，提高伤员救治的效率和质量。还有部分研究探究了医院特定服务部门之间的资源共享策略对医疗服务效率和服务质量的促进作用(Ardestani-Jaafari & Kucukyazici，2022；Jiang et al.，2023)。此外，我国特色的医联体模式也实现了不同医院之间的容量共享和联合调度，一定程度上改善了资源利用效率，后续在 4.4.2 部分进行详细介绍，此处不再赘述。

4.2　医护人员管理

高质量的医护团队是医疗机构提升医疗服务水平的基础。科学的管理和调度策略能够充分发挥医护人员的劳动价值，减少人力资源的浪费，推动医疗服务成本降低，提升整个医疗机构的运营效率。

4.2.1 医生管理及调度问题

医生作为医护团队的核心人员，从根本上决定着医院的医疗水平。在实际生活中，医生的排班和调度往往基于稳定的上下班时间，而病人的到达和就诊需求是随时间动态变化的，很容易导致供需上的错配问题。因此，如何处理好医生的管理与调度问题对医疗机构就诊效率的提升至关重要。针对这一现象，林罗丹等(2017)以周为单位求解了急诊室医护人员的排班问题。Rath 和 Rajaram(2022)发现，医院对麻醉师的调度安排同样受到上述限制，并带来了很高的隐性成本。基于此，他们开发了每日需求预测模型，对每日每月麻醉人员的调度进行重新规划，有效降低了总人力成本。手术是医院的主要收入来源，因此对于手术成本的控制也极为重要，Bandi 和 Gupta(2020)开发了相关算法，能够在指定不确定性集的大小并控制加班成本的同时满足外科医生的工作偏好。Freeman 等(2019)关注了重叠手术(将一名医生分配至两个手术室)中的调度问题。该研究对重叠手术策略和传统的串行调度策略进行了比较，对比了不同策略下下一组择期手术的完成情况。在此基础上，他们进一步考虑了医生空闲时间和总手术时间的成本函数，推导出两个模型，用于预测重叠手术策略的适用情境。王铖恺等(2023)对发热门诊医生排班进行优化，有效减少了患者等待时间与医生总工作时间，为相关门诊排班问题提供了有效借鉴。向婷等(2023)研究了社区医生的调度优化问题，开发了一个允许医护人员的服务模式在上门和门诊之间切换的混合整数规划模型。数值实验结果表明，该模型有效降低了相关运营成本。

4.2.2 护士管理及调度问题

护士是医疗机构中的重要协助人员，直接影响患者的康复水平与就诊体验。合理的护士管理及调度能够有效提升患者的就诊满意度并降低护理成本。Peng 等(2023)发现，相较于其他病房，ICU 中较高的护士流动率对护理质量会产生更强的负面影响。因此，医院管理人员会倾向于优先满足 ICU 护理人员的配置要求。汪文新和卢祖询(2010)提出，应当通过相应的床位数和床位使用率来确定具体的护士人数配置。Yankovic 和 Green(2011)将护理系统表示为一个可变的有限源排队模型，展示了护理强度、床位占用水平和单位住院时间等因素如何影响护理水平与绩效之间的关系，并对不合理的护士配置造成的医院运行效率损失进行了估计。Green 等(2013)对护士缺勤因素进行了调查，基于一种改进的报童模型对护士人员配置策略进行了探究。He 等(2012)研究了日常工作量不确定情况下手术室中护理人员的配备决策，并基于此开发了一个可用于实际决策的经验模型。他们在美国一所医院的实践测试中证明了其效果，该模型的运用帮助医院显著降低了手术室运营成本。

4.3 医疗供应链管理

充足的医疗物资供应是医院为患者提供优质医疗服务的前提和基础，医疗供应链的安全、高效运转对改善医院的运营绩效，提高资源的利用效率具有重要意义。通过库存管理、采购管理、物流配送管理等多环节的优化和协调，可以减少物资紧缺及过度冗余状况的发生，在保证医院服务能力的同时有效降低库存水平和运营成本。

4.3.1 库存管理

区别于传统的库存管理问题，医院使用的各类医疗物资在需求概率、有效时限等方面存在诸多差异，表现出极强的异质性。Rosales 等(2023)的研究中将医疗物资划分为一般医疗物资和医生偏好型物资。一般医疗物资的数量较多且成本较低，而医生偏好型物资的数量较少且价格更高，当医生对某些医疗物资的偏好十分强烈时，医院就很难降低其库存成本，因此往往采用寄售模式来管理这些库存(Braglia & Zavanella，2003；Persona et al.，2005)。但使用代理理论结合实际数据进行分析发现：寄售模式带来的影响与直觉相悖。寄售模式下医院对库存监管程度的降低，会带来更多的损耗，反而使得库存成本增加。对于血液、药品等时效性较强的医疗物资，如何有效避免过期风险是在进行库存系统设计时需要考虑的重要问题，其往往受到预算、人力资源、管理技能和系统等诸多因素的限制(Karamshetty et al.，2022；李猜等，2018)。高宝俊和宣慧玉(2005)以国内大型医院的血液库存系统作为研究对象，基于其运行的历史数据构建起离散事件系统仿真模型求解最优订货点问题。Abouee-Mehrizi 等(2022)发现血小板产品剩余保质期的高度不确定性为医院库存管理系统带来极大困难，基于此，他们开发了一种新的易腐库存管理系统，通过利用更多医院信息系统中的数据来帮助进行库存调度决策，并进一步通过两家医院的案例研究证实了该系统在降低血小板产品过期率和短缺率方面的显著进步。

医疗物资库存管理面临的另一个重要问题是不确定事件的冲击，库存共享机制得益于其对风险的良好控制能力而得到广泛讨论。Bozkir 等(2022)构建了一个面临药品供应链中断风险的医疗卫生服务网络，当一家医疗机构面临药物短缺时，患者会选择离开并前往另一家医疗机构就诊，在这种情形下，药物短缺严重损害了患者心中医疗机构的品牌价值，基于此，提出了一种针对关键药物的主动库存共享机制，以减轻不确定的药品供应链中断所带来的负面影响。吴登丰等(2016)在我国药品采购模式改革背景下，探讨了实践中出现的药品断供等问题，针对试点地区采用的药品联合库存模式运行过程中所面临的新挑战，通过系统动力学理论和建模仿真方法，为各参与方优化联合库存管理的措施构建了理论框架。

4.3.2 采购管理

医疗供应链中的采购决策通常要求较低的风险与较强的持续性。Paul 等(2019)发现，医院通过区域中心血库进行血液相关物资的采购，但中心血库的供应存在较强的不确定性，且在一对多的供应模式下，会加大物资短缺情况出现的概率。因此，医院往往会做出超额订购决策，以此保证自身的血液采购的稳定性。但当许多医院同时做出超额订购决策时，会严重破坏脆弱的血液供应网络，使得社会总成本提高。该项研究考虑通过为医院提供经济激励和寄售模式两种途径以减轻这种牛鞭效应带来的负面影响。此外，还有研究发现，医疗机构的订购行为会与上游的供应商产生互动，进而直接影响医疗物资的配送效率(Shockley et al.，2023)。与对库存管理的讨论类似，出于有效控制风险和降低成本等方面的考量，也出现了许多联合/集团采购的实践。Hu 和 Schwarz(2011)考察了集团采购组织在降低成员采购成本上的作用，研究发现集团采购增加了供应商之间的竞争，并降低了医疗机构向患者提供服务的价格，但这种模式也降低了供应商为产品引入创新的动力。

4.3.3 物流配送管理

物流配送是医疗供应链中另一个重要环节，是各个主体之间实现协调的关键，更直接关乎医院提供医疗服务的时效性和质量。Zepeda 等(2016)的研究强调物流配送在医疗供应链中的重要作用，发现医院间合作或联盟等关系形式会改变管理者对供应链稳定性的估计，进而影响其库存管理决策，而医院所处地区的物流基础设施水平会对这种关系起到调节作用。Villa 等(2009)考察了三家意大利医院的物流网络的重新设计活动，研究这种“以病人为核心”运营模式的效果与优势，为未来的医疗物流网络设计活动提供借鉴。Diabat 等(2021)对传统的库存路径问题(IRP)进行改进，提出一种固定分区策略 IRP(FPP-IRP)，将客户划分为在整个优化范围内固定的互斥集群，为每个集群分别进行配送。这种固定分区策略通过限制传统 IRP 方法的灵活性，能够降低系统整体的操作复杂性，展现出诸多优势，在通过分区将意外冲击隔离在一定的集群限度内，提高系统整体的稳定性的同时，还提高了为特定需求提供服务的能力。刘明和曹杰(2017)以药房的托管药品作为研究对象，探讨其物流运营成本问题，综合考虑药品调度过程中的需求不确定性、配送服务时间的不确定性和药品供应成本可变性三个因素，建立基于药房托管模式的药品物流调度随机优化模型，并设计具有挑选规则的混合遗传算法进行求解。

4.4 中国情境下的医疗运营研究

4.4.1 集团采购

我国医疗市场中药品价格曾普遍存在“虚高问题”。药品行业较长的供应链加剧了上下游间信息的不对称，使得各经营主体可能通过购销合谋等手段攫取超额利润(宿晓，2010)。为降低患者医疗成本，提高供应链效率，我国政府推出了药品“集团采购”政策。药品集采即多家医疗机构(医院)委托政府有关部门统一从医药企业采购药品，去除中间环节，并通过量价联动机制，压低药品价格；中标药企通过集采获得大量订单，以量换价实现盈利。集采组织接受的医疗机构委托量直接决定了其对于医药企业的议价能力(侯艳红和丛萌，2011)，而药企应当积极提升自身药品质量，以增加集采中标概率(荣俊美和朱立龙，2019)。但与此同时，集采药物供应链的治理也得到了广泛关注。在经济、地理、交通和物流条件差异较大的地区实行药物集采制度后，可能产生规模经济与规模不经济的冲突，进而导致专用性资产、中标后的药物供应链垄断等治理难题(方锐等，2014)。

医疗机构对集团和分散两种采购方式的选择主要取决于价格规制与市场规模(Mensa Sorato et al., 2020)。无价格规制时，市场规模对医疗机构采购策略选择影响较大。市场规模较小时，医疗机构的策略与规模经济折扣密切相关；市场规模较大时，医疗机构更倾向于分散采购。有价格规制时，规模经济的较大折扣下，政府的医疗机构与医药企业限价政策均会使医疗机构采购策略从集团转向分散采购；折扣较小时，医药企业限价政策不会产生影响，而医疗机构限价政策会促使医疗机构选择集团采购(吴璐等，2023a)。此外，由于药品集采周期相对较长，医院在具备较高预测精度的前提下，会选择分散采购满足当期需求(吴璐等，2023b)。

4.4.2　医联体

医联体网络的构建有效落实了我国医疗改革中的分级诊疗制度。分级诊疗制度的初衷是提升患者与医院之间的适配程度，提高就诊效率；但其实践却并不尽如人意，三甲医院与社区医院之间的拥堵程度往往存在巨大反差(李忠萍和王建军，2020)。为有效解决这一问题，国家医保局鼓励各地三甲医院牵头，与社区医院联合，积极构建“1+N”模式医联体，实现医联体间患者的高效转诊，充分利用不同层级医院的医疗资源。相较于医疗机构进行分散决策的情形，政府主导下的医疗联合体集中决策可以通过构建“收益共享+成本分担”契约，实现患者效用和医疗服务供应链协调的双赢(高凌宇和王效俐，2020)。

刘晓玉和邓群钊(2016)构建了一个医联体间的双向转诊模型，探讨不同合作模式下的最优转诊策略与契约形式；李忠萍和王建军(2020)在医联体运行模型中引入政府角色，研究了政府在医联体中相关的补贴与协调机制；肖丽萍等(2023)针对医联体系统优化问题，基于医联体内部运行机理与排队网络理论，根据不同患者在医联体中的就医路径，建立目标模型，探究不同情形下的优化调整策略。对于医联体中由于医疗机构间利益冲突所引发的资源再分配等问题，李忠萍和王建军(2023)设计了基于患者就诊率、服务能力资源配置率以及二者混合的利益共享机制，分别评估对于医联体运营效率的影响；周文慧等(2023)对松散型与紧密型的医联体进行了对比，发现紧密型医联体的下转量往往更多，且最优下转量高于社会最优情形。

5. 总结与未来研究展望

本文着眼于运营管理领域，结合文献计量与可视化分析对医疗运营相关研究进行回顾，构建以容量管理、医护人员管理、医疗供应链管理以及中国情境下的医疗运营研究为主要议题的研究框架，系统梳理医疗运营主题下不同研究方向的发展脉络，并对核心文献进行提取、概括、总结与归纳。本文期望通过综述方式加深对医疗运营管理的理解，为应对医疗行业当下的新变化、新挑战提供更加有效的策略。从经济和社会的总体发展趋势而言，医疗卫生领域的未来仍然充满潜力。伴随日新月异的医疗科学技术和越来越多样化、个性化的医疗服务需求，其所面临的问题也会更加复杂和迫切，需要更加精细、智能、高效的管理实践与之匹配。作为提升服务效率的重要抓手，可以预见的是，医疗运营在未来的很长一段时间内，仍将作为运营管理领域的重点和热点问题被长期探讨。其理论和实践的不断创新将为医疗行业的可持续发展与转型升级提供重要的指导和支持。

在医疗运营领域的传统研究问题不断得到深入讨论的同时，也出现了一些富有研究价值的新问题。有关新兴技术和新兴医疗模式在医疗运营领域运用的研究得到广泛关注。Kumar 和 Mallipeddi (2022)介绍了云技术、大数据、物联网、人工智能和新兴通信技术等工业 4.0 和 5.0 手段如何为医疗运营赋能，帮助收集数据，改善患者护理水平，并提供远程医疗和虚拟医疗服务。但值得关注的是，信息技术的大量使用必然伴随信息泄露的风险。在未来，医疗数据的安全保护策略，新型的医疗数据加密、访问控制和隐私保护技术的开发及应用是十分具有实践价值的研究主题。Cakici 和

Mills(2021)探讨了医疗领域中远程分诊的应用，旨在评估其对患者和付款人的成本效益影响，通过马尔可夫决策过程模拟患者选择过程，并考虑了患者对疾病严重程度的观察以及分类可能出现的错误。研究结果显示，对于处于不确定状态的患者，远程分诊服务可能会改善成本效益。然而，高过度分类率可能会导致到达急诊科的比率增加，且远程分诊不一定免费，可能增加付款人的总成本。因此他们指出，医疗机构对于远程分诊的管理需要谨慎，特别是对于分类错误率的管理至关重要。我们认为，未来可以考虑研究其他不同类型的医疗服务模式(如远程监护等)的实施效果和成本效益，探讨其对医疗运营的影响，为促进新兴医疗服务模式的规范化发展和推广普及工作提供科学依据。

另外，COVID-19 在给全世界医疗系统带来巨大冲击的同时，也让医疗机构和研究人员意识到医疗运营系统危机管理能力的重要性，这将为医疗运营领域带来新的研究方向。Anderson 等(2023)通过公共政策和政府干预、医院能力、流行病传播、人道主义行动、伙伴关系和疫苗生产 6 个主题对 14 篇特刊文章进行了介绍，提供了面对疫情等突发事件的事件启示，弥补了现存文献的不足。他们指出，口罩等医疗物资供应链在疫情中面临一系列中断情况(包括供应短缺和牛鞭效应等)，未来必须加强对供应链韧性的认识和研究。在考虑危机应对能力因素下的生产地点选取也是值得探讨的重要问题。Shi 等(2023)指出，在经历 COVID-19 大流行时，医院迫切需要具体运营数据支持下的分析框架来帮助其做出决策。然而，大部分分析框架在州和国家层面，医院层面的分析框架仍然尚待开发。他们开发了一种多方法框架，允许在时间敏感、动态、数据有限的环境中进行快速的分析和预测活动。我们认为，未来学者可以在此基础上，进一步探索医院层面针对危机事件时的分析和应对策略。伴随相关研究的不断深入，有望提高医疗供应链韧性，改善医疗机构在危机状况下的运营管理能力。

◎ 参考文献

[1]杜少甫，谢金贵，刘作仪．医疗运作管理：新兴研究热点及其进展[J]．管理科学学报，2013，16(8)．

[2]方锐，王舒悦，李幼平．多层次、可竞争的药品集中采购与配送模式研究——以四川省基层医疗机构为例[J]．软科学，2014，28(2)．

[3]高宝俊，宣慧玉．大型医院血液库存系统订货点决策的仿真研究[J]．中国管理科学，2005(2)．

[4]高凌宇，王效俐．基于患者选择行为的医疗服务供应链定价与协调机制研究[J]．管理学报，2020，17(3)．

[5]李忠萍，王建军．分级诊疗体系下的转诊决策与政府协调机制研究[J]．系统工程理论与实践，2020，40(11)．

[6]李忠萍，王建军．分级诊疗体系中优质服务能力再配置决策与利益共享协调机制设计[J]．中国管理科学，2023，31(4)．

[7]宿晓．基于信息不对称理论的药品供应链成本控制模式研究[J]．经济体制改革，2010(2)．

[8]吴登丰，甘筱青，俞昆．药品联合库存模式下的绩效优化研究[J]．统计与决策，2016(23)．

[9]吴璐，郭强，聂佳佳．限价政策下药品供应链采购策略研究[J]．管理工程学报，2023a，37(4)．

[10]吴璐，郭强，聂佳佳，李富昌．预测信息分享对药品双渠道供应链集团采购策略的影响[J]．中国管理科学，2023b，31(10)．

[11]肖丽萍，李加莲，邵雪焱，池宏．分级诊疗下基于排队网络的医联体系统优化[J]．中国管理科学，2023，31(9)．

[12]阎崇钧，唐加福，姜博文，刘锋．确定服务时间预约系统联合能力计划与调度方法[J]．中国管理科学，2015，23(S1)．

[13]Anderson，E.，S. Gupta，N. Joglekar，and M. Starr. Managing pandemics：A POM perspective and directions for future research[J]. Production and Operations Management，2023，32(5).

[14]Braglia，M.，and L. Zavanella. Modelling an industrial strategy for inventory management in supply chains：The "consignment stock" case[J]. International Journal of Production Research，2003，41(16).

[15]Cayirli，T.，and E. Veral. Outpatient scheduling in health care：A review of literature[J]. Production and Operations Management，2003，12(4).

[16]Chan，C. W.，V. F. Farias，and G. J. Escobar. The impact of delays on service times in the intensive care unit[J]. Management Science，2017，63(7).

[17]Diabat，A.，C. Archetti，and W. Najy. The fixed-partition policy inventory routing problem[J]. Transportation Science，2021，55(2).

[18]Gupta，D. Surgical suites' operations management[J]. Production and Operations Management，2007，16(6).

[19]Gutierrez，E.，and A. Rubli. Shocks to hospital occupancy and mortality：Evidence from the 2009 H1N1 pandemic[J]. Management Science，2021，67(9).

[20]Jack，E. P.，and T. L. Powers. Volume flexible strategies in health services：A research framework[J]. Production and Operations Management，2004，13(3).

[21]Jung，K. S.，M. Pinedo，C. Sriskandarajah，and V. Tiwari. Scheduling elective surgeries with emergency patients at shared operating rooms[J]. Production and Operations Management，2019，28(6).

[22]Kim，S. H.，C. W. Chan，M. Olivares，and G. Escobar. ICU admission control：An empirical study of capacity allocation and its implication for patient outcomes[J]. Management Science，2015，61(1).

[23]Kim，S. H.，and J. Tong. Admission control bias and path-dependent feedback under diagnosis uncertainty[J]. Manufacturing & Service Operations Management，2023，26(1).

[24]Kong，Q.，S. Li，N. Liu，C. P. Teo，and Z. Yan. Appointment scheduling under time-dependent patient no-show behavior[J]. Management Science，2020，66(8).

[25]Kumar，S.，and R. R. Mallipeddi. Impact of cybersecurity on operations and supply chain management：Emerging trends and future research directions[J]. Production and Operations Management，2022，31(12).

[26]Kuntz，L.，R. Mennicken，and S. Scholtes. Stress on the ward：Evidence of safety tipping points in

hospitals[J]. Management Science, 2015, 61(4).
[27]Lan, Y., A. Chandrasekaran, D. Goradia, and D. Walker. Collaboration structures in integrated healthcare delivery systems: An exploratory study of accountable care organizations[J]. Manufacturing & Service Operations Management, 2022, 24(3).
[28]Lan, Y., D. Goradia, and A. Chandrasekaran. Ancillary cost implications of physicians multisiting and inter-organizational collaboration during healthcare delivery [J]. Production and Operations Management, 2022, 31(2).
[29]Mensa Sorato, M., M. Davari, A. Abdollahi Asl, F. Soleymani, and A. Kebriaeezadeh. Why healthcare market needs government intervention to improve access to essential medicines and healthcare efficiency: A scoping review from pharmaceutical price regulation perspective [J]. Journal of Pharmaceutical Health Services Research, 2020, 11(4).
[30]Misic, V. V., and G. Perakis. Data analytics in operations management: A review[J]. Manufacturing & Service Operations Management, 2020, 22(1).
[31]Paul, A., T. Rajapakshe, and S. Mallik. Socially optimal contracting between a regional blood bank and hospitals[J]. Production and Operations Management, 2019, 28(4).
[32]Peng, X., Y. Ye, X. Ding, and A. Chandrasekaran. The impact of nurse staffing on turnover and quality: An empirical examination of nursing care within hospital units [J]. Journal of Operations Management, 2023, 69(7).
[33]Pinedo, M. Planning and scheduling in manufacturing and services[M]. New York: Springer-Verlag, 2005.
[34]Pitt, M. Operations research and health care: A handbook of methods and applications[J]. Journal of Simulation, 2009, 3(3).
[35]Rath, S., and K. Rajaram. Staff planning for hospitals with implicit cost estimation and stochastic optimization[J]. Production and Operations Management, 2022, 31(3).
[36]Rosales, C., A. Nair, and S. Pal. Consignment inventory shrinkage in general and physician preference medical supplies: An empirically-grounded analytical investigation [J]. Journal of Operations Management, 2023.
[37]Shi, P., M. C. Chou, J. G. Dai, D. Ding, and J. Sim. Models and insights for hospital inpatient operations: Time-dependent ED boarding time[J]. Management Science, 2016, 62(1).
[38]Shi, P., J. E. Helm, C. Chen, J. Lim, R. P. Parker, T. Tinsley, and J. Cecil. Operations (management) warp speed: Rapid deployment of hospital-focused predictive/prescriptive analytics for the COVID-19 pandemic[J]. Production and Operations Management, 2023, 32(5).
[39]Singh, D. K. C. Does multitasking improve performance? Evidence from the emergency department[J]. Manufacturing & Service Operations Management, 2014, 16(2).
[40]Singh, D. K. C., S. Scholtes, and C. Terwiesch. Empirical research in healthcare operations: Past research, present understanding, and future opportunities [J]. Manufacturing & Service Operations

Management, 2020, 22(1).
[41]Song, H., A. L. Tucker, and K. L. Murrell. The diseconomies of queue pooling: An empirical investigation of emergency department length of stay[J]. Management Science, 2015, 61(12).
[42]Wang, D., K. Muthuraman, and D. Morrice. Coordinated patient appointment scheduling for a multistation healthcare network[J]. Operations Research, 2019, 67(3).
[43]Youn, S., H. N. Geismar, and M. Pinedo. Planning and scheduling in healthcare for better care coordination: Current understanding, trending topics, and future opportunities[J]. Production and Operations Management, 2022, 31(12).
[44]Youn, S., G. R. Heim, S. Kumar, and C. Sriskandarajah. Examining the impacts of clinical practice variation on operational performance[J]. Production and Operations Management, 2021, 30(4).
[45]Zepeda, E. D., G. N. Nyaga, and G. J. Young. Supply chain risk management and hospital inventory: Effects of system affiliation[J]. Journal of Operations Management, 2016, 44.
注：参考文献受篇幅所限未全部列出，感兴趣的读者可来信索取。

A Review of Healthcare Operations Management Research
—Based on Bibliometric and Visual Analytical Approaches

Li Zhe[1] Zhou Feng[1] Xiao Lu[2] Xu Xiaolin[1]
(1 Business School, Nanjing University, Nanjing, 20093;
2 College of Economics and Management, Zhejiang Agriculture and Forestry University, Hangzhou, 311300)

Abstract: The world healthcare industry is facing major changes under the impact of population aging, COVID-19, and emerging technological revolution, and the number of healthcare operations-related studies is growing rapidly accordingly. This paper reviews domestic and international healthcare operations-related studies during the last three decades from an operations management perspective. Based on the bibliometric and visual analysis methods, this paper identifies four key themes, namely capacity management, healthcare staff management, healthcare supply chain management, and healthcare operations research in the Chinese context, and builds a corresponding research framework to conduct a literature review. Based on the review of existing literature, this paper also explores valuable future research directions such as new technologies and emerging models in healthcare operations, and crisis management capabilities of healthcare operations systems.

Key words: Healthcare operations; Operations management; Bibliometric

专业主编：许明辉

移动终端接入对涉农信息搜索行为偏误的影响研究*

● 欧阳慧[1]　黄小勇[1]　陈怀冰[2]
（1　江西师范大学财政金融学院　南昌　330022；
2　江西师范大学商学院　南昌　330022）

【摘　要】随着信息技术深度发展和终端设备成本持续下降，农村居民经历了从传统互联网到移动互联网的“直接过渡”，这一社会现象是加剧还是缓解了城乡数字鸿沟？本文从一个全新的视角参与讨论，考察移动终端接入如何影响涉农信息搜索的行为偏误。研究发现，移动终端接入会对涉农信息搜索行为偏误产生正负两种影响，且表现出一定的异质性规律：若是信息素养较弱的主体或信息密度较小的客体，影响为负；若是信息素养较强的主体或信息密度较大的客体，影响为正。进一步的机理研究还为利用城镇化、土地流转、教育培训等途径缓解数字鸿沟提供了新的证据。

【关键词】移动互联网　数字鸿沟　信息搜索　行为偏误　数字乡村
中图分类号：F326　　文献标识码：A

1. 引言

信息技术对各行业的渗透与赋能，存在一定的异质性，譬如数字化进程在农业、制造业和服务业等部门并不是同步进行的。总体而言，农业部门的数字化滞后于制造业和服务业（李怡和柯杰升，2021）。这一事实也可被认为是一种城乡数字鸿沟，因现阶段我国“三农”是有机统一的。从互联网到移动互联网的技术变迁，对于城乡数字鸿沟的消除或缓解带来了新的约束条件。在移动互联网环境中，传统的语音传输与现代的信息利用二者共同集成在智能手机上，信息的利用壁垒和利用成本均得到了优化，这为城乡数字鸿沟的消除或缓解提供了可能性（李晓静等，2021；潘明明等，2021）。

民族学中将从原始社会直接过渡到社会主义社会的民族称为“直过”民族（戴琼瑶等，2019），借用这个概念，从传统互联网到移动互联网，对于大多数农村居民而言，这也是一种“直接过渡”

* 基金项目：国家社科基金青年项目“数字乡村建设与城乡要素流动的协同机理和实现路径研究”（项目批准号：20CJY038）。

通讯作者：黄小勇，E-mail：150801104@ qq. com。

(direct transition)。家用电脑和智能手机，分别可视作传统互联网时代和移动互联网时代的标志物，当前城乡居民在家用电脑接入上仍存在较大差距，但于智能手机方面无甚差异。以2021年为例，我国城镇居民平均每百户拥有家用电脑量为63.20台，而农村居民仅有24.60台，城镇居民是农村居民的2.57倍；然而农村居民平均每百户移动电话拥有量为266.60部，甚至超过了城镇居民的253.60部。这意味着，相当可观的农村居民并没有经历传统互联网阶段，而是直接飞跃进入移动互联网时代。

"直接过渡"一定程度上让多数农村居民接触到数字化技术和内容，培育了互联网文化和思维，提供了城乡数字鸿沟的填补机会。然而，由于农户数字素养的孱弱以及移动终端的天然属性，农户使用移动终端进行信息搜索和利用的过程中，在规避行为偏误方面或许还存在不少困难，从而导致移动互联网消除或缓解城乡数字鸿沟的效应可能受到一定程度的抑制。以信息搜索为例，相比PC端，以移动端为介质进行信息搜索，可能由于如下原因引发行为偏误：第一，移动端的搜索成本更高。智能手机的显示屏幕小，且触屏输入标准化程度低，提升了信息搜索成本，在认知资源有限的情况下，搜索者倾向于关注更为显著的信息(Barber & Odean，2008；Ghose，et al.，2012)。第二，移动端的搜索环境存在更多不确定性。因信息利用的壁垒降低，使用智能手机进行信息搜索降低了环境要求，搜索行为可随时随地发生，平均而言，移动端的搜索环境在时空上所面临的干扰导致其不确定性更大。第三，移动端的搜索主体更为多元。因信息利用的壁垒降低，使用智能手机进行信息搜索，对于搜索主体的教育背景更为宽容，大量学历较低或未经系统培训的人员成为搜索主体，降低了平均信息素养水平(江嘉骏等，2020)。

因此，以移动终端接入为特征的移动互联网是否消除了城乡数字鸿沟，不可一概而论。一方面，移动互联网降低了涉农信息的利用壁垒和利用成本，有利于城乡数字鸿沟的消除(李鎏等，2021；王宏宇和温红梅，2021；王志辉等，2021)。但另一方面，从传统互联网到移动互联网的"直接过渡"，农户在规避信息搜索偏误方面还存在显著困难，不利于城乡数字鸿沟的填补。移动互联网对于城乡数字鸿沟影响的两种效应相互制衡，总效应就取决于两种反方向效应的绝对值大小。

本文考察了一种具体的信息搜索行为偏误——"非均衡偏好"。所谓非均衡偏好，是指在某次用于特殊决策的信息搜索过程中，搜索主体对于所有搜索客体的关注度分别赋予了不等的权重，即一些客体被重点关注，而另一些客体则被忽视对待，导致所有搜索客体的搜索次数呈现出幂律分布的特征。信息搜索非均衡偏好的现象，其来源是多元的，譬如依托个人经验、盲目追随他人、迷信权威意见，等等。但无论哪种来源的非均衡偏好，都是一种信息搜索行为偏误，经验主义、羊群效应、权威迷信等行为，其本质都是为快速决策而减少搜索成本所产生的有限理性行为，对信息的准确、有效、及时的把握造成负面影响。非均衡偏好表现越显著，则意味着行为偏误越严重。最理性或最理想的信息搜索，应当表现为完全均衡偏好，即所有搜索客体的关注度都被赋予了相等的权重。

本文使用百度搜索引擎上用户对于化肥、饲料、农用车等涉农物资的信息搜索记录来研究非均衡偏误，基于百度搜索指数来研究信息搜索行为偏误是较为理想的。第一，百度在国内搜索引擎中的主流地位目前是不易撼动的，因此，其平台所记录的搜索行为较为全面和精准。第二，百度为用户提供了PC端和移动端两种访问介质，而且从2011年1月1日起，移动端的搜索行为也开始被记录下来，不同访问介质下的显示内容大同小异，这为研究提供了合适的参照体系。

实证结果表明，涉农信息搜索的非均衡偏好会对农业效益指标产生负面影响，这是一种行为偏误。另外，移动互联网会对涉农信息搜索行为偏误产生正负两方面的影响，且表现出一定的异质性规律：若是信息素养较弱的主体或信息密度较大的客体，影响为负；若是信息素养较强的主体或信息密度较小的客体，影响为正。

接下来，本文剖析和验证了信息搜索行为偏误的机制，发现信息基础设施、城镇化、经营规模、教育水平等因素在不同程度上对行为偏误产生了抑制作用，而且经营规模和教育水平这两个因素，对于以移动端为介质的涉农信息搜索行为偏误的改善效果更为显著。

此外，本文还考虑了样本的自选择问题、竞争性假说、搜索模式变迁、信息搜索及影响发生的滞后问题、指标及数据的质量问题等潜在可能性，通过样本筛选、模型调整、变量更换、指标重构等方法进行稳定性检测，回归结果与正文呈现类似，说明结论具有稳健性。

在以往的文献中，数字鸿沟的研究主要关注接入和使用介质的不平等（Mcconnaughey et al.，1999），但随着信息技术特别是移动互联网的迅猛发展和全行业渗透，数字鸿沟存在方式已经从工具分布的异质性向工具使用的异质性转变，不同性别、阶层、区域、禀赋、环境的人群，在信息技术的使用频率、使用方式、使用过程、使用效果上存在明显差异（Brandtzg et al.，2011；Helsper，2010；Vekiri，2010），因此，对于移动互联网的出现对城乡数字鸿沟产生何种影响的研究需要进一步深入，考察从传统互联网到移动互联网的时代切换中，涉农信息搜索的行为偏误是增大了还是减少了，是一个新的视角。

本文的理论贡献在于从信息搜索行为偏误的角度，参与到对“直过”数字移民这一独特新现象的讨论中。在所有的信息搜索主体中，农民的身份极为特殊。一方面，由于知识的匮乏、教育的缺失以及经济的落后，农民在过去很长一段时间内主要是以“数字难民”的身份存在的，远离或逃避数字技术；另一方面，由于移动互联网技术的迅猛发展、智能手机的广泛普及与网络使用成本的持续下降，越来越多的农民能够接入和使用数字技术，正在向“数字移民”的角色转变，譬如根据刘天元和王志章（2021）的观察，观看短视频已经成为数字时代农村文化生活新风尚。然而，农民的“数字移民”过程与其他群体有很大的不同，农民并没有按顺序依次进入传统互联网时代和移动互联网时代，而是“直过”进入移动互联网时代，在这样的背景下，信息搜索行为偏误在涉农领域将引发更为严重的后果，本文的理论贡献具体包括：一是为城乡数字鸿沟的理论研究提供新角度，即从涉农信息搜索行为偏误的视角探讨城乡数字鸿沟。二是为涉农信息搜索行为偏误的存在提供新证据，利用涉农信息的百度搜索指数，对非均衡偏好的特征和效应进行验证，并对作用机理进行识别。三是为乡村全面振兴战略背景下数字乡村建设的实践提供新思路，数字乡村建设不是简单地在信息基础设施方面进行投资，更要消解“直过”数字移民现象所带来的不利影响。

2. 文献综述与研究假设

2.1 信息搜索行为偏误与经济效益

信息搜索是为决策服务的，信息搜索的质量直接影响到决策的科学性和有效性，继而影响到经济效益。这一逻辑得到了文献的证据支持，江嘉骏等（2020）使用 P2P 借贷平台数据分析了一种特殊的信息搜索行为偏误(排序偏好)与决策质量(投资者所投贷款的违约率)之间的关系，研究发现排序偏好与违约率显著正相关，即信息搜索行为与经济效益显著负相关。类似的研究还有框架效应的行为偏误，导致金融市场的过度借贷(陈泽阳等，2022)。同样，在农业部门，涉农信息搜索的质量也会影响农业的决策科学性和生产效益，预计涉农信息搜索行为偏误会与农业效益指标显著负相关。

2.2 移动互联网与信息搜索行为偏误

对于搜索主体使用PC端和移动端进行搜索，所产生的行为偏误有何差异，大多数文献认为以移动端为介质会造成更多行为偏误。智能手机的显示屏幕要小于台式电脑，决策者在较小的显示屏幕上很难看全所有可用信息，需要进行额外的下滑、翻页、放缩等操作，对于决策者而言，这意味着其所接受可用信息的种类和数量都将受到一定的限制(Shankar et al.，2010)。Ghose等(2012)采用准自然实验研究搜索主体使用智能手机的行为偏误，发现搜索主体更倾向于在智能手机上点击排名靠前的链接。类似的，有研究也证实，更高的搜索成本会影响移动端搜索主体的认知能力，相比智能手机，台式电脑更加适用于执行复杂的搜索任务(Adipat et al.，2011)。

然而，与制造业和服务业相比，农业部门所面临的决策环境有时要简单得多，生产方面，受到作物自然属性以及产品需求收入弹性低的影响，农业技术创新较为缓慢，生产方式变迁和生产资料获取等信息增长也较为缓慢；流通方面，受到生鲜产品易腐烂、难保存的影响，农产品销售的空间范围相对有限，意味着客户信息也相对有限。因此，在农业部门的决策环境中，如果需要搜索的信息较少，以移动端为介质进行涉农信息搜索，所带来的行为偏误可能要理想一些。同时，移动互联网降低了信息搜索壁垒，对涉农信息的搜索可随时随地进行，在信息相对有限的情况下，信息搜索的便利性反而会激发搜索主体的均衡偏好，因此减少行为偏误。但如果搜索主体缺乏信息知识，或者搜索客体信息量过大，会削减甚至消除这一有利影响。根据以上讨论，本文提出以下假设。

H1：移动互联网的使用会对涉农信息搜索行为偏误产生正负两方面的影响，且影响存在异质性，若是信息素养较弱的主体或信息密度较大的客体，影响为负；若是信息素养较强的主体或信息密度较小的客体，影响为正。

2.3 信息搜索行为偏误的影响机制

对于信息搜索行为偏误的成因，当前文献主要归纳了如下几个因素：第一，搜索成本。搜索主体的注意力是有限的，从海量信息中筛选出最适合的需要花费大量的成本，在需要快速或简单决策的信息搜索中，搜索主体更关注重点或特殊的客体，由此产生行为偏误。譬如姓氏字母排序靠前的学者容易获得终身教职(Einav & Yariv，2006)，股票代码字母排序越靠前，其交易量与流动性越高(Jacobs & Hillert，2016；Wang，2017)。第二，外部环境。智能设备的可移动性导致移动端搜索主体所面临的搜索环境更为复杂，外部环境干扰对信息搜索行为产生影响，譬如在需要快速响应的决策过程中，搜索主体会更关注高利率而忽视违约率(Liao et al.，2016；Wang，2016)。第三，专业素养。缺乏专业知识的主体会做出较差的决策（Agarwal et al.，2010），同样的信息内容以不同方式呈现，会显著影响缺乏专业知识的主体，但对于具有专业知识的主体，其影响并不显著（Hastings et al.，2010；Hastings & Tejeda-Ashton，2008）。

在农业部门，农业经营规模越大，农业专业素养就越高，涉农信息搜索行为偏误就越小。此外，本文还认为综合素养与专业素养具有类似效应，即综合素养同样会降低行为偏误，信息基础设施越好，城乡交流越多，农户教育水平越高，涉农信息搜索行为偏误就越小。由于不同介质的搜索成本和外部环境存在差异，专业素养和综合素养对涉农信息搜索行为偏误的影响程度会因介质不同而产生差异。根据以上讨论，本文提出以下假设。

H2：信息基础设施好的地区，涉农信息搜索行为偏误更小；城镇化率高的地区，涉农信息搜索行为偏误更小；经营规模大的地区，涉农信息搜索行为偏误更小；教育水平高的地区，涉农信息搜索行为偏误更小。但信息基础设施、城镇化、经营规模、教育水平对涉农信息搜索行为偏误的改善，移动端与 PC 端存在差异。

3. 数据来源与描述性统计

3.1　样本选取

本文涉农信息搜索行为的数据来源于百度搜索引擎，从 2011 年 1 月 1 日起，百度搜索引擎又记录了用户使用移动端的搜索行为，同一用户使用 PC 端和移动端进行搜索所呈现的网页内容大体相同，这为研究提供了良好的参照体系，方便进行对照分析。百度搜索引擎对搜索的记录还按区域、省份、城市等不同口径作了区分，这为研究提供了充足的空间跨度，可以构成面板数据。本文采用爬虫程序从百度网站上爬取了 364 个城市从 2011 年 1 月到 2019 年 12 月对化肥、猪饲料和农用车三类农资品牌关键词的搜索量，共 3937620 条原始记录。由于新冠疫情全球大流行于 2020 年开始，为规避不确定因素的持续影响，本研究没有选择 2020 年及以后的数据。以化肥、猪饲料和农用车为涉农信息代表，有如下考虑：第一，化肥和猪饲料为必需品农资，收入价格弹性低，农户较为熟悉，信息密度较小；农用车为农业奢侈品农资，收入价格弹性高，农户较不熟悉，信息密度较大，可对照分析不同信息密度的信息搜索行为偏误。第二，化肥为种植业农资，种植业投资风险较小，对农户素养要求较低；猪饲料为养殖业农资，养殖业投资风险较大，对农户素养有一定要求，可对照分析不同农户类型的信息搜索行为偏误。三种农资的品牌从中国化肥网、中国饲料网、农机购、农资网、京东、淘宝、天猫等网站综合选取，并剔除搜索量不足的离群值，最后得到的品牌有：化肥方面为中化化肥、金正大、史丹利化肥、新洋丰、云天化、鲁西、美丰、天脊；猪饲料方面为正大饲料、新希望六和、双胞胎饲料、海大、正邦饲料、正虹饲料、大北农饲料；农用车方面为雷沃谷神、约翰迪尔、东风、一拖、五征、时风、乐星、久保田、奥龙、东方红、纽荷兰、铁牛、沃得。此外，为验证信息搜索行为偏误的效应和机理，还需要控制一些诸如农民收入、农民消费、农村用电量、信息基础设施、城镇化率、经营规模、教育水平等区域主体特征，这些数据来自各省份统计年鉴、中国城市统计年鉴、中国农业年鉴，时间跨度为2011—2019年。

3.2 指标构造

本文重点考察的是涉农信息搜索的行为偏误，具体来说是非均衡偏好，即搜索主体在关注度方面对不同搜索客体进行权重赋予，偏离平均权重状态的程度。若搜索主体是完全理性的，不受经验主义、羊群效应、权威迷信等干扰，对各搜索客体的关注度应该是相等的；反之，则出现非均衡偏好。可以采用信息熵的思想来构造非均衡偏好的指标，定义非均衡偏好 $e=\sum_{i=1}^{n}p_i\log p_i$，其中 n 为品牌的个数，p_i 为 i 品牌的搜索次数。非均衡偏好 e 是一种信息熵，其值越小，意味着搜索主体对各搜索客体的关注度越平均；反之，则关注度差异越大。当不存在行为偏误时，所有的 p_i 都相等，此时 e 值取到最小。这里非均衡偏好和传统信息熵的方向正好相反，为的是使非均衡偏好指标数值的大小更为直接地与非均衡偏好的强弱映射起来，又不影响对事物特征的刻画。具体而言，在本文的搜索客体中，化肥样本的品牌关键词有中化化肥、金正大、史丹利化肥、新洋丰、云天化、鲁西、美丰、天脊，共8个搜索客体；猪饲料样本的品牌关键词有正大饲料、新希望六和、双胞胎饲料、海大、正邦饲料、正虹饲料、大北农饲料，共7个搜索客体；农用车样本的品牌关键词有雷沃谷神、约翰迪尔、东风、一拖、五征、时风、乐星、久保田、奥龙、东方红、纽荷兰、铁牛、沃得，共13个搜索客体。

另外，使用四组变量分别来衡量信息基础设施、城镇化率、经营规模、教育水平。首先，以互联网宽带接入端口来衡量信息基础设施（杨慧梅和江璐，2021）；其次，以乡村人口所占比重来衡量城镇化率（杨森平等，2015）；再次，以按乡村人口数平均的小麦产量、按乡村人口数平均的猪年底头数来衡量经营规模（贾生华等，2003）；最后，以每十万人口高等学校平均在校生数来衡量教育水平（杨伟明等，2020）。

3.3 描述性统计

表1报告了化肥、猪饲料、农用车三个不同类型样本的描述性统计，并对同一类型下PC端和移动端的非均衡偏好变量均值进行了T检验。为了对非均衡偏好程度进行刻画，本文还构造了化肥、猪饲料、农用车的三个蒙特卡罗模拟样本作为参照，其理论基础是：若偏好是均衡且独立的，根据李雅普诺夫（Lyapunov）定理，某地区在某段时期内其海量个体的搜索总和在各品牌之间近似地服从正态分布。从表1中可发现：第一，无论PC端还是移动端，真实样本的非均衡偏好程度都要高于模拟样本，且在1%的水平显著，这说明对于涉农信息的搜索普遍存在行为偏误。第二，移动端的非均衡偏好程度与PC端有显著区别，但这种区别在化肥、猪饲料和农用车等领域又存在差异。这与本文上述讨论的假设符合，说明涉农信息搜索行为偏误的存在，且以传统互联网为锚点，移动互联网某种程度上对涉农信息搜索行为偏误产生了正负两方面的影响。表2则报告了其他相关变量描述性统计的情况。

表 1　　各类型样本信息搜索行为偏误变量的描述性统计及 t 检验

Sample	N	mean	$p1$	$p50$	$p99$	sd	min	max	diff1	diff2
化肥：PC 端	2722	0. 166	0. 071	0. 157	0. 354	0. 049	0. 058	0. 354	−0. 0099***	0. 1532***
化肥：移动端	2722	0. 176	0. 094	0. 167	0. 354	0. 046	0. 076	0. 354	0. 0099***	0. 1631***
蒙特卡罗模拟 1	2722	0. 0130	0. 005	0. 013	0. 021	0. 003	0. 003	0. 027		
猪饲料：PC 端	2649	0. 179	0. 093	0. 166	0. 378	0. 057	0. 040	0. 378	0. 0176***	0. 1640***
猪饲料：移动端	2649	0. 161	0. 075	0. 152	0. 353	0. 053	0. 050	0. 378	−0. 0176***	0. 1464***
蒙特卡罗模拟 2	2649	0. 014	0. 006	0. 014	0. 025	0. 004	0. 002	0. 037		
农用车：PC 端	2747	0. 093	0. 048	0. 087	0. 210	0. 031	0. 041	0. 277	−0. 0091***	0. 0847***
农用车：移动端	2747	0. 102	0. 056	0. 100	0. 172	0. 023	0. 048	0. 277	0. 0091***	0. 0938***
蒙特卡罗模拟 3	2747	0. 008	0. 004	0. 008	0. 012	0. 002	0. 003	0. 015		

注：***、**、* 分别表示 1%、5%、10%的显著性水平；diff1 为各类型 PC 端与移动端的相互均值差异，diff2 为 PC 端和移动端与模拟样本的均值差异。下同。

表 2　　本文其他变量的描述性统计

变量类型	变量名称	变量定义	观察值	均值	标准差	最小值	最大值
区域特征	信息基础设施	互联网宽带接入端口数(万个)	3335	0. 19	0. 15	0. 001	0. 008
	城镇化率	乡村人口所占比重(%)	4129	42. 24	12. 30	10. 40	77. 33
	经营规模	化肥施用量(万吨)	4129	192. 79	148. 78	4. 70	716. 09
		猪年底头数(万头)	4129	1462. 75	1257. 23	29. 60	5157. 90
	教育水平	每十万人口高等学校平均在校生数(人)	4129	0. 26	0. 08	0. 11	0. 62
搜索情况	搜索规模	化肥搜索百度指数	5444	96. 94	95. 87	0. 75	900. 59
		猪饲料搜索百度指数	5298	42. 29	41. 25	0. 57	353. 94
		农用车搜索百度指数	5494	180. 00	212. 47	0. 57	1835. 97
	搜索结构	化肥搜索指数 PC 端与移动端之比	5444	0. 67	0. 45	0. 03	16. 26
		猪饲料搜索指数 PC 端与移动端之比	5298	0. 61	0. 36	0. 04	4. 04
		农用车搜索指数 PC 端与移动端之比	5494	0. 48	0. 35	0. 01	3. 32

4. 实证过程与结果分析

首先，比较非均衡偏好在 PC 端与移动端的异质性，即考察从传统互联网到移动互联网的技术变迁过程中，非均衡偏好是否受到冲击，以及冲击是否因搜索主体的信息素养或搜索客体的信息密度不同而有所差异。然后，剖析非均衡偏好的机制以及移动端和 PC 端异质性的原因，主要从信息基础设施、城镇化率、经营规模、教育水平等方面进行剖析。

4.1 移动终端接入与信息搜索行为偏误

建立以下模型，对假设 H1 进行验证。

$$\mathrm{Bias}_{itm} = \beta_0 + \beta_1 \mathrm{Mobile}_{itm} + \beta_2 \mathrm{Sch}_{itm} + \beta_3 \mathrm{Sch}_{itm}^2 + \lambda_i + \mu_t + \varepsilon_{ij} \tag{1}$$

下标 i 为地区，t 为时期，m 为搜索介质。Mobile_{itm} 为虚拟变量，表示对某涉农信息的搜索是否使用移动端；Bias_{itm} 为 i 地区 t 时期使用 m 介质进行搜索的非均衡偏误；Sch_{itm} 为 i 地区 t 时期使用 m 介质进行搜索的总量。为了控制难以观测且不随时间变化的地区特征，模型中加入截面固定效应 λ_i；为了控制政策、环境变迁和技术冲击等随时间变化的宏观因素，模型中再加入时间固定效应 μ_t。

按搜索主体信息素养和搜索客体信息密度两个维度将样本划为四个类型，双高、双低、前高后低、前低后高。对不同类型样本的回归结果进行比较，分析移动互联网对涉农信息搜索行为偏误影响的异质性。化肥、猪饲料、农用车三种产品的属性存在区别，化肥用于种植业，猪饲料用于养殖业，虽然两种产品分属不同领域，但无论化肥还是猪饲料都是农户较熟悉的常用农资，与农用车相比，其需要搜索的信息量较少。另外，与养殖业相比，种植业的资金投入、决策空间、市场风险等都较小，导致种植业农户的信息素养整体偏低。因此可认为：化肥样本属于搜索主体信息素养较弱、搜索客体信息密度较小的类型；猪饲料样本属于搜索主体信息素养较强、搜索客体信息密度较小的类型；农用车可同时用于种植业和养殖业，故一部分属于搜索主体信息素养较弱、搜索客体信息密度较大的类型，一部分属于搜索主体信息素养较强、搜索客体信息密度较大的类型。

表 3 **移动终端接入与信息搜索行为偏误**

	(1)	(2)	(3)	(4)	(5)	(6)
	化肥样本		猪饲料样本		农用车样本	
Sch	−3.876***	−0.690***	−11.34***	−4.557***	−0.805***	0.524***
	(0.142)	(0.181)	(0.412)	(0.469)	(0.0408)	(0.0472)
Sch^2	57.04***	8.727***	482.7***	115.9***	5.466***	−2.539***
	(3.016)	(2.690)	(20.58)	(17.15)	(0.380)	(0.334)
Mobile	0.0185***	0.0116***	−0.00650***	−0.0112***	0.0154***	0.00379***
	(0.00123)	(0.000955)	(0.00148)	(0.00115)	(0.000774)	(0.000650)
Cons	0.189***	0.128***	0.205***	0.172***	0.0997***	0.0555***
	(0.00115)	(0.00322)	(0.00137)	(0.00381)	(0.000610)	(0.00190)
截面固定效应	无	有	无	有	无	有
时间固定效应	无	有	无	有	无	有
R^2	0.151	0.612	0.148	0.621	0.100	0.581
N	5444	5444	5298	5298	5494	5494

注：括号中为 t 值，后同。

表 3 分别报告了化肥、猪饲料、农用车三个样本的回归结果，其中列(1)(3)(5)没有控制截面固定效应和时间固定效应，而列(2)(4)(6)对此进行了控制。从回归结果中发现了几个有意思的现象：第一，从化肥样本到猪饲料样本，虚拟变量 Mobile 的回归系数发生符号改变。在化肥样本中，使用移动端搜索的非均衡偏好比 PC 端高 1.16%；而在猪饲料样本中，使用移动端搜索的非均衡偏好比 PC 端低 1.12%。这说明在搜索客体信息含量低的条件下，搜索主体信息素养因素占主导地位。即移动互联网能够改善涉农信息搜索行为偏误是有前提的，农户需要具备一定的信息素养，否则反而会强化行为偏误。第二，从猪饲料样本到农用车样本，虚拟变量 Mobile 的回归系数再次发生符号改变。在农用车样本中，使用移动端搜索的非均衡偏好比 PC 端高 1.54%。这说明，即使农户具有一定的信息素养，但是搜索客体的信息含量过高，导致移动互联网改善信息搜索行为偏误的效应被抵消。

4.2 信息搜索行为偏误机制分析

上文考察了在不同搜索主体和搜索客体的特征下，移动互联网所产生影响的异质性。此处进一步剖析信息搜索行为偏误的影响因素，通过如下模型对假设 H2 进行验证。

$$\text{Bias}_{it} = \beta_0 + \beta_1 \text{Factor}_{it} + \beta_2 \text{Mobile}_{it} + \beta_3 \text{Factor}_{it} \times \text{Mobile}_{it} + \beta_4 \text{Control}_{it} + \lambda_i + \mu_t + \varepsilon_{it} \quad (2)$$

其中，Factor_{it}为影响信息搜索行为偏误的因子，包括信息基础设施 Infras_{it}、城镇化率 Urban_{it}、经营规模 Size_{it}和教育水平 Edu_{it}，Mobile_{it}为是否使用移动端搜索的虚拟变量，模型中还加入了 Factor_{it}和 Mobile_{it}的交乘项；Control_{it}为控制变量，即信息搜索总量。为了控制难以观测且不随时间变化的地区特征，模型中加入截面固定效应 λ_i；为了控制政策、环境变迁和技术冲击等随时间变化的宏观因素，模型中再加入时间固定效应 μ_t。本文主要关注影响因子 Factor_{it}的回归系数 β_1 以及交乘项 $\text{Factor}_{it} \times \text{Mobile}_{it}$的回归系数 β_3，β_1 可以反映各因子对非均衡偏好影响的一般情况，β_3 可以反映各因子对非均衡偏好影响的过程中移动互联网的调节效应。

表 4 报告了信息搜索行为偏误机制分析的回归结果，其中列(1)(3)(5)的模型未加入交乘项，列(2)(4)(6)的模型加入了交乘项。从三种类型样本回归的整体情况来看，信息基础设施、经营规模、教育水平三个变量对非均衡偏好的显著负向影响的结果较为稳健，结论不随样本变化而变化，即信息基础设施越好、经营规模越大、教育水平越高，非均衡偏好就越弱。但城镇化率对非均衡偏好的影响，因样本不同而有所差异。在化肥和农用车样本中，城镇化水平与非均衡偏好显著负相关；而在猪饲料样本中，城镇化水平与非均衡偏好显著正相关。这其中的原理可能是：若以主体信息素养除以客体信息含量构建指标，用来表示每一信息含量的平均信息素养情况，化肥和农用车可归为指标偏低的同一类，化肥是因为主体信息素养较弱，农用车则是因为客体信息含量较高，而猪饲料可归为指标偏高的一类。城镇化水平提高会带来城乡交流，一方面增加信息含量，另一方面提升信息素质。在猪饲料样本中，城乡交流促进信息含量的效应占主导，平均信息素养降低，农户会增加市场价格、客户渠道、技术获取等方面的搜索成本，而节约在猪饲料上的搜索成本，从而加剧非均衡偏好。而在化肥样本和农用车样本中，城乡交流促进农户信息素养的效应占主导，平均信息素养提升，从而缓解了非均衡偏好。

再来分析一下移动互联网影响非均衡偏好的途径。因平均信息素养偏弱的种植业在农业部门更具有代表性，且篇幅受限，这里主要分析化肥样本的情况，其他样本在后文做一些补充说明。

第一，可通过信息基础设施建设缓解信息搜索行为偏误，但移动互联网的效果要弱于传统互联网。未加入交乘项模型中信息基础设施的回归系数显著为负，说明信息基础设施的建设能够缓解非均衡偏好，但加入交乘项模型中信息基础设施和移动端虚拟变量的交乘项显著为正，这表明就通过信息基础设施建设对非均衡偏好的缓解效应而言，移动互联网要弱于传统互联网。

第二，可通过城镇化缓解信息搜索行为偏误，但移动互联网的效果要弱于传统互联网。未加入交乘项模型中城镇化的回归系数显著为负，说明城镇化能够缓解非均衡偏好，但加入交乘项模型中城镇化和移动端虚拟变量的交乘项显著为正，这表明就通过城镇化对非均衡偏好的缓解效应而言，移动互联网要弱于传统互联网。

表 4　　**信息搜索行为偏误机制分析**

	(1)	(2)	(3)	(4)	(5)	(6)
	化肥样本		猪饲料样本		农用车样本	
Mobile	0.014***	0.053***	−0.004**	0.039**	0.003***	−0.005
	(0.001)	(0.012)	(0.002)	(0.018)	(0.001)	(0.008)
Infras	−0.065***	−0.076***	−0.056***	−0.028***	−0.032***	−0.043***
	(0.007)	(0.007)	(0.008)	(0.010)	(0.004)	(0.004)
Infras×Mobile		0.023**		−0.062***		0.028***
		(0.009)		(0.012)		(0.006)
Urban	−5.748***	−9.274***	17.414***	14.984***	−8.018***	−9.373***
	(0.770)	(1.079)	(1.126)	(1.589)	(0.485)	(0.672)
Urban×Mobile		7.075***		4.963**		2.679***
		(1.531)		(2.273)		(0.949)
Size1	−0.019***	−0.008*			−0.035***	−0.033***
	(0.003)	(0.005)			(0.002)	(0.003)
Size1×Mobile		−0.020***				−0.001
		(0.006)				(0.004)
Size2			−0.039***	−0.038***	−0.014***	−0.024***
			(0.003)	(0.004)	(0.001)	(0.002)
Size2×Mobile				−0.002		0.020***
				(0.006)		(0.003)
Edu	−0.252***	−0.233***	−0.331***	−0.316***	−0.079***	−0.082***
	(0.012)	(0.017)	(0.018)	(0.025)	(0.008)	(0.010)
Edu×Mobile		−0.039*		−0.031		0.006
		(0.024)		(0.035)		(0.015)
R^2	0.467	0.478	0.316	0.322	0.407	0.433
N	3184	3184	3192	3192	3208	3208

第三，可通过扩大经营规模缓解信息搜索行为偏误，而且移动互联网的效果要强于传统互联网。未加入交乘项模型中经营规模的回归系数显著为负，说明扩大经营规模能够缓解非均衡偏好，而且加入交乘项模型中经营规模和移动端虚拟变量的交乘项显著为负，这表明就通过扩大经营规模对非均衡偏好的缓解效应而言，移动互联网要强于传统互联网。

第四，可通过提升教育水平缓解信息搜索行为偏误，而且移动互联网的效果要强于传统互联网。未加入交乘项模型中教育水平的回归系数显著为负，说明提升教育水平能够缓解非均衡偏好，而且加入交乘项模型中教育水平和移动端虚拟变量的交乘项显著为负，这表明就通过提升教育水平对非均衡偏好的缓解效应而言，移动互联网要强于传统互联网。

农用车样本大体和化肥样本的结果一致，因为二者都属于平均信息素养偏弱的类型，但经营规模和移动端虚拟变量的交乘项、教育水平和移动端虚拟变量的交乘项回归系数并不显著。作为平均信息素养偏强的猪饲料样本，交乘项回归系数的符号基本与化肥样本保持一致，但经营规模和移动端虚拟变量的交乘项、教育水平和移动端虚拟变量的交乘项回归系数也并不显著。

5. 稳健性检验

5.1 自选择内生性

移动端和 PC 端搜索的发生时间可能存在样本自选择问题，即两种介质的非均衡偏好差异可能仅仅只是不同时间段造成的。譬如在工作日惯用台式电脑，而在周末惯用智能设备；又如在平时是农户本人进行搜索，而在节假日是请回家的孩子来完成。为排除这种现象，现将样本中的周末、小长假、寒暑假等节假日的样本剔除，对模型进行重新估计，发现结论是一致的，具有稳健性。具体见表 5。

表 5　　稳健性检验一：排除自选择内生性

	(1)	(2)	(3)	(4)	(5)	(6)
	化肥样本		猪饲料样本		农用车样本	
Sch	−5.044***	−1.236***	−16.90***	−8.176***	−1.343***	0.609***
	(0.185)	(0.231)	(0.600)	(0.689)	(0.0638)	(0.0722)
Sch^2	92.24***	19.82***	982.9***	298.1***	13.36***	−3.914***
	(4.941)	(4.282)	(41.51)	(35.56)	(0.873)	(0.745)
Mobile	0.0200***	0.0140***	−0.00811***	−0.0117***	0.0154***	0.00457***
	(0.00129)	(0.000970)	(0.00155)	(0.00119)	(0.000836)	(0.000672)
Cons	0.189***	0.128***	0.209***	0.179***	0.102***	0.0532***
	(0.00121)	(0.00337)	(0.00148)	(0.00423)	(0.000676)	(0.00204)

续表

	(1)	(2)	(3)	(4)	(5)	(6)
	化肥样本		猪饲料样本		农用车样本	
截面固定效应	无	有	无	有	无	有
时间固定效应	无	有	无	有	无	有
R^2	0.164	0.625	0.168	0.600	0.113	0.606
N	4940	4940	4792	4792	4986	4986

5.2 竞争性假说

变量 Bias 的取值很可能受到新闻热点事件的驱动，而并非来源于以非均衡偏好为特征的“行为偏误”，譬如某品牌一旦有新闻热点事件发生，将不可避免出现大规模搜索该品牌关键词的社会现象，由此混淆了内生的搜索行为偏误与外部的热点事件驱动。因此，必须对这一竞争性假说进行排除。本文采用剔除搜索量离群值的方法剥离热点事件因素的影响，一方面，新闻热点事件与大规模搜索现象二者之间呈现出极强的同步性，以及新闻热点事件本身的稀有性，剔除搜索离群值可以有效规避掉新闻热点事件因素的影响；另一方面，由于各组样本均具备一定的规模，离群值在其中所占比重并不大，作剔除处理后对于样本信息量的损伤影响较为微小。将搜索量从大到小排序的前1%的离群值样本作剔除处理之后，对模型进行重新估计，发现回归结果基本一致，竞争性假说得以排除。具体见表6。

表6　**稳健性检验二：排除竞争性假说**

	(1)	(2)	(3)	(4)	(5)	(6)
	化肥样本		猪饲料样本		农用车样本	
Sch	−2.612***	−2.600***	−6.745***	−6.214***	0.394***	0.383***
	(0.078)	(0.078)	(0.761)	(0.780)	(0.057)	(0.058)
Sch^2	16.115***	15.926***	234.141***	204.12***	−2.285***	−2.234***
	(0.748)	(0.749)	(40.169)	(40.26)	(0.375)	(0.379)
Mobile	0.008***	0.008***	−0.009**	−0.013**	0.039***	0.004***
	(0.001)	(0.001)	(0.002)	(0.002)	(0.001)	(0.001)
Cons	0.203***	0.221***	0.309***	0.345**	0.091***	0.095***
	(0.019)	(0.033)	(0.035)	(0.054)	(0.015)	(0.027)
截面固定效应	无	有	无	有	无	有
时间固定效应	无	有	无	有	无	有
R^2	0.267	0.677	0.167	0.592	0.366	0.664
N	4310	4310	3192	3192	3328	3328

5.3 搜索模式的变迁

随着移动互联网时代的不断发展，手机 APP 的搜索价值日益突显，城乡居民的信息搜索模式正在发生重要变迁，信息搜索不再只依赖传统的网页搜索，而可诉诸拥有超大规模用户和内容之 APP 的站内搜索，譬如抖音、微博、微信、小红书等。虽然本文所构建的信息搜索行为偏误，主要是用于捕捉结构性的分布特征，并非规模性，但由于百度当前的移动端市场份额正在不断减少，难免对采用百度搜索量进行量化这一方法的科学性造成一定冲击。考虑到站内搜索替代网页搜索是近些年才有的现象，譬如抖音到 2016 年 9 月才上线，因此本文剔除最近几年的样本，以规避当前搜索模式变迁可能带来的影响，重新进行回归分析。以化肥样本为例，从表 7 可以看到，无论是哪些年份的样本，Mobile 变量的系数一直是显著为正，基本结论并未发生改变，没有受到搜索模式变迁的影响。

表 7 稳健性检验三：排除搜索模式的变迁

	(1)	(2)	(3)	(4)	(5)
	2011—2013 年样本	2011—2014 年样本	2011—2015 年样本	2011—2016 年样本	2011—2017 年样本
Sch	−0.723	−1.453**	−0.641***	−0.550**	−0.746***
	(2.071)	(0.701)	(0.248)	(0.222)	(0.202)
Sch	−0.723	−1.453**	−0.641***	−0.550**	−0.746***
	(2.071)	(0.701)	(0.248)	(0.222)	(0.202)
Sch^2	23.594	32.681**	7.349**	5.164*	7.326***
	(47.859)	(15.432)	(3.240)	(2.954)	(2.773)
Mobile	0.025***	0.011***	0.007***	0.005***	0.007***
	(0.005)	(0.003)	(0.002)	(0.002)	(0.002)
Cons	0.176***	0.348	0.420***	0.481***	0.307***
	(0.011)	(0.253)	(0.098)	(0.065)	(0.043)
截面固定效应	有	有	有	有	有
时间固定效应	有	有	有	有	有
R^2	0.099	0.035	0.093	0.105	0.109
N	368	1098	1836	2568	3304

5.4 其他稳健性检验

(1)影响的滞后性。文中无论非均衡偏好对农业效益的影响，还是信息基础设施、城镇化率、经营规模、教育水平对非均衡偏好的影响，都假定是在当期发生的。但实际上，自变量的变化与所引致因变量的变化，两者可能存在一定的时间差，影响效果的呈现需要持续一段时间，不一定在当期就完成。因此，在模型(1)和模型(3)中分别增加自变量的1、2、3期滞后项，重新进行回归分析，发现结论是一致的。

(2)信息搜索的时间跨度。文中的非均衡偏好指标是以月为时间单位来构建的，其中的考虑是假设搜索主体对信息的搜索是在一个月之内便要完成的。但是如果搜索客体的信息量特别大，或者搜索主体的信息素养非常弱，就需要更长的搜索时间，此时只统计一个月内的非均衡偏好，就会导致非均衡偏好指标被人为放大。为了解决这样的问题，再增加按季和按周统计的非均衡偏好，重新进行回归分析，依然可以得到同样的结论。

(3)非均衡偏好的其他指标。信息熵可以反映信息搜索过程中的非均衡偏好程度，除此之外，还有方差、偏度、峰度等指标，也在一定程度上能够反映非均衡状态。采用不同的方法构建非均衡偏好指标，重新进行回归分析，仍能得到与信息熵的指标一致的结论。

(4)农业效益的不同变量。农村居民人均纯收入指标是从收入方面衡量了农业部门的整体效益。除此之外，还可以从消费方面，以农村居民家庭平均每人生活消费支出指标，衡量农业部门的小康水平；还可以从生产方面，以农村用电量指标，衡量农业部门的电气化程度。分别从不同角度反映农业效益。采用新的变量重新进行回归分析，发现结论一致，即非均衡偏好依然会对农业效益产生负面影响，是一种信息搜索行为偏误。

各检验具体见表8和表9。

表8　**稳健性检验四：移动终端接入与信息搜索行为偏误**

	(1)	(2)	(3)	(4)
	滞后1期	按季统计	更换非均衡偏好指标	更换农业效益指标
Sch	−0.691**	−0.712***	−1.243***	−0.991**
	(0.182)	(0.198)	(0.325)	(0.343)
Sch^2	8.734***	7.531**	11.345***	13.090***
	(2.720)	(1.861)	(3.497)	(2.690)
Mobile	0.0116***	0.0223***	0.0077***	0.0175***
	(0.000962)	(0.002154)	(0.000636)	(0.001432)
Cons	0.129***	0.192***	0.179**	0.204***
	(0.00362)	(0.00482)	(0.00450)	(0.00483)
截面固定效应	有	有	有	有
时间固定效应	有	有	有	有
R^2	0.593	0.608	0.593	0.609
N	4932	1360	5425	5436

注：受限于篇幅，本表格仅列出化肥样本的部分回归结果，其中非均衡偏好指标为周期内各品牌百度搜索指数的方差之倒数，农业效益指标为农村居民家庭平均每人生活消费支出，下同。

表 9　稳健性检验五：信息搜索行为偏误机制分析

	(1)	(2)	(3)
	滞后 1 期	按季统计	更换非均衡偏好指标
Mobile	0. 054***	0. 063***	0. 116***
	(0. 013)	(0. 014)	(0. 026)
Infras	-0. 077***	-0. 058**	-0. 159***
	(0. 007)	(0. 006)	(0. 015)
Infras×Mobile	0. 023**	0. 032**	0. 048**
	(0. 010)	(0. 013)	(0. 018)
Urban	-9. 276**	-14. 838***	-12. 056***
	(1. 079)	(1. 727)	(2. 327)
Urban×Mobile	7. 082***	4. 42***	12. 735***
	(1. 568)	(0. 956)	(2. 755)
Size	-0. 009*	-0. 002*	-0. 024*
	(0. 006)	(0. 001)	(0. 016)
Size×Mobile	-0. 022***	-0. 081***	-0. 014**
	(0. 007)	(0. 025)	(0. 004)
Edu	-0. 245***	-0. 396***	-0. 372***
	(0. 018)	(0. 028)	(0. 066)
Edu×Mobile	-0. 042*	-0. 028**	-0. 059*
	(0. 032)	(0. 017)	(0. 036)
R^2	0. 465	0. 456	0. 463
N	2292	796	3165

6. 结论与政策启示

本文基于涉农信息搜索行为偏误的视角，考察了移动互联网和传统互联网对非均衡偏好影响的差异。结果发现，从传统互联网到移动互联网，涉农信息搜索行为偏误的变化具有异质性，若搜索主体的信息素养越强，或者搜索客体的信息密度越小，则越容易缓解行为偏误；反之，若搜索主体的信息素养越弱，或者搜索客体的信息密度越大，则越容易强化行为偏误。最后，本文对涉农信息搜索行为偏误的机制进行了剖析。结果发现，信息基础设施、经营规模、教育水平在不同的样本中都对非均衡偏好产生了显著的负向影响，且移动端受的影响比 PC 端更大，而城镇化率在平均信息素养较弱的领域才对非均衡偏好有改善作用，在平均信息素养较强的领域反而有强化作用。

当前，数字乡村建设是乡村振兴全面推进的重要引擎之一，而数字技术正从传统互联网向移动互联网持续变迁，以智能设备接入互联网越来越成为主流方式，而智能设备的价格也因规模经济越来越低廉，连接的便利性和获得的低成本性为数字乡村建设提供了良好的物质基础，也为城乡数字鸿沟的消除提供了有利条件。然而，本研究从涉农信息搜索行为偏误的视角，揭示了数字乡村建设以及通过移动互联网来消除城乡数字鸿沟的困难。对于一般农户而言，他们未经历传统互联网而“直接过渡”到移动互联网，信息素养普遍比较弱，在对涉农信息进行搜索时，类似非均衡偏好的行为偏误极容易被强化，不利于经济决策的科学性，继而导致农业效益低下。从这个角度而言，移动互联网并没有缓解或消除城乡数字鸿沟，反而甚至是扩大了数字鸿沟。

本研究的结论对于数字乡村建设和城乡数字鸿沟消除的政策制定也具有重要的参考意义。

第一，数字乡村建设和城乡数字鸿沟消除并不只是信息物质资本投资的问题，更重要的是信息人力资本投资。虽然从实证结果来看，在农村地区加强信息基础设施建设，有利于缓解非均衡偏好，且其效应在移动端表现更为明显，但行为偏误本质上还是一种非理性行为，更深层次的解决方案是提升人力资本，实证结果也显示，教育水平与非均衡偏好显著负相关。因此，数字乡村建设和城乡数字鸿沟消除的进程中，提升农户的信息素养是非常关键的。

第二，数字乡村建设和城乡数字鸿沟消除可以通过加速土地流转来辅助实现。从实证结果来看，经营规模与非均衡偏好显著负相关，且移动端的负相关程度更大，说明在移动互联网环境中，通过扩大经营规模的方式可以很好地降低涉农信息搜索行为偏误，为数字乡村建设和城乡数字鸿沟消除提供了有利条件。而经营规模的扩大，又对土地流转的顺畅性提出了新的要求。政府可以在农地确权、农村文化变迁、农民组织重塑(欧阳慧和阳国亮，2019)等方面提升土地流转的顺畅性，扩大经营规模。

第三，数字乡村建设和城乡数字鸿沟消除还可以通过增加城乡交流的方式来辅助实现。虽然城镇化对非均衡偏好的影响在化肥和农用车样本与猪饲料样本上存在差异，但整体而言，城镇化的影响是积极的。在按客体信息含量平均的弱主体信息素养领域，譬如化肥和农用车，城镇化与非均衡偏好显著负相关，说明提高城镇化水平，能够为数字乡村建设和城乡数字鸿沟消除创造更多的有利条件。政府可以在户籍限制、辅导培训、工作环境、居住保障等方面制定优惠措施，鼓励农村居民到各类城市居住和工作，增加城乡交流，提升城镇化水平。

本文创新之处在于从信息搜索行为偏误的角度，参与到对“直过”数字移民这一独特新现象的讨论中，一是为城乡数字鸿沟的理论研究提供新角度，即从涉农信息搜索行为偏误的视角探讨城乡数字鸿沟；二是为涉农信息搜索行为偏误的存在提供新证据，利用涉农信息的百度搜索指数，对非均衡偏好的特征和效应进行验证，并对作用机理进行识别；三是为乡村全面振兴战略背景下数字乡村建设的实践提供新思路，数字乡村建设不是简单地在信息基础设施方面进行投资，更要消解“直过”数字移民现象所带来的不利影响。

同时，本文也存在如下局限性和研究空间。第一，未以直接的、微观的样本数据作为分析对象。受制于数据获取的可得性和困难性，本文在构建信息搜索行为偏误的过程中，以各地区对涉农信息的搜索量为依据，是对间接的、宏观的样本数据进行分析。在后续的研究中，可采用调查问卷、经济实验等方式收集和分析农户直接搜索农具农资等信息的微观数据，进一步提升证据的完备性和说服性。第二，未将搜索模式变迁纳入分析框架。虽然本文在稳健性检验部分已经间接地排除了搜索模式变迁对主要结论的影响，但信息搜索从网页搜索转化为站内搜索是一个重要的时代变化。在后续的研究中，可基于抖音、微博、微信、小红书等重要APP的站内搜索数据，尝试探讨搜索模式变迁对移动终端接入与涉农信息搜索行为偏误二者之间关系的影响，进一步提升研究的学理性和创新性。

◎ 参考文献

[1]陈泽阳，刘玉珍，孟涓涓．框架效应与贷款决策：一项金融素养的实验研究[J]．金融研究，2022(12)．
[2]戴琼瑶，刘家强，唐代盛．我国直过民族脱贫人口稳定脱贫指数及政策含义——以独龙族为例[J]．人口研究，2019，43(6)．
[3]贾生华，田传浩，张宏斌．农地租赁市场与农业规模经营——基于江、浙、鲁地区农业经营大户的调查[J]．中国农村观察，2003(1)．
[4]江嘉骏，刘玉珍，陈康．移动互联网是否带来行为偏误——来自网络借贷市场的新证据[J]．经济研究，2020，55(6)．
[6]靳芳菲，吴争春．"智慧化—多元化—精准化"视角下数字技术赋能乡村治理研究[J]．贵州社会科学，2023 (11)．
[6]李本庆，岳宏志．数字经济赋能农业高质量发展：理论逻辑与实证检验[J]．江西财经大学学报，2022 (6)．
[7]李慧凤，孙莎莎．共同富裕目标下乡村数字化发展的推进路径：一个系统性的分析[J]．贵州财经大学学报，2023 (1)．
[8]李鎏，蔡键，李怡．电子商务平台对农产品经营的影响机理：技术创新驱动与市场渠道拓宽[J]．农村经济，2021(6)．
[9]李琬，张国胜，杨明洪．互联网使用如何影响社会公平感？[J]．当代经济科学，2023，45 (4)．
[10]李晓静，陈哲，夏显力．参与电商对农户绿色生产意识的空间溢出效应——基于两区制空间杜宾模型分析[J]．农业技术经济，2021(7)．
[11]李怡，柯杰升．三级数字鸿沟：农村数字经济的收入增长和收入分配效应[J]．农业技术经济，2021(8)．
[12]李周．农业强国的含义、度量和进路[J]．江西社会科学，2023，43(11)．
[13]欧阳慧，阳国亮．乡村振兴进程中"宗法制文化"的转型——重塑符合市场经济精神的开放式新型农民集体[J]．农业经济问题，2019(3)．
[14]潘明明，蔡书凯，周游．互联网使用促进农村妇女非农就业了吗——基于苏、皖、豫、鄂四省调研数据的实证研究[J]．农业技术经济，2021(8)．
[15]童素娟，孙云皓，黄锦程．经济发展水平对基本公共服务供给水平的影响及对策——基于浙江省山区 26 县的实证分析[J]．浙江树人大学学报，2023，23 (5)．
[16]王锋．乡村振兴战略下乡村发展的差异化路径设计——基于发展潜力评估的案例研究[J]．重庆大学学报(社会科学版)，2024，30 (3)．
[17]王宏宇，温红梅．区块链技术在农业供应链金融信息核实中的作用：理论框架与案例分析[J]．农村经济，2021(6)．
[18]王淑敏，屈彩萍，万明浩．数字素养与农户财富积累——基于中国乡村振兴综合调查(CRRS)数

据[J]. 重庆工商大学学报(社会科学版)，https：//link. cnki. net/urlid/50. 1154. C. 20231120. 2025. 002.

[19]王志辉，祝宏辉，雷兵. 农村电商产业集群高质量发展：内涵、困境与关键路径[J]. 农村经济，2021(3).

[20]吴东立，张思檬. 龙头企业与农民合作社的共生演化机理及仿真研究——基于 Logistic 增长模型[J]. 山东师范大学学报(社会科学版)，2022，67 (6).

[21]徐旭初，徐之倡，吴彬. 数字乡村建设能够促进农村居民增收吗？——基于 801 个县域的 PSM-DID 检验[J]. 学习与探索，2023 (12).

[22]徐政，赵子衡，郑霖豪. 数字乡村平台化赋能共同富裕：演进逻辑与实践路径[J]. 科学管理研究，2022，40 (6).

[23]杨慧梅，江璐. 数字经济、空间效应与全要素生产率[J]. 统计研究，2021，38(4).

[24]杨森平，唐芬芬，吴栩. 我国城乡收入差距与城镇化率的倒 U 关系研究[J]. 管理评论，2015，27(11).

[25]杨伟明，粟麟，王明伟. 数字普惠金融与城乡居民收入——基于经济增长与创业行为的中介效应分析[J]. 上海财经大学学报，2020，22(4).

[26]姚战琪. 数字经济对城乡居民服务消费差距的影响研究[J]. 北京工商大学学报(社会科学版)，2022，37 (5).

[27]张田，雷晓康. 科技创新驱动农业发展的逻辑转向与实践进路[J]. 济南大学学报(社会科学版)，2023，33 (6).

[28]钟成林，胡雪萍. 数字经济对共同富裕的非对称影响[J]. 郑州大学学报(哲学社会科学版)，2024，57 (2).

[29]Adipat, B., Zhang, D., Zhou, L. The effects of tree-view based presentation adaptation on mobile web browsing[J]. Society for Information Management and the Management Information Systems Research Center, 2011(1).

[30]Agarwal, S., Amromin, G., Ben-David, I., et al. Financial counseling, financial literacy, and household decision making[J]. Social Science Electronic Publishing, 2010(2).

[31]Barber, B. M., Odean, T. All that glitters: The effect of attention and news on the buying behavior of individual and institutional investors[J]. Review of Financial Studies, 2008(2).

[32]Brandtzg, P. B., Heim, J., Karahasanovi, X. A. Understanding the new digital divide—A typology of Internet users in Europe[J]. International Journal of Human-Computer Studies, 2011, 69(3).

[33]Einav, L., Yariv, L. What's in a surname? The effects of surname initials on academic success[J]. Journal of Economic Perspectives, 2006, 20(1).

[34]Ghose, A., Goldfarb, A., Han, S. P. How is the mobile internet different? [J]. Social Science Electronic Publishing, 2012, 24(3).

[35]Hastings, J. S., Mitchell, O. S, Chyn, E. T. Fees, framing, and financial literacy in the choice of pension manager[J]. Social Science Electronic Publishing, 2010(9).

[36]Hastings, J. S., Tejeda-Ashton, L. Financial literacy, information, and demand elasticity: Survey

and experimental evidence from Mexico[R]. NBER Working Papers, 2008.

[37]Helsper, E. J. Gendered Internet use across generations and life stages[J]. Communication Research, 2010, 37(3).

[38]Jacobs, H., Hillert, A. Alphabetic bias, investor recognition, and trading behavior[J]. Review of Finance, 2016, 43(2).

[39]Liao, L., Wang, Z., Xiang, J., et al. Investments under fast-thinking: Evidence from peer-to-peer lending[J]. SSRN Electronic Journal, 2016(1).

[40]Mcconnaughey, J., Everette, D., Reynolds, T., et al. Falling through the net: Defining the digital divide[C]. Digital Divide, 1999.

[41]Shankar, V., Venkatesh, A., Hofacker, C., et al. Mobile marketing in the retailing environment: Current insights and future research avenues[J]. Journal of Interactive Marketing, 2010, 24(2).

[42]Vekiri, I. Socioeconomic differences in elementary students' ICT beliefs and out-of-school experiences [J]. Computers & Education, 2010, 54(4).

[43]Wang, B. Ranking and salience[J]. Social Science Electronic Publishing, 2017(2).

[44]Wang, Y. Time is money? —Time pressure and investor behavior: Evidence from peer-to-peer lending [J]. Social Science Electronic Publishing, 2016(8).

A Study on the Impact of Mobile Terminal Access on Agricultural Information Search Behavior Biases

Ouyang Hui[1]　Huang Xiaoyong[1]　Chen Huaibing[2]

(1　School of Finance, Jiangxi Normal University, Nanchang, 330022;
2　School of Business, Jiangxi Normal University, Nanchang, 330022)

Abstract: With the deep development of information technology and the continuous decline of the cost of terminal devices, rural residents have experienced a direct transition from traditional Internet to mobile Internet. This social phenomenon has either exacerbated or alleviated the digital divide between urban and rural areas. This article participates in the discussion from a new perspective by studying the impact of mobile terminal accessing on the behavior biases of agricultural information searching. The research finds that mobile terminal accessing has two opposite effects on behavior biases in agricultural information searching, and these effects exhibit some heterogeneous regularities: if the subject has weaker information literacy or the object has larger information density, the effect is negative; if the subject has stronger information literacy or the object has smaller information density, the effect is positive. Further research on the mechanism also provides new evidence for alleviating the digital divide through channels such as urbanization, land transfer, education and training.

Key words: Mobile Internet; Digital divide; Information search; Behavioral biases; Digital viuage

专业主编：许明辉

网络公益平台捐赠认可信息分享行为的影响因素和作用机制

●朱 越[1] 许正良[1] 卢 恒[2]
（1 吉林大学商学与管理学院 长春 130012；2 陕西师范大学新闻与传播学院 西安 710119）

【摘 要】快速聚集社会资本是推动网络公益平台高质量发展的关键。探究网络公益平台捐赠认可信息分享机制，可为更好地促进网络公益平台信息分享提供参考。应用扎根理论方法，以网络公益平台用户访谈内容为主、腾讯公益捐赠认可项目相关网络文本为辅，进行三级编码分析，对捐赠认可信息分享行为的影响因素进行探索性研究，并构建网络公益平台捐赠认可信息分享机制模型。研究结果表明，公益社交融合化激发用户产生使命感，公益行为符号化推动用户产生成就感，公益平台专业化支撑用户产生认同感，在这些感知下，用户选择进行捐赠认可信息分享，进而实现倡导公益理念、营造公益氛围、培育公益文化的目标。本文为丰富用户信息分享行为研究、引导用户信息分享行为、增强网络公益平台招募效果和推动网络公益平台良性发展做出了贡献。

【关键词】网络公益 信息分享 扎根理论 影响因素 作用机制
中图分类号：C93 文献标识码：A

1. 引言

传统公益项目的参与模式缺乏互动，容易造成信任危机，而网络公益平台具有即时、传播快和互动性强的特点，营造了互助友爱的公益氛围，将公益事业推进到“全民公益的时代”（Hou et al.，2021），慈善信息分享是打破公益项目与受众之间信息不对称的重要途径（张星等，2023）。社会保障进步下，慈善宣传面临着压力。对此，网络公益平台推出了新的营销策略，即数字证书或徽章，捐赠者可以在社交媒体上分享，以证明他们对某项事业的支持，这种做法不仅可以有效促进公益信息更广泛地传播，而且可以帮助网络公益平台招募更多的捐赠者（Chell et al.，2023）。在实践中，哔哩哔哩公益平台将捐赠者的昵称公开展示在一支视频中，以期用户进行分享进而带动更多人知晓并参

通讯作者：朱越，E-mail：zhuyue21@ mails. jlu. edu. cn。

与平台上的公益活动；疫情期间，中国最大的社交媒体平台朋友圈被红十字会电子捐赠证书刷屏，全民参与捐赠；腾讯公益用户可以将捐赠后获得的小红花设置成微信状态，分享给好友看到。网络公益平台具有信任互动性、传播紧迫性、情感利他性及服务综合性的特点，然而其自身传播力量有限，很大程度上依赖用户在社交媒体上的信息分享，使公益项目在广泛的人群内扩散(李静和杨晓冬，2018)。尽管捐赠认可信息分享对于网络公益平台至关重要，但捐赠者有时可能不愿分享。这可能是因为社交媒体用户的行为通常遵循“90-9-1”模式：大约 90%的用户仅浏览信息，9%的用户进行一些社交互动如点赞、转发和评论，而只有约 1%的用户会积极创造内容(Van Mierlo，2014)。那么，网络公益平台应如何通过向捐赠者提供捐赠认可，促进公益信息更广泛地传播，快速聚集社会资本？

网络公益平台是依托网络信息技术，采用图文、动画、视频等多种形式进行公益的传播、募捐、组织、反馈等环节的非营利性平台。传统捐赠模式中捐赠方与受捐方之间分散的线性关系转变为以网络公益平台为核心的多边网络捐赠关系(樊亚凤等，2022)。目前已有的网络公益平台信息分享研究大多关注单一或多个因素对互联网慈善信息分享的影响，并得出了相对一致的结论，即慈善信息分享是打破公益项目与受众之间信息不对称的一种有效手段(张嵩等，2021；李静和杨晓冬，2018；Hou et al.，2021)，甚至有研究指出，通过社交媒体(如 Twitter)转发捐赠求助信息对拯救生命有显著影响(Abbasi et al.，2018)。信息分享行为比捐赠需要更多的人力和社会资本(Chen et al.，2019)。然而，捐赠求助信息分享不可避免地隐藏着人情交换、知觉负面评价、信息超载、信息真伪难辨等问题(李静和杨晓冬，2018)，容易引发潜在捐赠者对网络公益平台的信任危机。现有研究忽视了网络公益平台捐赠认可信息是如何被分享的。实际上，捐赠认可信息避免了捐赠求助信息在信息分享中可能带来的“评价忧虑”，对维护网络公益平台与捐赠者的关系起着至关重要的作用。网络公益平台捐赠认可信息分享机制是一个高度复杂的系统过程，涉及平台、信息、用户等多方面要素的相互影响和作用。Chell 等(2023)基于情景进行研究设计，对自愿献血者的捐赠认可(可分享到 Facebook 上的徽章)口碑传播机制进行了在线调查，然而这项研究缺乏与用户的直接接触，难以真正揭示网络公益平台用户捐赠认可信息分享行为背后的多重因素及其作用机制。根据前述研究脉络，本文认为，网络公益平台应充分利用捐赠认可信息聚集社会资本，打破公益项目与受众之间信息不对称的局限。综上所述，如何系统挖掘网络公益平台捐赠认可信息分享行为的关键要素及影响逻辑，有效地促进网络公益平台捐赠认可信息更广泛地传播，是本文试图解决的关键问题。

综上，由于研究内容和研究方法的局限，现有基于一般慈善信息分享行为的理论成果较难契合网络公益平台实践，相关研究结果难以直接为网络公益平台促进用户信息分享行为提供有益的实践策略，捐赠认可信息分享行为在网络公益平台的理论应用亟待进一步检验与丰富。据此，本研究试图回答以下两个方面的问题：(1)网络公益平台影响用户捐赠认可信息分享行为的因素有哪些？(2)网络公益平台用户的信息分享行为影响因素的作用机制是怎样的？本文对网络公益平台用户进行半结构化访谈，并搜集腾讯公益捐赠认可项目的相关采访和报道，对网络公益平台捐赠认可信息分享机制进行探索性的扎根研究，构建网络公益平台捐赠认可信息分享机制的概念模型。本研究在理论层面上，对网络公益平台捐赠认可信息分享机制进行了深入的研究，是对现有信息分享行为研究的重要补充；在实践层面上，通过揭示互联网慈善情境下的捐赠认可信息分享机制，为网络公益平台优化服务、降低招募潜在捐赠者成本、实施有针对性的管理策略提供参考。

2. 理论背景

2.1 信息分享行为

信息分享基本模型最早由 Shannon 等在 1950 年提出。广义的信息分享行为是指信息的获取与分享，狭义的信息分享行为是指用户分享、转发他人(或公众号)的视频、链接等多种形式的内容(于玲玲等，2016)。本文关注的信息分享是指非信息发布者通过辅助功能在社交网络中分享其所得到的信息，从而使他人产生相应变化的行为活动(张坤，2020)。在社会环境急剧变化和信息与通信技术快速变革的背景下，学者们围绕信息分享的信息特征、用户特征、系统特征三个方面展开了相关研究，不断拓展了信息分享行为研究的边界。在信息特征方面，现有研究关注了各种信息内容的信息分享行为，包括健康信息(张敏等，2019；张坤，2020)、旅游信息(Munar and Jacobsen，2014)、创业信息(刘刚等，2021)等。不仅如此，信息的形式如图片、视频等，也被认为是传递信息的重要信号，减少了信息不对称(Courtney et al.，2017)。在用户特征方面，一些学者关注到用户行为动机、人际因素等用户个人因素也会影响信息分享行为(Hsu et al.，2007)。用户的信息分享动机包括体验到的互惠性、时间紧迫感、社区归属感、利他性和自我效能等(Cheung et al.，2013；Ma et al.，2014)。在系统特征方面，学者们发现系统反馈、激励措施、系统质量和系统易用性等系统特性对用户信息分享行为存在影响(Delone et al.，1992；Davis et al.，1989；李旭和王刊良，2020)。系统提供的反馈属性越多，即反馈信息越丰富，越会增加用户的分享意愿(李旭和王刊良，2020)。

现有研究从多个理论视角解释了信息分享行为的影响因素及路径结果。社会心理学和传播学强调了个体动机和社会环境的作用，受评忧虑心理在感知分享价值对营销信息分享行为的影响中起阻碍作用(李旭和王刊良，2020)，人际因素不仅对信息分享产生直接影响，还在个体因素对信息分享的影响中发挥调节作用(李静和杨晓冬，2018)。Zhang 和 Wang(2012)探讨了社交媒体上的用户信息分享行为，发现用户在与群体建立强烈认同感时，更倾向于分享信息以维持这种认同。经济学聚焦于理性选择和策略互动，Bock 等(2005)发现个体会权衡信息分享的成本和收益，分享行为受到个人利益的驱动。Kankanhalli 等(2005)探讨了信息分享的博弈过程，指出信任和激励机制是关键因素。而信息管理视角则突出技术和平台设计的重要性，Zhao 等(2010)的研究表明隐私设置和反馈机制会影响用户的分享行为和互动模式。不同平台用户的分享动机也不同，例如，Facebook 用户的动机更多是利他主义和有趣的活动，而 Twitter 用户的动机更多是自我效能感，展示自己能为他人做些什么(Oh and Syn，2015)。整合以上这些理论视角，有利于更全面地理解网络公益平台用户信息分享行为的影响因素及作用机制。

2.2 网络公益平台捐赠认可信息分享行为

为了最大限度地利用网络公益平台的互联网属性并从中获益，网络公益平台越来越多地鼓励用户在社交媒体平台传播(van Doorn et al.，2010)，用户在信息分享的同时即参加了公益活动，具有传播即公益的特点(张嵩等，2021)。本文关注的捐赠认可信息分享行为是指用户在完成捐赠后，将网络公益平台生成的对其表示感谢和认可的信息分享到社交网络中的行为，有时会伴随着简短的叙述和评论。实际上，网络公益平台生成的捐赠认可信息可以用来吸引和引导用户，从而鼓励用户在社交媒体平台进行分享和传播，吸引个人参与公益、内化公益价值观、传播和营造公益氛围(钱玲等，2019)。捐赠认可信息分享通过在社会群体中将捐赠确立为一种规范行为，同时可以鼓励他人捐赠(Chell et al.，2020)。捐赠认可信息降低了信息分享过程可能带来的评价忧虑，拓宽了信息传播的范围，对网络公益平台项目推进和实施起着重要作用。从传播意图来看，网络公益平台用户分享捐赠认可信息，通常是为了向更广范围的受众进行信息分享，提升并维持积极的社会形象(Choi and Sei，2017)，寻求赞美或提高对慈善事业的认识，有意让更多在社交媒体平台关注他(她)的人浏览并知晓其参与了该公益项目。网络公益平台已广泛利用提供捐赠认可鼓励用户传播信息，但对这一主题的研究仍然处于萌芽状态。捐赠认可信息分享行为受个体、社会和组织因素的影响，如 Chell 等(2020)发现自我披露倾向这一个体因素很重要，社会(社会规范、社会风险)和组织(慈善事业卷入度、慈善组织倡导)因素也是捐赠者分享捐赠认可信息的重要决定因素。Chell 等(2023)基于情景的研究设计，对自愿献血者进行了在线调查。研究表明，捐赠认可(可分享到 Facebook 上的数字徽章)可以加强与身份相关行为的主观印象。互联网使得用户之间的连接性增强，捐赠者有更多的机会进行自我表彰，探究网络公益平台捐赠认可信息如何影响捐赠者的信息分享行为十分重要。

3. 研究设计和研究过程

3.1 研究设计

本研究采用扎根理论(Glasser and Strauss，1967)，对网络公益平台用户捐赠认可信息分享行为的影响因素和作用机制进行探索性研究。这种方法对系统性探索现象和问题具有较强的解释力，更适用于新概念、新理论的挖掘与构建。鉴于相关研究有限，为了坚持从情境中涌现，避免理论预设，本研究不提出具体假设，也不通过精确识别和操作变量来限制可能涌现的框架(Glasser and Strauss，1967)，而是以一个广泛的研究问题为框架：是什么使网络公益平台用户进行捐赠认可信息分享？

本研究主要应用程序化扎根分析的方法。首先，对网络公益平台代表性用户进行开放式的定性数据收集，受访者性别分布均匀，能接受采访并允许被录音，均有网络公益平台的使用体验，并拥有获得捐赠认可信息的经历，便于深入探讨。其次，本研究关注涵盖教育、医疗、环保和扶贫等多种网络公益项目，如腾讯公益上的河南洪水灾后重建项目。同样，本研究也不局限于众筹，而是关注多种形式的捐赠，如腾讯公益上用户通过答题、走路等形式捐赠。目前对程序化扎根理论的主要质疑是，该方法在数据处理过程中包含研究者预设的逻辑，可能将思维局限于因果关系（贾旭东和衡量，2016）。本研究遵循多渠道数据收集原则，还收集了权威门户网站和相关慈善媒体上有关腾讯公益平台捐赠认可信息项目的报道，以便从多个角度全面探究问题，试图为网络公益平台捐赠认可信息分享机制提供一个严格的框架，同时避免“先入为主”的弊端。

3.2　样本选择

为了从多个角度更为全面地探究问题，更有利于理论发现，本研究数据收集以网络公益平台用户访谈内容为主，以腾讯公益捐赠认可项目相关资料为辅。我们采用多源数据资料，使获取的信息相互补充和检验，有助于避免数据来源单一的问题，提高研究结果的信效度。具体而言，本研究文本资料主要有两种：

第一，访谈文本。我们采取滚雪球抽样法（Patton，2002）选取了 25 名受访者（14 名女性），其中 18 名是由第一作者根据其社交圈分享捐赠认可的情况进行随机挑选，7 名是通过第一批 18 名受访者推荐确定的，例如，我们在一位义工受访者的推荐下，与该义工组织的负责人取得联系，进行了 55 分钟的访谈。采取这种抽样法的主要原因是研究者社交圈的局限性，难以覆盖公益组织人员、政府主管部门工作人员等，同时还可能存在多样性不足、收集信息不全的问题。其次，访谈样本分享的捐赠认可来自教育、公共团体利益、健康、环境、动物保护和个人等网络公益项目类别，涵盖了我们观察到的网络公益平台上的主要项目类别，具有典型性、代表性、多样性和广泛性。在这 25 名受访者中，有 21 名受访者既捐赠了项目又分享了项目，4 名受访者曾考虑在社交媒体分享捐赠认可信息但决定不分享，1 名网络慈善捐赠项目发起者。12 名受访者分享了不止一个项目，分享的项目在 1~9 个。受访者年龄 21~52 岁，访谈时长 10~55 分钟。

第二，选取腾讯公益捐赠认可项目作为案例进行研究。至 2022 年 5 月 18 日，腾讯公益平台累计筹款超过 180 亿元，用户捐款超过 6 亿人次，超过 1.5 万个公益机构入驻平台帮助逾 11 万个公益项目筹集资金，成为互联网公益的先行者①。为提高数据可靠性，避免数据来源单一的问题，本研究收集了权威门户网站和相关慈善媒体关于“99 公益日”“小红花”等公益项目的报道、评价及腾讯公益慈善基金会副秘书长的公开发言等，用于三角验证（苏郁锋等，2017）。这些资料不仅能切实反映捐赠认可项目的具体历程，也能进一步补充访谈文本信息。根据苏郁锋等（2017）的观点，微信等渠道的网络文本具有一定的思考性、准确性和有效性，可用于学术研究。

3.3　资料收集

我们使用半结构化的访谈来收集数据。每次采访开始时，我们都会对采访方法进行解释，说明我们对网络公益平台的研究兴趣，并告知将对访谈进行录音和转录，保证不会透露受访者个人信息。

① 数据来源：https：//gongyi. qq. com/public/pcabout. htm。

访谈分为三部分：第一部分，询问受访者的个人背景(性别、学历、年龄、职业、收入及地域)和他们参与捐赠项目的信息。第二部分，要求受访者详细描述网络公益平台的使用和目前在社交媒体上的信息分享情况。第三部分，询问他们分享捐赠认可的动机，并分享任何其他意见。访谈的平均时长为 28 分钟。受访者的地理分布广，其中 20 个访谈是通过微信语音电话进行的，其余则为面对面访谈。访谈资料的整理与编码同时进行，即在完成一次访谈后，立即对转化后的文字资料进行编码。这种研究方法的优点是能够收集现场数据，而不仅仅是反映数据(Spradley，1980)。共形成 25 份访谈，总计 8.15 万余字。

我们从权威门户网站和相关慈善媒体收集了有关腾讯公益平台捐赠认可项目的报道、媒体对腾讯公益平台负责人的访谈、腾讯公益平台自身的捐赠认可相关介绍等网络文本，通过全面阅读和反复比较，基于以下 3 个原则进行样本的筛选与确定：(1)典型的文本，筛选主要以捐赠认可为核心内容的文本，区分并剔除简单涉及捐赠认可的广告；(2)质量高的文本，根据文本阅读量排序，自上而下地进行样本抽取；(3)尽可能覆盖权威门户网站、相关慈善媒体、腾讯公益平台自身的介绍和平台负责人的访谈，兼顾主观性和客观性文本。研究者于 2023 年 12 月在中国日报网、央视网、腾讯网、中国慈善家杂志公众号、腾讯公益公众号进行样本采集，以信息完整和理论饱和为原则，经过反复阅读和比较分析，最终确定 18 篇高质量的网络文本，总计 4.5 万余字。

最后，本研究将确定的 25 份访谈文本和 18 篇网络文本用于扎根理论分析，共 12.65 万余字。具体见表 1。

表 1　　数据来源

渠道名称	具体来源	数量	用途
权威门户网站	中国日报网、央视网、腾讯网	3 万余字	建立模型
相关慈善媒体	中国慈善家、腾讯公益	1.5 万余字	建立模型
访谈	微信语音电话、面对面	共计 25 人，共整理 8.15 万余字	建立模型，检验饱和

3.4　编码过程

3.4.1　开放性编码

在开放性编码阶段，为尽量减少已有认知对研究的影响，提高过程严谨性，第三作者向第一作者培训了共同编码经验和理论学习经验，在正式编码前，两人进行讨论与分析，制定了编码准则和标准化操作流程，并规定尽量使用原始语句进行概念化，遵循编码紧贴数据的原则，保持较大的开放性，以避免主观性的干扰。随后，两人借助编码分析软件 NVivo 11 同时且独立进行编码，对原始资料进行逐字、逐句、逐段地标记，同时研究相关的文献，以了解现有理论并发现相关的现象，归纳和演绎出有价值的现象或事件、界定初始概念、发现概念范畴。通过对比编码成员概念化结果，保留相同或相似的现象摘要和初始概念，对有分歧的概念进行讨论分析、比较编码并达成一致。最终发展出155个初始概念和16个范畴(见表2)。

表2 **开放式编码示例**

原始材料	开放编码		
	概念化	规范化	范畴化
腾讯公益平台不等于捐款平台。我们接下来就是希望做一些公益文化的培育(a1)，而这些公益培育是希望通过分享、通过社交网络去做一些传导(a2)。实际上，腾讯公益已经在践行这一理念。捐步和答题的设计，就是想要最大限度地利用朋友圈社交场景(a3)的尝试。但有些用户并不想把自己的慈善记录展示给别人。公益和朋友圈等社交场景，还在寻找那个最佳的契合点。不过，腾讯公益团队还是坚信，社交场景中的分享和互动(a4)能为公益破圈(a5)、公益文化生长(a6)贡献关键力量 在朋友圈和知乎等平台上，我们看到了不少讨论。越来越多的人注意到这些问题、参与平台活动的话，被影响的人就会越来越多。我觉得社交这个场景跟公益还是有天然契合(a7)的，只是需要用更多的方式(a8)去做。培育一种文化并非简单的加法：并不是投入资金、平台加持，就一定能有成效。国内公益传播最大的问题，还是公益没有形成文化氛围(a9)。一方面，团队想让捐赠人收到良好的反馈(a10)，因此把小红花的功能导向了收集兑换周边——这是循着商业积分制思路做下来的；另一方面，腾讯又不希望陷入“捐得越多，集花越多”的数字游戏里，希望把集花变成每天坚持的行为(a11)，因此规定每天无论捐出多少钱只能得一朵花，这是公益的、非营利的倡导思路(a12)。我觉得公益不是普通用户的刚需。比如你衣服不够的时候，就一定要去买，但对于公益来讲，它需要有场景触发(a13)、有人员去带动(a14)。我们希望把小红花产品化之后，能够赋予小红花新的意义(a15)，把它变成“记录一生，陪伴一生”，鼓励用户持续做好事的符号(a16)。我们在做很多尝试，因为不想让用户上来第一步就捐钱。可能最后一环是捐赠，但在那之前，我们还可以做很多好玩的公益社交玩法(a17)。这样天然地就会帮社会做些公益文化的培育(a18)，或者是公益理念的倡导(a19)。“一块走”正在做一些新的尝试，比如好友步数比一比的功能(a20)；或者以“小金主”的形式，让某个用户在朋友圈号召大家一起积累步数(a21)，如果达标，“小金主”会捐出他发起项目时设定的钱数，这些钱可以以随机红包的形式发给参与者，也可以直接捐赠给公益项目。用户的积极性和成就感会被调动(a22)，一个人的公益行为也可以辐射更多人……过去很多捐赠人属于同情心驱动，不太关心具体的项目内容，年轻一代的捐赠人则不同，他们明显更关注捐赠体验、项目有效性和参与获得感(a23)	a1 公益文化培育 a2 社交网络传导 a3 利用社交场景 a4 分享和互动 a5 公益破圈 a6 公益文化生长 a7 社交公益契合 a8 更多方式 a9 形成文化氛围 a10 良好的反馈 a11 每天坚持的行为 a12 倡导思路 a13 场景触发 a14 人员带动 a15 赋予新的意义 a16 鼓励用户做好事的符号 a17 公益社交玩法 a18 公益文化培育 a19 公益理念的倡导 a20 趣味功能 a21 某个用户号召大家一起 a22 调动用户积极性和成就感 a23 捐赠体验、项目有效性和参与获得感 ……	A1 公益文化培育 A2 利用社交场景 A3 分享和互动 A4 公益氛围营造 A5 正向反馈 A6 形成习惯 A7 场景触发 A8 社交好友带动 A8 赋予认可含义 A9 公益社交结合 A10 公益理念倡导 A11 平台功能设计 A12 调动用户情感 A13 有效性和参与获得感 ……	B1 用户捐赠认可信息分享行为结果 B2 社交场景触发 B3 社交习惯叠加 B4 社交圈层带动 B5 公益价值体现 B6 平台功能设计 B7 公益情感挖掘 B8 成就感 ……

3.4.2 主轴编码

主轴编码是在开放性编码的基础上发现并建立概念范畴之间的联系，联结相关的概念，归纳出主范畴。本研究在对各个范畴进行概念和逻辑关系整理分析的基础上，得出 5 个主范畴和 16 个对应范畴(见表 3)。用户捐赠认可信息分享行为结果这一主范畴的提炼是为了使模型更加丰富。

表 3　　主轴编码形成的主范畴

主范畴	对应范畴	范 畴 内 涵
公益社交融合化	社交场景触发	将公益活动与微信步数、答题等社交场景相结合(由场景触发、社群构建等规范性概念提炼得到)
	社交圈层带动	通过社交圈层中的好友分享捐赠认可带动其他用户(由社交好友带动、朋友圈刷屏等规范性概念提炼得到)
	社交习惯叠加	将公益活动与用户社交习惯叠加(由形成习惯、每日打卡等规范性概念提炼得到)
公益行为符号化	公益荣誉展示	在捐赠认可形式上展示为一种荣誉(由佩戴红花、颁发捐赠证书、获得勋章等规范性概念提炼得到)
	公益价值体现	在捐赠认可内容上体现公益带来的价值(由正向反馈、项目完成成果、环境改善对比等规范性概念提炼得到)
	公益情感挖掘	在捐赠认可动机上挖掘用户的内在情感(由调动用户积极性、煽动用户情绪等规范性概念提炼得到)
公益平台专业化	平台外界评价	公益平台具有较高的外界评价(由资质权威性、用户规模性、口碑知名性等规范性概念提炼得到)
	平台技术服务	公益平台提供完善的技术服务(由与社交媒体连通性、转发便捷性等规范性概念提炼得到)
	平台功能设计	公益平台进行丰富的功能设计(由功能完善性、设计新颖性等规范性概念提炼得到)
	平台管理规范	公益平台具有较强的管理规范(由参与安全性、隐私保护性等规范性概念提炼得到)
用户内在情感	使命感	用户认为自己有责任或使命去完成慈善捐赠认可信息的分享(由社会责任感、对慈善项目忠诚、个体价值体现等规范性概念提炼得到)
	成就感	用户分享捐赠认可信息后获得的满足感和自豪感(由内在满足感、个人幸福感等规范性概念提炼得到)
	认同感	用户对网络公益平台整体感到认同(由身份归属感、价值观认同感等规范性概念提炼得到)

续表

主范畴	对应范畴	范 畴 内 涵
用户捐赠认可信息分享行为结果	公益氛围营造	捐赠认可信息分享行为营造了全民公益氛围(由人人公益、朋友圈刷屏等规范性概念提炼得到)
	公益文化培育	捐赠认可信息分享行为培育了公益慈善文化(由传播慈善文化、养成做好事习惯等规范性概念提炼得到)
	公益理念倡导	捐赠认可信息分享行为倡导了公益向善理念(由慈善价值观传达、关爱精神传递等规范性概念提炼得到)

3.4.3　选择性编码

选择性编码是对主轴编码结果的深入凝练，所分析出的“核心范畴”以“故事线”的方式描绘行为现象和脉络条件，完成“故事线”也就发展出新的实质理论构架(李海芹等，2019)。本研究中主范畴的典型关系结构如表 4 所示。

表 4　**主范畴的典型关系结构**

典型关系结构	关系结构的内涵
公益社交融合化→用户内在情感	公益和社交的融合化激发了用户的使命感
公益行为符号化→用户内在情感	公益行为的符号化推动了用户的成就感
公益平台专业化→用户内在情感	公益平台的专业化支撑了用户的认同感
用户内在情感→用户捐赠认可信息分享行为	用户产生使命感、成就感和认同感促使用户进行捐赠认可信息分享行为
公益社交融合化 公益行为符号化→用户捐赠认可信息分享行为 公益平台专业化	公益社交融合化、公益行为符号化和公益平台专业化促进了用户进行捐赠认可信息分享行为
公益社交融合化 公益行为符号化→用户内在情感→用户捐赠认可信息分享行为 公益平台专业化	用户内在情感在公益社交融合化、公益行为符号化和公益平台专业化对用户捐赠认可信息分享行为的影响过程中起中介作用
用户捐赠认可信息分享行为→用户捐赠认可信息分享行为结果	捐赠认可信息分享行为营造了全民公益氛围、培育了公益慈善文化、倡导了公益向善理念

围绕核心范畴的“故事线”，本研究构建和发展出一个网络公益平台捐赠认可信息分享行为影响因素及作用机制模型(见图 1)。

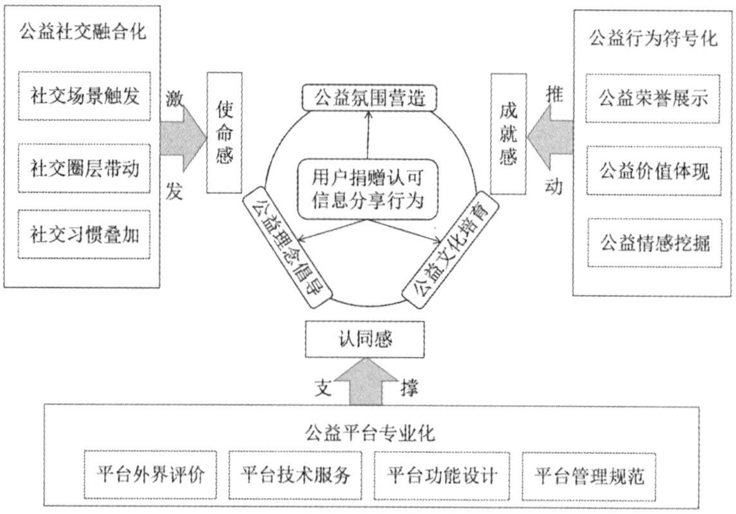

图 1　网络公益平台捐赠认可信息分享行为影响因素及作用机制模型

3.5　理论饱和度验证

扎根理论认为停止搜集数据的标准是理论“饱和”，即当搜集新鲜数据不再能产生新的理论，也不能提示新的属性、新的概念范畴时，再进行 3 份及以上资料的验证，如果依然不能发现新的范畴和关系，理论就“饱和”了(Francis et al.，2010)。本研究采用预留的 4 份访谈资料进行理论饱和度验证。结果显示，模型中的范畴已经发展得非常丰富，未发现新的范畴和关系，因此得出，网络公益平台用户捐赠认可信息分享行为影响因素及作用机制模型在理论上是饱和的。下面对预留的访谈语料进行举证，如表 5 所示。

表 5　理论饱和度检验举例

原始材料	开放编码		
	概念化	规范化	范畴化
证书上记录了我一共献爱心 57 次，总额是 1171 元，积少成多我觉得很有意义……	献爱心次数	正向结果反馈	公益价值体现
我为此不染不烫自己的头发，留了很久，捐出去之后获得了一张证书，我觉得超有成就感……	有成就感	成就感	成就感
那就是一个设置自己现在状态的功能，我觉得小时候能得到一朵小红花代表得到了表扬和肯定，设置成小红花就像佩戴上了一样，很有仪式感……	设置成小红花	佩戴红花	公益荣誉展示
只是一封简单的手写感谢信，我觉得自己得到了肯定，也觉得比较宝贵吧，所以分享出去……	得到肯定	煽动用户情绪	公益情感挖掘
那个时候朋友圈都刷屏了，大家都在发，我最好的朋友也发了……	朋友圈刷屏	社交媒体刷屏	社交圈层带动

4. 模型阐释

4.1 公益社交融合化、公益行为符号化和公益平台专业化对用户内在情感的直接作用分析

公益社交融合化包括社交场景触发、社交圈层带动以及社交习惯叠加。公益社交融合化会影响用户的内在情感，访谈资料在一定程度上证明了这一点。10份原始材料提到了社交场景触发对使命感有影响，如“这件事(微信运动捐步)我觉得会获得朋友圈的支持和认可……我觉得自己身上担负了责任和使命”；7份原始材料提到了社交圈层带动对使命感有影响，如“如果不是看到其他人在朋友圈分享，我可能不会知道这个情况，但是我知道了，我就有责任去尽自己的一分力量”；8份原始材料提到了社交习惯叠加对使命感有影响，如“每天都可以通过答题，获得小红花进行捐赠并设置状态，我们旨在培养用户产生强烈的内在驱动力”(公益社交融合化→用户内在情感)。

公益行为符号化包括公益荣誉展示、公益价值体现和公益情感挖掘。15份原始材料提到了公益荣誉展示对成就感有影响，如“小时候得到奖状贴在墙上，长大了得到证书发在社交媒体上，那种成就感是一样的”；12份原始材料提到了公益价值体现对成就感有影响，“那个(证书)上面展示了我捐赠的金额和次数，以及给山村小孩带去了营养午餐，我觉得很有价值”；4份原始材料提到了公益情感挖掘对成就感有影响，“我们设计这一功能就是希望能调动用户的积极性和成就感，一个人的公益行为也可以辐射到很多人”(公益行为符号化→用户内在情感)。

公益平台专业化包括平台外界评价、平台技术服务、平台功能设计和平台管理规范。8份原始材料提到了平台外界评价对认同感有影响，如“腾讯公益是知名的大平台，它把大家的力量汇聚到一起，每个公益项目中大家有着共同的目标”；8份原始材料提到了平台技术服务对认同感有影响，如“腾讯公益和微信感觉链接在一起，你可以非常轻松地转发上面的内容，这个做法还是很机智的”；5份原始材料提到了平台功能设计对认同感有影响，如“好友步数比一比的功能，既能锻炼身体又能做好事，这个功能受到了用户广泛的赞同”；3份原始材料提到了平台管理规范对认同感有影响，如“会非常注重保护隐私，这是我非常看重和认可它的地方”(公益平台专业化→用户内在情感)。

4.2 用户内在情感对用户捐赠认可信息分享行为的直接作用分析

用户内在情感包括使命感、成就感和认同感。使命感指个人对特定目标或目的的内在动力和承诺(Campbell and Yeung，1991)。使命感的概念最初产生在组织环境中，现已延伸到个人的角色和责任，在本研究中，指用户认为自己有责任或使命去完成慈善捐赠认可信息的分享。10份原始材料提到使命感对捐赠认可信息分享行为的影响，如“当然不是考虑个人的利益，这么多年让我坚持的是一种内在的动力，仅仅捐钱是不够的，我想让更多人了解他们(自闭症患者)”。成就动机理论指出，成就感是个体在完成某项任务、达到某个目标或克服某种困难后所产生的自豪感和满足感(McClelland，1987)。这一概念在教育心理学有着广泛的应用和影响，在本研究中，指用户

得到捐赠认可信息后获得的满足感和自豪感。12 份原始材料提到成就感对捐赠认可信息分享行为的影响，如“做好事会带给我成就感，当然要快乐地分享出去”。身份认同理论认为，认同感指个体对于自己所属群体、社区或文化的认同和归属感，涉及对自我和社会角色的理解、接受和整合（Erikson，1994），在本研究中，指用户对网络公益平台整体感到认同和归属。8 份原始材料提到认同感对捐赠认可信息分享行为的影响，如“我感到对上面的活动非常认可，我才会转发”。

4.3 用户内在情感在公益社交融合化、公益行为符号化和公益平台专业化对捐赠认可信息分享行为影响中的中介作用分析

网络公益平台通过在公益活动中触发社交场景，利用社交媒体圈层好友的带动，以及将公益活动与社交习惯叠加，都会激发用户捐赠认可信息分享行为的使命感，让用户认为自己有责任或使命去完成慈善捐赠认可信息的分享。有 8 份原始材料显示使命感在社交场景触发影响用户捐赠认可信息分享行为过程中的作用，如“在社交场景下做公益，让沉浸其中的用户自觉地去转发分享”；有 7 份原始材料显示使命感在社交圈层带动影响用户捐赠认可信息分享行为过程中的作用，如“就像支付宝种树偷能量一样，这个活动如果你想尽快实现目标、完成任务的话，也要分享给更多朋友”；有 6 份原始材料显示使命感在社交习惯叠加影响用户捐赠认可信息分享行为过程中的作用，如“微信步数排行看完了直接就把步数捐掉，不然步数也浪费了，这是我了解这个公益活动后的基本操作，我也分享给我所有好朋友了”。

网络公益平台对捐赠认可的精心设计，包括在形式上突出荣誉展示，在内容上突出公益活动或者捐赠者的个人价值，进一步在动机上进行情感挖掘，进而推动用户参与慈善活动获得满足感和自豪感，从而去完成捐赠认可信息分享行为。有 15 份原始材料提及成就感在公益荣誉展示影响用户捐赠认可信息分享行为过程中的作用，如“小红花象征一种荣誉，代表我帮助了其他人，很有成就感，所以设置成了状态”；有 10 份原始材料提及成就感在公益价值体现影响用户捐赠认可信息分享行为过程中的作用，如“上面记录了我为乡村妇女带来了五节技能提升课，可以帮助女性提升在职场的地位，我觉得很有成就感，所以转发了”；有 3 份原始材料提及成就感在公益情感挖掘影响用户捐赠认可信息分享行为过程中的作用，如“我收到的感谢信上鼓励我分享出去，感觉自己被认可，也意识到转发也是一种帮助的方式”。

当平台具有较高的外界评价、完善的技术服务、丰富的功能设计以及较强的管理规范，支撑用户对网络公益平台产生认同感，进而采取捐赠认可信息分享行为。有 8 份原始材料显示认同感在公益平台外界评价影响用户捐赠认可信息分享行为过程中的作用，如“腾讯公益每年都会举办很多公益活动，无论是线上还是线下，都取得了非常好的效果，可以说是非常专业的，获得来自他们的认可让我感到很有意义，所以会进行分享”；有 8 份原始材料提及认同感在平台技术服务影响用户捐赠认可信息分享行为过程中的作用，如“当一年结束的时候，腾讯公益会生成一个年度公益证书给你，你可以一键转发让更多人了解，何乐而不为”；4 份原始材料提及认同感在平台功能设计影响用户捐赠认可信息分享行为过程中的作用，如“很多时候一个人的力量是有限的，所以它（腾讯公益）会鼓励你（跟好友）一起捐，一起完成一个公益项目，（捐赠认可）代表了我们共同的努力，大家都会转发起来”；有 2 份原始材料提及认同感在平台管理规范影响用户捐赠认可信息分享行为过程中的作用，如

“我感觉腾讯公益是比较正规、比较安全的一个平台，就是你不用担心被骗钱什么的，对这个平台整体比较认同，才会进一步考虑(参与和转发)”。综上，根据杨明等(2017)提出的中介效应检验程序可知，用户参与网络公益平台项目，并获得捐赠认可，产生一系列内在情感，进而对捐赠认可信息进行分享。由此，本文认为用户内在情感在公益社交融合化、公益行为符号化和公益平台专业化对捐赠认可信息分享行为的影响中起中介作用。

4.4　捐赠认可信息分享行为的结果

捐赠认可信息分享行为的结果包括公益氛围营造、公益文化培育和公益理念倡导。7份原始材料提到捐赠认可信息分享行为对公益氛围营造的影响，如“国内公益传播最大的问题，还是公益没有形成文化氛围”；5份原始材料提到捐赠认可信息分享行为对公益文化培育的影响，如“社交场景中的分享和互动能为公益文化生长贡献关键力量”；8份原始材料提到捐赠认可信息分享行为对公益理念倡导的影响，如“这样天然地就会帮社会做些公益文化的培育，或者是公益理念的倡导”。

5. 研究结果及讨论

5.1　研究结论

作为新信息技术环境下互联网与传统慈善融合的产物，网络公益平台作为网络慈善的实现载体，受到学术界的广泛关注，但现有研究尚缺乏对网络公益平台用户捐赠认可信息分享行为的探讨。在此背景下，本研究基于扎根理论，提炼了网络公益平台用户捐赠认可信息分享行为的影响因素，并在梳理范畴关系的基础上构建了理论模型。按照扎根理论的流程，得到公益社交融合化、公益行为符号化、公益平台专业化、用户内在情感和用户捐赠认可信息分享行为结果共5个主范畴，其中公益社交融合化包括社交场景触发、社交圈层带动和社交习惯叠加3个对应范畴；公益行为符号化包括公益荣誉展示、公益价值体现和公益情感挖掘3个对应范畴；公益平台专业化包括平台外界评价、平台技术服务、平台功能设计和平台管理规范4个对应范畴；用户内在情感包括使命感、成就感和认同感3个对应范畴；用户捐赠认可信息分享行为结果包括公益氛围营造、公益文化培育和公益理念倡导3个对应范畴。围绕5个主范畴，我们构建了网络公益平台用户捐赠认可信息分享行为影响因素及作用机制模型。公益社交融合化、公益行为符号化和公益平台专业化是前因变量，用户内在情感是中介变量，用户捐赠认可信息分享行为是结果变量。

5.2　理论贡献

本文主要贡献如下：

首先，本研究拓展了网络公益平台的研究视角和思路。借助互联网传播广、速率高、互动性强的优势，网络公益平台飞速发展，个体参与公益项目更加频繁，过往研究对网络公益平台的个体捐赠行为(樊亚凤等，2019；Chen et al.，2021)、用户体验(唐泽威等，2020)、信息规避(彭国超等，2021)和社会认同(李海芹等，2019)等进行了探讨，尽管有学者指出了捐赠认可的重要性(Chell et al.，2023)，鲜有研究对网络公益平台上的捐赠认可信息分享行为进行系统性解构，进一步对网络公益平台捐赠认可信息分享行为的过程机理进行挖掘。本研究首次关注网络公益平台捐赠认可信息分享行为的影响因素和作用机制，基于扎根理论的研究方法，提炼出公益社交融合化、公益行为符号化和公益平台专业化 3 个关键影响因素，打破了已有研究囿于个体捐赠行为、忽略捐赠认可信息分享行为在网络公益平台中的重要性的局限。

其次，本研究丰富了信息分享行为的研究情境和内在机制。过往研究关注了不同情境下用户信息分享行为，如健康信息(张敏等，2019；张坤，2020)、旅游信息(Munar and Jacobsen，2014)、创业信息(刘刚等，2021)等，对信息分享行为动机的研究主要集中在利他主义、社区利益、声誉、自我效能等(Oh and Syn，2015)。本文通过揭示网络公益平台用户捐赠认可信息分享行为和心理特征，得出了使命感、成就感和认同感作为促使网络公益平台用户捐赠认可信息分享行为的内在情感动机，为网络公益平台信息管理和用户管理提供了理论和实证基础，深化了对信息分享行为的理解和研究。

最后，本文利用扎根理论构筑了网络公益平台捐赠认可信息分享行为影响因素及作用机制模型。Chell 等(2023)运用定量研究方法，通过收集大量在线捐赠者的数据，发现捐赠者在得到社会认可后，更愿意继续捐赠并分享捐赠信息，在其研究的基础上，我们的研究发现，网络公益平台用户信息分享行为会带来公益氛围营造、公益文化培育和公益理念倡导的积极结果。本文结合网络公益平台属性对慈善宣传问题给出了回应，不仅为网络公益平台优化自身服务设计提供了思路，也为促进基于网络公益平台的信息传播更加高效便捷提供了可行策略。

5.3　实践启示

从实践启示的角度来看，本研究为网络公益平台如何有效地分配资源以鼓励用户积极地分享捐赠认可信息有一定借鉴意义。

首先，网络公益平台应该积极与社交平台融合。具体而言，可以通过将公益活动与微信步数、答题积分等社交属性相结合，触发社交场景；也可以呼吁社交圈层内的用户互相带动分享捐赠认可信息；以及将社交习惯叠加到公益平台，例如每日打卡等来激发捐赠者的使命感，促进用户的捐赠认可信息分享行为。这种结合不仅能增加用户的互动性，还能将公益行为融入其日常生活。总体而言，将公益活动融入社交平台，使捐赠者产生使命感，进而分享捐赠认可信息。

其次，网络公益平台应该将公益行为符号化。在形式上，将捐赠认可展示为一种荣誉，例如小红花、证书、勋章等，来鼓励用户进行信息分享；在内容上，捐赠认可要体现公益活动带来的正向价值，是具体的、可量化的成果展示，可以让用户清晰地看到自己的捐赠所带来的积极影响，进而促进用户进行信息分享；在动机上，捐赠认可要注重挖掘用户的内在情感，唤起用户的共鸣，调动用户的积极性进行信息分享。总体而言，将公益行为符号化展示给捐赠者，使其产生成就感，进而分享捐赠认可信息。

最后，网络公益平台应该注重自身的专业化。较高的外界评价可以让用户对公益平台产生基本的信任和进一步的认同，支撑用户进行信息分享。完善的技术服务使网络公益平台与社交媒体平台连通，为用户进行信息分享提供便利。另外，丰富的功能设计及较强的管理规范是支撑用户对公益平台产生认同的基础和保障。通过专业化建设，网络公益平台能够更好地吸引和留住用户，推动公益事业的持续发展。总体而言，专业化的网络公益平台才会使捐赠者产生认同感，进而分享捐赠认可信息。

5.4　不足与展望

本文存在以下不足：

首先，当用户表达或展示自己时，他们总是在某种程度上意识到观众的存在(Ranzini and Hoek，2017)。未来的研究可以进一步关注，营销信息分享行为中的受评忧虑(李旭和王刊良，2020)是否影响捐赠认可信息分享行为。

其次，未来的研究需要跨学科探索不同类型捐赠认可所附带的价值。鉴于网络公益平台越来越多地依赖社交媒体认可捐赠者，如何设计捐赠认可策略以促进用户信息分享行为，实现公益内容“破圈”传播，还需要更深入的研究。

最后，本文提出的影响因素对用户捐赠认可信息分享行为的相对重要性尚未得到验证，未来研究应采用定量方法(如回归分析、结构方程模型等)对理论模型中的各个对应范畴展开量化实证检验。

◎ 参考文献

[1]樊亚凤，胡左浩，洪瑞阳．互联网公益平台生态圈的价值创造与治理机制——基于S公益平台的个案研究[J]．中国行政管理，2022(2)．

[2]樊亚凤，蒋晶，崔稳权．网络公益平台默认选项设置对个人捐赠意愿的影响及作用机制[J]．心理学报，2019，51(4)．

[3]贾旭东，衡量．基于扎根精神的中国本土管理理论构建范式初探[J]．管理学报，2016，13(3)．

[4]李海芹，张辉，张承龙．网络公益社会认同影响因素及产生机制研究[J]．管理评论，2019，31(1)．

[5]李静，杨晓冬．社交媒体中“医疗众筹”信息分享行为研究：转发还是不转发？[J]．新闻与传播研究，2018，25(2)．

[6]李旭，王刊良．社交媒体用户营销信息分享行为——受评忧虑与系统反馈视角[J]．管理科学，2020，33(4)．

[7]刘刚，张泠然，梁晗，等．互联网创业的信息分享机制研究——一个整合网络众筹与社交数据的双阶段模型[J]．管理世界，2021，37(2)．

[8]彭国超，梁欣婷，张冰倩．网络医疗众筹信息规避行为影响因素研究[J]．情报资料工作，2021，42(4)．

[9]钱玲，杜兰英，侯俊东．微公益特征因素解析及对个人公益参与行为的影响[J]．管理科学，

2019，32(3).
[10]苏郁锋，吴能全，周翔．制度视角的创业过程模型——基于扎根理论的多案例研究[J]．南开管理评论，2017，20(1).
[11]唐泽威，范哲，赵宇翔，等．基于扎根理论的公益众筹平台用户体验概念框架研究[J]．情报杂志，2020，39(11).
[12]杨明，温忠麟，陈宇帅．职业胜任力在工作要求——资源模型中的调节和中介作用[J]．心理科学，2017，40(4).
[13]于玲玲，周密，赵西萍，等．移动社交网络用户内容创造与分享行为研究——社会网络与自恋的交互效应[J]．情报学报，2016，35(9).
[14]张坤．微信朋友圈用户健康信息转发行为形成机制与概念模型的扎根研究[J]．图书馆杂志，2020，39(6).
[15]张敏，马臻，聂瑞，等．基于二阶信息生态链的用户社交健康信息分享意愿的形成机制分析[J]．现代情报，2019，39(2).
[16]张嵩，汤亚男，陈昊．互联网慈善信息转发行为研究——基于说服传播理论的双重态度模型[J]．图书情报工作，2021，65(14).
[17]张星，王楠，肖泉．医疗众筹项目的社会规范对个体信息回避意愿的影响研究[J]．情报资料工作，2023，44(3).
[18]Abbasi, R. A., Maqbool, O., Mushtaq, M., et al. Saving lives using social media: Analysis of the role of twitter for personal blood donation requests and dissemination[J]. Telematics and Informatics, 2018, 35(4).
[19]Bock, G. W., Zmud, R. W., Kim, Y. G., et al. Behavioral intention formation in knowledge sharing: Examining the roles of extrinsic motivators, social-psychological forces, and organizational climate[J]. MIS Quarterly, 2005, 29(1).
[20]Campbell, A., Yeung, S. Creating a sense of mission[J]. Long Range Planning, 1991, 24(4).
[21]Chell, K., Mortimer, G., Masser, B. M., et al. An identity-based model explaining online donor appreciation[J]. Australasian Marketing Journal, 2023, 31(1).
[22]Chell, K., Russell-Bennett, R., Mortimer, G. Exploring psychological determinants of sharing donor recognition on social networking sites[J]. International Journal of Nonprofit and Voluntary Sector Marketing, 2020, 25(3).
[23]Chen, H., Li, W., Tu, L., et al. Understanding people's participation in online charities: A dual-process approach of trust and empathic concern[J]. Industrial Management & Data Systems, 2021, 121(7).
[24]Chen, Y., Dai, R., Yao, J., et al. Donate time or money? The determinants of donation intention in online crowdfunding[J]. Sustainability, 2019, 11(16).
[25]Cheung, C. M. K., Lee, M. K. O., Lee, Z. W. Y. Understanding the continuance intention of knowledge sharing in online communities of practice through the post-knowledge-sharing evaluation

processes[J]. Journal of the American Society for Information Science and Technology, 2013, 64(7).

[26]Choi, J., Seo, S. Goodwill intended for whom? Examining factors influencing conspicuous prosocial behavior on social media[J]. International Journal of Hospitality Management, 2017, 60.

[27]Courtney, C., Dutta, S., Li, Y. Resolving information asymmetry: Signaling, endorsement, and crowdfunding success[J]. Entrepreneurship Theory and Practice, 2017, 41(2).

[28]Davis, F. D. Perceived usefulness, perceived ease of use, and user acceptance of information technology[J]. MIS Quarterly, 1989, 13(3).

[29]Delone, W. H., McLean, E. R. Information systems success: The quest for the dependent variable [J]. Information Systems Research, 1992, 3(1).

[30]Erikson, E. H. Identity: Youth and crisis[M]. WW Norton & Company, 1994.

[31]Francis, J. J., Johnston, M., Robertson, C., et al. What is an adequate sample size? Operationalizing data saturation for theory-based interview studies[J]. Psychology & Health, 2010, 25 (10).

[32]Glaser, B. G., Strauss, A. L. The discovery of grounded theory: Strategies for qualitative research [M]. Aldine, 1967.

[33]Hou, T., Hou, K., Wang, X., et al. Why I give money to unknown people? An investigation of online donation and forwarding intention[J]. Electronic Commerce Research and Applications, 2021, 47(4).

[34]Hsu, M. H., Ju, T. L., Yen, C. H., et al. Knowledge sharing behavior in virtual communities: The relationship between trust, self-efficacy, and outcome expectations[J]. International Journal of Human-computer Studies, 2007, 65(2).

[35]Kankanhalli, A., Tan, B. C. Y., Wei, K. K. Contributing knowledge to electronic knowledge repositories: An empirical investigation[J]. MIS Quarterly, 2005, 29(1).

[36]Ma, W. W. K., Chan, A. Knowledge sharing and social media: Altruism, perceived online attachment motivation, and perceived online relationship commitment[J]. Computers in Human Behavior, 2014, 39.

[37]McClelland, D. C. Human motivation[M]. Cup Archive, 1987.

[38]Munar, A. M., Jacobsen, J. K. S. Motivations for sharing tourism experiences through social media[J]. Tourism Management, 2014, 43.

[39]Oh, S., Syn, S. Y. Motivations for sharing information and social support in social media: A comparative analysis of Facebook, Twitter, Delicious, YouTube, and Flickr[J]. Journal of the Association for Information Science and Technology, 2015, 66(10).

[40]Patton, M. Q. Qualitative research & evaluation methods[M]. Sage, 2002.

[41]Ranzini, G., Hoek, E. To you who (I think) are listening: Imaginary audience and impression management on Facebook[J]. Computers in Human Behavior, 2017, 75.

[42]Spradley, J. Observation participants[M]. Rinehart and Winston, 1980.

[43]van Doorn, J., Lemon, K. N., Mittal, V., et al. Customer engagement behavior: Theoretical

foundations and research directions[J]. Journal of Service Research, 2010, 13(3).
[44] van Mierlo, T. The 1% rule in four digital health social networks: An observational study[J]. Journal of Medical Internet Research, 2014, 16(2).
[45] Zhang, X., Wang, C. Network positions and contributions to online public goods: The case of Chinese Wikipedia[J]. Journal of Management Information Systems, 2012, 29(2).
[46] Zhao, X., Lynch, Jr. J. G., Chen, Q. Reconsidering Baron and Kenny: Myths and truths about mediation analysis[J]. Journal of Consumer Research, 2010, 37(2).

Research on the Influencing Factors and Generating Mechanism of Sharing Donation Recognition on Charity Platforms

Zhu Yue[1] Xu Zhengliang[1] Lu Heng[2]
(1 Business and Management School, Jilin University, Changchun, 130012;
2 School of Journalism and Communication, Shaanxi Normal University, Xi'an, 710119)

Abstract: Rapidly aggregating social capital is crucial for promoting the high-quality development of charity platforms. This study explores the information sharing mechanism for donation recognition on charity platforms to provide insights for enhancing information sharing on these platforms. Utilizing the grounded theory approach, charity platforms' user interview data served as the primary data source, and online materials related to Tencent's charity donation recognition project as supplementary, we investigate the influencing factors of donation recognition sharing behavior and construct a model of the mechanism of donation recognition sharing. The research findings indicate that the integration of charity and social media stimulates users' sense of achievement. The symbolization of charity actions drives users' sense of achievement. The platform's professionalism enhances users' sense of identification. Under these perceptions, users share donation recognition, thereby advocating philanthropic ideals, fostering philanthropic atmosphere, and nurturing culture of philanthropy. This study contributes to enriching the body of research on users' sharing behavior, provides guidance for shaping users' sharing behavior, enhances the recruitment effectiveness of charity platforms, and promotes charity platforms development.

Key words: Online charity; Information sharing; Grounded theory; Influencing factors; Generating mechanism

专业主编：寿志钢

服务场景中社会规范标识拟人化对顾客遵守规范行为意愿的影响*

● 刘汝萍[1]　郑　爽[2]　曹忠鹏[1]　马钦海[1]
（1　东北大学工商管理学院　沈阳　110169；2　武汉大学经济与管理学院　武汉　430000）

【摘　要】服务场景中越来越多的社会规范标识采用拟人化的表达方式。已有拟人化的研究更多关注产品或品牌拟人化，鲜有研究探讨社会规范标识拟人化及其效果问题。基于心理抗拒理论，本文探讨服务场景中社会规范标识拟人化对顾客遵守规范行为意愿的影响，以及心理抗拒感的中介效应和孤独感的调节效应。两个情境实验结果表明：标识拟人化相较于无拟人化能更有效地提高顾客遵守规范行为意愿，心理抗拒感起到中介作用。对高孤独感的顾客而言，标识拟人化更能显著降低心理抗拒感进而提高顾客遵守规范行为意愿；对低孤独感的顾客而言，标识是否拟人化对心理抗拒感、遵守规范行为意愿的影响无显著差异。研究结果丰富了社会规范标识和拟人化的相关研究，为服务组织的社会规范标识设计提供理论参考。

【关键词】社会规范标识拟人化　心理抗拒感　孤独感　遵守规范行为
中图分类号：F719　　文献标识码：A

1. 引言

近年来，服务场景中越来越多的社会规范标识由传统的“禁止类”标识换成了采用拟人化表达方式的标识。例如，旅游景区中“禁止乱刻乱画”的标识换成了“喜欢你深情的注视，讨厌你用刀子表达对我的刻骨铭心”；“禁止折枝、摘花”的标识换成了“我害羞，请别碰我”；“禁止乱丢垃圾”的标识换成了“人人喂我，我为人人”；商场中防范顾客触摸浅色衣物的标识由“非买勿动”换成了“我怕脏，请别碰我”等等。社会规范标识是指服务场景中能够唤醒顾客社会规范意识、引导顾客遵守规范行为

* 基金项目：国家社科基金面上项目“基本公共服务中人工智能服务的失败归因与补救策略研究”（项目批准号：22BGL256）。

通讯作者：郑爽，E-mail：2594369276@ qq. com。

的标识(Ma et al.，2009)。拟人化指的是给非生物物体加以人类特性，令其被看作有生命、有感觉的人(Ricoeur，1977；汪涛和谢志鹏，2014)。本研究将社会规范标识拟人化定义为给社会规范标识中的非人类事物赋予人类的特征，令其被感知为人。上述标识采用了拟人化的表达方式(比如第一人称)传达弱者(景区建筑、花朵以及服装)寻求同情与关爱以及从“人—物”关系向“人—人”关系的转变。那么，相较于禁止类标识，拟人化的标识是否能够有效地引导顾客遵守规范行为呢？

已有的社会规范标识研究大多只关注了标识不同的颜色、内容、语气以及语言风格等单一因素或两个因素交互对顾客行为的影响(Cialdini et al.，2006；Leoniak & Cwalina，2019；Grinstein & Krontod，2016；刘汝萍等，2010；张梦等，2016)，尚未涉及第一人称以及标识中物体与消费者之间关系等拟人化的内容。

现实场景中社会规范标识拟人化与产品、品牌拟人化在使用目的、关系类型以及表达方式上存在不同。首先，使用目的不同。产品或品牌拟人化旨在提升消费者忠诚度和购买行为，标识拟人化是为了抑制消费者实施不当行为并促使其遵守规范。其次，拟人化的对象与消费者的关系地位不同。前者多是伙伴关系或仆人关系，社会规范标识拟人化的物体(被乱刻乱画的景点、被践踏的小草、被乱捏的水果等)则是消费者实施不当行为的对象，呈现的是侵犯和被侵犯的关系。最后，拟人化的表达方式不同。产品或品牌拟人化常采用可爱、萌的方式，以赢得消费者对产品或品牌的信任、愉悦与好感，而标识拟人化则采用怜爱的方式着重提醒消费者实施不当行为可能带来的伤害。

已有的拟人化营销效应研究更多关注拟人化对消费者的认知、忠诚与购买行为的影响。拟人化的外在层面(形象、动作、表情)、内在层面(品牌个性、情绪)以及社会层面(社会沟通、语言以及社会角色)等对消费者好感(信任、愉悦等)、消费者认知(感知流畅性、感知风险等)以及社会联系的影响(情感联系、长期联系等)(汪涛和谢志鹏，2014)。只有少量研究关注了拟人化对非购买行为的影响。例如，使用第一人称“我”和语气词(如“哒”“哦”)操控拟人化沟通形式。研究发现，当消费者收到使用拟人化沟通相较于无拟人化沟通的低信息敏感度的个性化营销信息时，其隐私担忧显著降低(曾伏娥等，2018)，将金钱拟人化可以增强人们对金钱的温暖感知，进一步增加慈善捐赠意愿(Zhou et al.，2019)。但这些研究与本研究的拟人化主体及其作用对象均不同，作用机制也不同。已往的研究未曾涉及规范标识拟人化的问题，因此需要深入探究标识拟人化设计及其对消费者遵守规范行为的影响及其机理。

心理抗拒理论认为，控制性的、劝说性的、激烈性的语言信息如“你一定要……”或“请勿……”等都被认为会威胁接受者的感知自由度(Clee & Wicklund，1980)，并最终引发心理抗拒感。心理抗拒感会给个体带来消极认知(不利评价)和消极情绪(生气)，最终影响个体的行为(Clee & Wicklund，1980)。可见，强烈劝说性的信息会通过威胁感知自由度引发个体的心理抗拒感，继而影响行为。与无拟人化相比，拟人化以轻松的口吻与个体交流，不会让顾客感到被刻意引导，可能会降低心理抗拒感，进而产生良好的行为。鉴于此，基于心理抗拒理论探讨心理抗拒感在社会规范标识拟人化与顾客遵守规范行为意愿之间的中介作用。

现如今越来越多的人被孤独所困扰。2020 年美国民意调查显示有 50%民众表示孤独，而在 2018 年这一数值是 23%；2021 年韩国统计厅的调查显示，45.9%受访者表示他们感到“更加孤独”；2022 年日本政府调查显示，有孤独感的人占比增至 40%。孤独感是一种社交需求未被满足的痛苦情绪，是一种社会孤立的感知(Hawkley & Cacioppo，2010)。孤独感会威胁消费者的归属感，导致其产生寻求社会联系的心理需要，对人际线索比较敏感。为了弥补归属感的缺失，消费者可能会通过直接与带有人际线索的物品建立象征性社会联系，比如更加偏好拟人化产品(Li et al.，2020)。因此，顾客孤独感水平作为个人特质因素可能会调节社会规范标识拟人化与顾客心理及行为之间的关系。

综上所述，本文结合心理抗拒理论，通过两个情境实验来探究社会规范标识拟人化对顾客遵守规范行为意愿影响效应、心理抗拒感的中介作用和不同类型顾客的调节作用。实验 1 探究社会规范标识拟人化对顾客遵守规范行为意愿的影响效应及心理抗拒感的中介机制；实验 2 探究顾客孤独感水平在社会规范标识拟人化与顾客心理抗拒感和遵守规范行为意愿之间的调节效应。最后，讨论研究的理论意义和实践意义，并提出了未来研究展望。

2. 文献综述与研究假设

2.1 社会规范标识设计及其效果

社会规范标识是指服务场景中能够唤醒顾客社会规范意识、引导顾客遵守服务规范行为的标识(Ma et al.，2009)。规范类标识作为一种社会规范信息可以起到警告、提醒、请求、指示等干预顾客违反服务规范行为(即顾客不当行为)的作用(张梦等，2016)。

以往关于社会规范标识研究大多聚焦在颜色效价(积极 vs. 消极)、内容(描述型 vs. 禁止型 vs. 请求型、引导型 vs. 阻止型)、语气(委婉的 vs. 坚定的、责备的 vs. 鼓励的)以及语言风格(理性诉求 vs. 感性诉求)的设计及其效果(Cialdini et al.，2006；Leoniak & Cwalina，2019；Grinstein & Krontod，2016；刘汝萍等，2010；张梦等，2016)。例如，当亚利桑那州石化森林国家公园使用标识信息告诫不要盗窃木材时，禁止型相较于描述型规范信息的说服效果更好(Cialdini et al.，2006)；相较于描述型和请求型标识，男性洗手间使用禁止型标识时，离开时关灯率大幅度提升(Leoniak & Cwalina，2019)；消费服务场景中使用语气委婉的阻止型规范标识(如“为了您和他人的健康，请不要用手直接触摸食品”)比语气生硬的阻止型标识(“非买勿动”)使顾客有更强的遵守社会规范行为的意图和满意度(刘汝萍等，2010)；当景区标识的语言风格(理性诉求 vs. 感性诉求)与颜色效价(积极 vs. 消极)匹配时，对个体遵守规范行为的引导效果更好(张梦等，2016)。

2.2 拟人化及其效应

拟人化是指给非生物物体加以人类特性，令其被看作有生命、有感觉的人(Ricoeur，1977；汪涛和谢志鹏，2014)。非生物物体包括产品和品牌(Aggarwal & McGill，2007；陈增祥和杨光玉，2017)、机器人(刘欣等，2021)和智能助手(计纬等，2023)等。外观线索、语言线索、关系线索都可以作为拟人化设计线索启动消费者的拟人化感知，并显著影响消费者的态度和行为(汪涛和谢志鹏，2014)。

拟人化外观形象线索是直观且有效的设计方式，包括面部特征和表情、整体形象。将汽车的“前脸”的气栅弯曲方向设计成微笑和皱眉能显著提升消费者的购买意愿（Aggarwal & McGill，2007），将品牌的整体形象设计成热情型比能力型更真诚，更能满足高归属需要个体的购买需求（陈增祥和杨光玉，2017）。相较于外在形象，内在层面情绪线索更能够深入消费者内心。奢侈程度较高的产品展现出侵略性的“面部表情”相较于友好表情会让消费者觉得该产品很“酷”，引发更好的品牌态度（谢志鹏和汪涛，2017）。语言沟通线索主要包括使用第一人称代词和语气词，且主要用于操控拟人化。例如，曾伏娥等（2018）在探究拟人化沟通与个性化营销的交互作用如何影响隐私担忧时使用第一人称“我”和语气词（如“哒”“哦”）操控拟人化沟通形式，结果表明当消费者收到使用拟人化沟通的低信息敏感度的个性化营销信息时，私下自我意识会增强，继而降低其隐私担忧。拟人化关系线索依据品牌在沟通中定位的不同角色，可以划分为伙伴型和仆人型两种关系模式，“伙伴型”关系强调的是帮助处理事情的“合作者”，关系是平等的；“仆人型”关系则突出的是品牌“为你工作”，是利益的提供者（Van et al.，2023）。伙伴型相较于仆人型沟通像朋友一样具有亲和力，更容易通过提高信任感进一步提升消费者的智能助手推荐接受意愿（计纬等，2023）。

以上研究表明拟人化在产品/品牌领域、人工智能营销领域具有积极效应，然而拟人化也有消极的一面。广告中对食用对象进行不恰当的拟人化设计会让人产生愧疚感，负面影响广告态度（刘笛和王海忠，2017）。聊天机器人的外观高度拟人化会使顾客对聊天机器人的表现和能力产生不切实际的期望，从而产生负面反应（Crolic et al.，2022）。

综上所述，大多数学者已在营销领域、人工智能领域探究了拟人化的影响效应，但鲜有学者关注社会规范标识拟人化的问题。已有研究与本研究的拟人化主体及其作用对象均不同，作用机制也不同。因此，有必要深入探究标识拟人化设计及其对消费者遵守规范行为的影响及机理。

2.3 社会规范标识拟人化对顾客遵守规范行为意愿的影响

社会规范标识拟人化是指为社会规范标识中的非人类事物赋予人类的特征，令其被感知为人。其本质特征就是使社会规范标识中的非人类事物拥有像人一样的特征、动机、意图和情感。营销领域研究表明，拟人化能够为消费者创造虚拟的交流对象，增进沟通的社会属性，与拟人化产品接触可以满足个体对社会联系的需求（汪涛和谢志鹏，2014），增强个体的价值共创意愿（刘欣等，2021）。

社会规范标识拟人化相比无拟人化更可能有效提高顾客遵守规范行为意愿。社会信息加工理论认为，顾客会对行为主体发出的信号进行自我加工，进而用于指导相应的行为（Tybout et al.，1981）。顾客与其他人或物接触交流时，会根据自身社会经验将交互对象所呈现的线索、信息进行评价判断，并表现出与判断相符的行为（Low & Mohr，2001）。拟人化的三因素理论表明，当人们在非人类实体上观察到明显的类人特征时，更可能将人类图式应用于非人类实体，通过建立一种“感知类人”的联系实现与非人类实体的有效互动（Epley et al.，2007）。拟人化标识中的非人类事物以一种“人”的信息线索展示，蕴含着它具有像人一样表达积极或消极的情感信息的能力，顾客可以快速领会到这一能力并对其表达的情感信息进行判断，从而做出相应的行为。基于以上分析，提出如下假设：

H1：相对于无拟人化，社会规范标识拟人化能显著提高顾客遵守规范行为意愿。

2.4 心理抗拒感的中介作用

心理抗拒感是指当个体的自由被剥夺或被威胁剥夺时表现出的动机状态(Brehm & Brehm，1981)，心理抗拒理论认为，心理抗拒感的形成包括自由、自由威胁、抗拒和重获自由四个核心要素，其中自由和自由威胁是抗拒发生的前因，态度抗拒和行为抗拒是其具体表现，而重获自由是最终目的(Clee & Wicklund，1980)。

强迫在一定程度上影响个体对自由的感知，个体意识到行为自由越重要，自由被威胁或削弱的程度越高，心理抗拒感越强(Alexander，2016)。控制性的、强烈建议性的信息(如“你一定要……”或“请勿……”)等会被认为威胁到接受者的感知自由度(Clee & Wicklund，1980)，并最终引发心理抗拒感。社会规范标识中呈现的非拟人化信息如“禁止踩踏小草”“请勿品尝”等直白地、生硬地传达出一种控制性的、强烈建议性、强迫性的信息，可能会使个体对其行为自由权产生放大效应，会让个体感觉缺乏行为选择自由，进而激发消费者更强的心理抗拒感；而如“小草在睡觉，请您勿打扰”“我怕光，请别拍我”等诸如此类的拟人化标识用礼貌、亲切的语言委婉地劝说，会让个体感觉行为自由选择没有被强烈控制，有效地弱化个体对其行为自由重要度的感知，从而减少了心理抗拒感。营销学研究也表明，拟人化信息会通过提高感知自由度从而减少顾客对品牌的心理抗拒(汪涛等，2014)。

心理抗拒感会给个体带来消极认知和消极情绪，最终负面影响其行为(Clee & Wicklund，1980)。心理抗拒状态下，个体会抵制那些试图控制他们行为自由的信息，采取原本被限制的行为(Clee & Wicklund，1980)，例如，当消费者因商家压力被迫发布好评时，由此产生的抗拒体验会使消费者为了恢复自由而产生与之前截然相反的行为，如降低未来口碑推荐意愿和增加删除好评意愿(Wendlandt & Schrader，2007；李妍等，2017)等。因此，心理抗拒感越强，个体越可能选择与劝说方向相反的行为。基于以上分析，提出如下假设：

H2：心理抗拒感在社会规范标识拟人化影响顾客遵守规范行为意愿中发挥中介作用。

2.5 顾客孤独感的调节作用

孤独感是一种社交需求未被满足的痛苦情绪，是一种社会孤立的感知(Hawkley & Cacioppo，2010)。当个体感知自身的人际交往达不到理想预期时，便会感到孤独，本质是归属感的缺失(Baumester & Leary，1995；Baumeister & Robson，2021)。不同类型的孤独感个体对其心理和行为有着不同的影响(Wang et al.，2012)。高孤独感个体为降低孤独感会对那些能够传递社交联系的线索变得格外敏感，例如更准确地识别他人的面孔和声音(Gardner et al.，2005)。拟人化恰好能够形成有效的社会联系和情感联系(汪涛和谢志鹏，2014)，满足个体建立社会关系的需求。由此可以提出，与低孤独感个体相比，高孤独感个体更加偏好拟人化事物。

归属感需要理论指出个体一旦感到自己的归属需要未被满足，他们将通过各种手段来使得自己的归属感重新获得满足(Loveland et al.，2010)。根据该理论，高孤独感个体相较于低孤独感个体更加渴望社会关系，因而更加关注能够带来建立社会联系、满足归属感需要的信息。社会规范标识中拟人化的礼貌和亲切信息唤起了人们对社会联系的关注，缓解了他们的孤独感，使他们更容易将标识中的非人类事物视为朋友。在朋友面前，高孤独感个体更易敞开心扉，放下抗拒心理，听从朋友的建议行事。

高孤独感个体更易和非人类的对象（如宠物、产品、自然物等）建立一种类人的联系，来弥补他们匮乏的社交联系（Epley et al，2008）。因此，当自然物被拟人化时，它就会成为社会联结的线索，激发高孤独感个体的社会性动机，从而表现出更多亲环境行为（Cwir et al.，2011）。对于低孤独感个体来说，他们不缺少社会联系，不具有渴望归属感的心理需求，因而他们不太关注能够传递社会联系的拟人化信息，所以社会规范标识是否拟人化可能对他们的行为反应无明显差异。例如，相较于“非买勿动”，“我怕脏，请别碰我”以朋友身份传达的委婉建议更可能有效地降低高孤独感个体的抗拒心理，礼貌地引导其不要触摸物品，而对低孤独感个体来说，以上两种标识对其的心理、行为的影响可能无显著差异。基于以上分析，提出如下假设：

H3：顾客孤独感水平能够调节社会规范标识拟人化与心理抗拒感之间的关系。具体来说，对于高孤独感顾客而言，相对于无拟人化，社会规范标识拟人化能显著降低心理抗拒感；对于低孤独感顾客而言，社会规范标识是否拟人化对心理抗拒感的影响无显著差异。

H4：顾客孤独感水平能够调节社会规范标识拟人化与顾客遵守规范行为意愿之间的关系。具体来说，对于高孤独感顾客而言，相对于无拟人化，社会规范标识拟人化能显著提高顾客遵守规范行为意愿；对于低孤独感顾客而言，社会规范标识是否拟人化对其行为意愿的影响无显著差异。

H5：心理抗拒感是有调节的中介。对高孤独感顾客而言，社会规范标识拟人化（vs. 无拟人化）更能通过降低心理抗拒感，继而提高遵守规范行为意愿；对低孤独感顾客而言，社会规范标识是否拟人化对心理抗拒感的影响无显著差异，继而行为意愿也无显著差异。

综上所述，本研究的理论模型如图 1 所示。

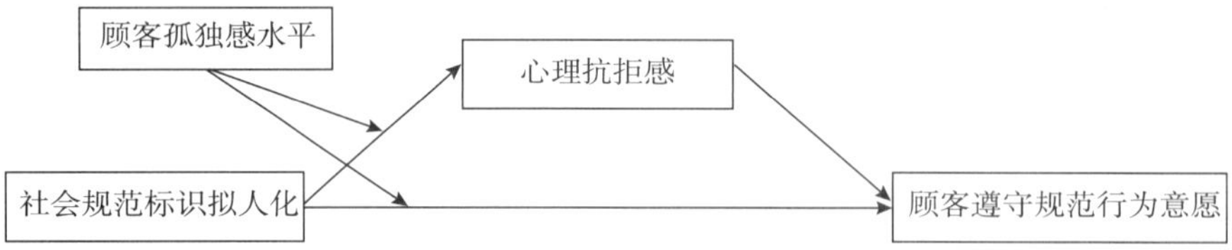

图 1　理论模型

3. 实验 1：社会规范标识拟人化对顾客遵守规范行为意愿的影响机制

实验 1 旨在检验社会规范标识拟人化对顾客遵守规范行为意愿的直接影响效应以及心理抗拒感的中介机制，即检验假设 H1 和假设 H2。

3.1 预实验1

为保证实验材料操控的有效性，通过预实验检验被试对社会规范标识拟人化的整体感知。招募了39名在校大学生(其中男性46%，年龄主要分布在20~30岁)参与单因素(社会规范标识拟人化：有vs. 无)组间设计，实验组19人，控制组20人。

实验以旅游情境下最为常见的“践踏草坪”标识牌作为实验刺激材料，拟人化设计借鉴了Toure-Tlllery和McGill等(2015)的方法。实验组和控制组仅在拟人化设计的关键点存在差异，拟人化组中，文字表述采用第一人称；控制组中，文字表述采用第三人称。另外，为了避免颜色对被试态度产生影响，对图片进行了灰度处理(见图2)。

图2　实验1社会规范标识拟人化设计

被试阅读完情境后对社会规范标识拟人化程度进行评价，包括3个题项，如“似乎是有生命的”“似乎是有意图的”“感觉起来像个人”(Kim & Mcgill，2011)(1=“非常不同意”，7=“非常同意”)。最后，对人口统计数据进行了测量。独立样本T检验结果显示，“小草在睡觉　请您勿打扰”的拟人化程度得分显著高于“请勿践踏草坪”的得分($M_{有}=4.649$，$M_{无}=3.350$，$t=2.958$，$p<0.05$)。说明社会规范标识拟人化操纵效果显著。

3.2 正式实验

3.2.1 实验设计

采用单因素组间设计，90名(每组45人)在校大学生参与了该实验。每名被试都收到一份问卷手册。手册内容首先是情境介绍，如“进入某公园等休闲场所，看到草坪旁边出现的以下标识，您会______”，接下来请被试通过Likert7级量表描述自己对社会规范标识拟人化程度、心理抗拒感及行为意愿的评价(1=“非常不同意”，7=“非常同意”)。其中社会规范标识拟人化程度量表同预实验1(Cronbach's $\alpha=0.779$)；心理抗拒感量表改编自Hong和Faedda等(1996)，共包含3个题项

（Cronbach's $\alpha=0.969$，如“该标识以这样的表达方式告诫您不要踩踏小草时，您会不开心”）；遵守规范行为意愿量表改编自 Rosenbaum 和 Massiah（2007）、Cleveland 等（2005），共包含 3 个题项（Cronbach's $\alpha=0.910$，如“该标识牌以这种方式表达时，我愿意遵守该标识牌上倡导的行为”）。最后完成人口统计特征的调查。为了鼓励被试认真填写，在问卷发放之前，给予每位被试一份小礼品作为报酬。

3.2.2 实验结果

剔除无效问卷，最终获得 79 份有效数据，男性占比 48.1%，且 92.6%的被试年龄为 25 岁及以下。实验组 40 人，控制组 39 人。

首先，使用独立样本 T 检验验证社会规范标识拟人化操纵的有效性。结果显示，“小草在睡觉请您勿打扰”的拟人化程度得分显著高于“请勿践踏草坪”的得分（$M_{有}=5.025$，$M_{无}=3.393$，$t=6.632$，$p<0.001$），再次表明旅游情境下社会规范标识拟人化操纵效果显著。

其次，使用独立样本 T 检验分析社会规范标识拟人化对顾客遵守规范行为意愿的直接影响效应。结果显示，在 0.001 的显著性水平下，社会规范标识拟人化对顾客遵守规范行为意愿的直接效应显著（$M_{有}=6.292$，$M_{无}=4.547$，$t=6.716$，$p<0.001$），支持假设 H1。

最后，将自变量、中介变量及因变量标准化后，使用 Process 的模型 4 检验心理抗拒感的中介效应。在控制人口统计变量性别、年龄和学历后，社会规范标识拟人化通过心理抗拒感影响遵守规范行为意愿的中介效应值为 0.270，区间（BootLLCI=0.062，BootULCI=0.528）在 95%置信水平上未包含 0，Sobel 检验的 Z 值为 2.249（$p<0.05$），心理抗拒感起中介效应。假设 H2 再次得到验证。具体见表 1。

表 1　**心理抗拒感的中介效应**

效应类型	效应值	Boot 标准误	BootCI 下限	BootCI 上限
总效应	0.625	0.093	0.440	0.809
直接效应	0.354	0.131	0.094	0.615
中介效应	0.270	0.117	0.062	0.528

4. 实验 2：顾客孤独感水平的调节效应

实验 2 重点考察顾客孤独感水平在社会规范标识拟人化与心理抗拒感以及顾客遵守规范行为意愿之间的调节效应，即检验假设 H3 和 H4。同时重新设计实验情境，再次验证主效应和中介效应。

4.1 预实验 2

为了增强实验的外部效度，实验 2 选择了零售情境下“请勿品尝”樱桃标识牌为实验材料，标识拟人化设计同预实验 1(见图 3)。

图 3　实验 2 标识拟人化设计

招募 39 名在校大学生(其中男性 56.4%，年龄主要分布在 20~30 岁)参与单因素(社会规范标识拟人化：有 vs. 无)组间设计，实验组 19 人，控制组 20 人。被试阅读完情境后对标识拟人化程度进行评价。独立样本 T 检验结果显示，“别碰我 疼”的拟人化程度得分显著高于“请勿品尝”的得分($M_{有}=5.017$，$M_{无}=2.183$，$t=12.534$，$p<0.001$)。说明标识拟人化操纵效果显著。

4.2 正式实验

4.2.1　实验设计

采用 2(社会规范标识拟人化：有 vs. 无)×2(顾客孤独感水平：高 vs. 低)的双因素组间设计(每组约 35 人)。共有 160 名在校学生参与实验。首先，参照 Cacioppo 等(2006)的研究确定不同孤独感水平的被试并进行分组。请被试填答 3 个题项的孤独感量表(Peters，2014)，来自修正版的 UCLA 孤独感量表(Russell et al.，1980)，分别是“您是一个容易与人交往的人”“需要时，您能找到人陪伴”“您不缺乏友谊”(Cronbach's $\alpha=0.762$)。UCLA 孤独感量表总共 20 个题项，具有非常好的信度和效度，即使是 3 个题项的简短版本也能够达到规定的信度和效度要求(Cacioppo & Patrick，2008)。邀请被试采用 5 分量表来评估日常生活中感受到的孤独感频率(1=从来没有，2=很少，3=有时，4=频繁，5=经常)，分值越低表示孤独感越强烈。剔除未答无效问卷后，最终选择了 151 名(男生占 51%)被试并按照均值 3.918 划分为高孤独感水平组(73 位)和低孤独感水平组(78 位)，并分别给每组呈现预实验 2 的实验情境材料，之后回答了对社会规范标识拟人化程度(Cronbach's $\alpha=0.781$)、心理抗拒感(Cronbach's $\alpha=0.849$)及行为意愿(Cronbach's $\alpha=0.920$)的评价。最后完成人口统计特征的调查。为了鼓励被试认真填写，在问卷发放之前，同样给予每位被试一份小礼品作为报酬。

4.2.2 实验结果

首先，使用独立样本 T 检验验证社会规范标识拟人化操纵的有效性。结果显示，“别碰我 疼”的拟人化程度得分显著高于“请勿品尝”的得分($M_{有}=4.386$，$M_{无}=2.921$，$t=6.632$，$p<0.001$)，再次表明零售情境下社会规范标识拟人化操纵效果显著。

其次，使用独立样本 T 检验分析社会规范标识拟人化对顾客遵守规范行为意愿的直接影响效应。结果显示，在 0.05 的显著性水平下，社会规范标识拟人化对顾客遵守规范行为意愿的直接效应显著($M_{有}=5.058$，$M_{无}=4.377$，$t=2.508$，$p<0.05$)，再次支持假设 H1。

再次，将自变量、中介变量及因变量标准化后，使用 Process 的模型 4 检验心理抗拒感的中介效应。在控制人口统计变量性别、年龄和学历后，社会规范标识拟人化通过心理抗拒感影响遵守规范行为意愿的中介效应值为 0.042，区间(BootLLCI = 0.005，BootULCI = 0.111)在 95%置信水平上未包含 0，Sobel 检验的 Z 值为 1.626($p<0.05$)，心理抗拒感起中介效应。假设 H2 再次得到验证。具体见表 2。

表 2　**心理抗拒感的中介效应**

效应类型	效应值	Boot 标准误	BootCI 下限	BootCI 上限
总效应	0.206	0.081	0.045	0.366
直接效应	0.164	0.081	0.003	0.325
中介效应	0.042	0.026	0.005	0.111

最后，对标准化的数据使用 SPSS 的 Process 插件检验顾客孤独感水平的调节作用。自变量为社会规范标识拟人化，因变量分别为心理抗拒感和顾客遵守规范行为意愿，调节变量为顾客孤独感水平，控制变量为人口统计变量。调节效应分析结果如表 3 所示。

表 3　**顾客孤独感水平调节效应分析结果**

因变量	调节变量	交互作用下影响效应		不同条件下的直接效应			
		F	p	效应	p	Boot 下限	Boot 上限
心理抗拒感	高孤独感组	4.171	0.043	0.082	0.003	0.014	0.185
	低孤独感组			0.006	0.823	−0.052	0.068
顾客遵守规范行为意愿	高孤独感组	3.962	0.048	0.301	0.012	0.066	0.535
	低孤独感组			0.428	0.695	−0.172	0.258

从表 3 可以看出：(1)顾客孤独感水平在社会规范标识拟人化和心理抗拒感之间的调节作用显著($p<0.05$)。对于高孤独感顾客而言，相对于无拟人化，社会规范标识拟人化能显著降低心理抗拒感($p<0.01$)；对于低孤独感顾客而言，社会规范标识是否拟人化对心理抗拒感的影响无显著差异($p>0.05$)，结果有效支持假设 H3。(2)顾客孤独感水平在社会规范标识拟人化和顾客遵守规范行为意愿之间的调节作用显著($p<0.05$)。对于高孤独感顾客而言，社会规范标识拟人化能更有效地引导顾客遵守规范行为($p<0.05$)；对于低孤独感顾客而言，社会规范标识是否拟人化对其行为意愿的影响无显著差异($p>0.05$)，结果有效支持假设 H4。调节效应分别见图 4 和图 5。接下来采用 Bootstrapping (Process model 8)检验有调节的中介。结果如表 4 显示，心理抗拒感的中介效应置信区间(BootLLCI = -0.385，ULCI = -0.037)不包含 0，效应值为-0.211，说明心理抗拒感的中介效应显著；控制中介变量后，主效应也显著(BootLLCI = 0.004，ULCI = 0.330，$t = 2.035$，$p<0.05$)，且置信区间不包含 0。说明对高孤独感顾客而言，社会规范标识拟人化(vs. 无拟人化)更能通过降低心理抗拒感，继而提升其遵守规范行为意愿；对低孤独感顾客而言，社会规范标识是否拟人化对心理抗拒感的影响无显著差异，继而行为意愿也无显著差异。结果有效支持假设 H5。

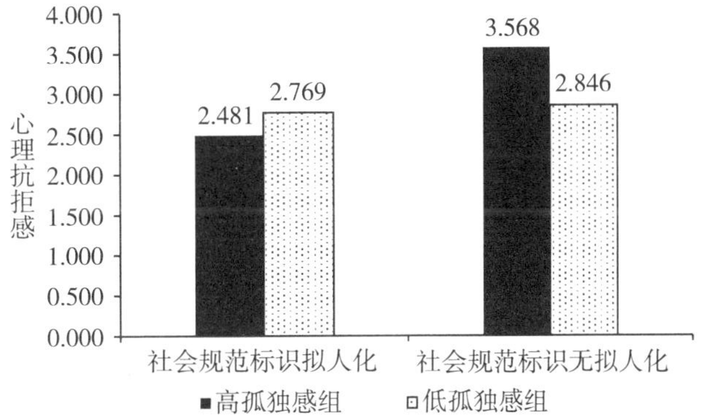

图 4　顾客孤独感水平在社会规范标识拟人化与心理抗拒感之间的调节效应

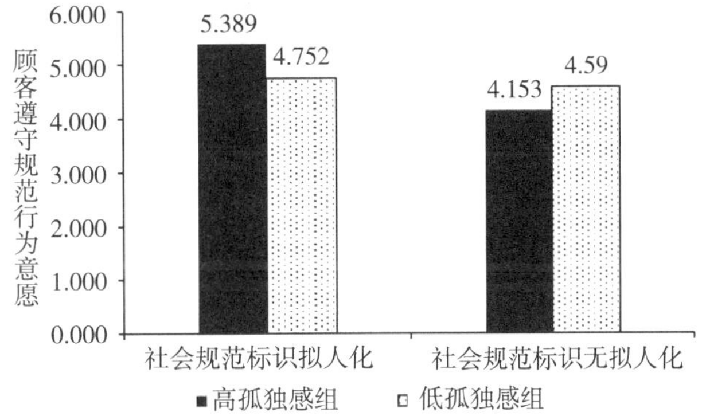

图 5　顾客孤独感水平在社会规范标识拟人化与顾客遵守规范行为意愿之间的调节效应

表 4 心理抗拒感在调节变量下的中介效应

效应类型	效应大小	标准误 SE	t 值	p 值	Boot 下限	Boot 上限
直接效应	0.167	0.082	2.035	0.043	0.004	0.330
中介效应	−0.211	0.087	−2.403	0.017	−0.385	−0.037

5. 结论与启示

5.1 研究结论

本研究基于心理抗拒理论，通过两个情境实验探讨了社会规范标识拟人化对顾客遵守规范行为意愿的影响机制及边界条件，发现社会规范标识拟人化(vs. 无拟人化)能更有效地引导顾客遵守规范行为，心理抗拒感在其中发挥了中介效应，顾客孤独感水平对该效应起到调节作用。对高孤独感的顾客而言，社会规范标识拟人化(vs. 无拟人化)更能通过降低心理抗拒感，继而有效地引导其遵守规范行为；对低孤独感的顾客而言，社会规范标识是否拟人化对心理抗拒感的影响无显著差异，继而行为意愿也无显著差异。研究提出了社会规范标识拟人化的概念，揭示了社会规范标识拟人化对顾客遵守规范行为意愿影响的心理机制及边界条件，丰富了社会规范标识和拟人化的相关研究，为服务组织的社会规范标识设计提供理论参考与建议。

5.2 理论贡献

首先，提出了社会规范标识拟人化的概念，并揭示社会规范标识拟人化与顾客遵守规范行为意愿的关系。已有的社会规范标识研究大多只关注了标识不同的颜色、内容、语气以及语言风格等单一因素或两个因素交互对顾客行为的影响(Cialdini et al., 2006；Leoniak & Cwalina, 2019；Grinstein & Krontod, 2016；刘汝萍等，2010；张梦等，2016)，忽略了第一人称以及标识中物体与消费者之间关系等拟人化内容。营销领域有关拟人化的现有研究更多关注了产品或品牌拟人化，不曾涉及社会规范标识拟人化的问题。本研究基于越来越多的服务场景中社会规范标识采用拟人化表达方式的实践，整合社会规范标识和拟人化两方面研究，提出了社会规范标识拟人化的概念并实证检验其对顾客遵守规范行为的引导效果，不仅丰富了社会规范标识的研究，而且进一步拓展了拟人化的研究领域。

其次，本研究从心理抗拒感视角揭示社会规范标识拟人化对顾客遵守规范行为意愿的影响机制。以往研究探讨了拟人化如何促进和强化购买、采纳等积极的交易行为(Aggarwal & McGill, 2007；陈增祥和杨光玉，2017；曾伏娥等，2018；刘欣等，2021；计纬等，2023)，但本研究关注标识拟人化如何提醒个体不采取某个消极行为，从本质上来说是为了限制个体的不当行为，比如乱扔垃圾、践踏草坪。研究揭示了心理抗拒感在社会规范标识拟人化对消费者消极行为劝说有效性中的心理机制。

最后，研究从归属感理论出发分析了消费者孤独感水平对于社会规范标识拟人化与顾客遵守规范行为意愿关系的调节机制。结果表明，社会规范标识拟人化对高孤独感顾客的心理和行为有更好的影响效果。以往研究更多关注孤独感的影响因素和结果，例如，消费者的依附动机、决策方式对孤独感个体行为的影响(陈瑞和郑毓煌，2015)。有研究揭示了孤独感程度与消费行为之间的关系，例如，相比社会性孤独感，情感性孤独感会使消费者体验更强烈的孤独感，导致其更偏好不健康食物(Saine & Zhao，2021)。有研究指出，相比低孤独感个体，高孤独感个体会更少地偏好人际接触类的社交型活动(Saporta et al.，2021)。本研究发现对于不同水平孤独感的顾客而言，社会规范标识拟人化对心理抗拒感和遵守社会规范行为的影响存在差异。研究结果揭示了孤独感的调节效应，在一定程度上丰富了营销、消费者行为领域对孤独感的研究。

5.3 营销启示

(1)服务企业在零售卖场、超市、商场、公园、景区等服务场所应尽可能使用拟人化类型的社会规范标识。研究结果表明，拟人化类型的社会规范标识能有效地引导顾客自觉遵守社会规范。拟人化标识设计是企业便捷且低成本操控的营销方式，温馨提示语不仅能引导顾客自觉地遵守行为规范，减少不必要的损失，还能展现服务组织的人文关怀，提高消费者的文明程度。

(2)针对高孤独感群体张贴拟人化的社会规范标识。研究结果表明，对高孤独感的顾客而言，社会规范标识拟人化更能通过降低心理抗拒感，继而有效地引导其遵守规范行为。孤独感已成为一种日益普遍的社会现象，如独自在外打拼的单身人、远离儿女独自生活的老年人、身处异乡的留学生或移民等都可能感到孤独，企业可以在社区、公园和楼道以及商场超市的标识牌上采用拟人化手法，满足他们的情感需求，引导他们遵守社会规范。

5.4 局限性和未来研究展望

本研究存在一些不足，同时也为未来研究指明了方向：第一，本研究仅进行了实验室研究，并未通过田野研究进一步验证效应的稳健性，未来可进一步检验。第二，仅考虑了心理抗拒感在社会规范标识拟人化与顾客遵守规范行为意愿之间的中介作用，没有排除幽默感、温暖感、注意力等替代性解释，未来应进一步挖掘替代性解释变量并加以实证检验。第三，仅初步探索了标识文字拟人化(有和无)及其效果，未来可进一步探究拟人化程度的高低、不同形式的标识拟人化的效果及其机制，以更好指导服务场景中拟人化标识的应用。

◎ 参考文献

[1]陈增祥，杨光玉．哪种品牌拟人化形象更受偏爱——归属需要的调节效应及边界[J]. 南开管理评论，2017，20(3).

[2]陈瑞，郑毓煌．孤独感对不确定消费偏好的影响：新产品、产品包装和概率促销中的表现[J]. 心理学报，2015，47(8).

[3]计纬，戚海峰，费鸿萍．智能助手对消费者的推荐说服机制研究——基于社会角色视角[J/OL]. 南开管理评论，https://kns.cnki.net/kcmsz/detail/12.1288.F.20230626.1457.006.html.

[4]李妍，黄苏萍，李东进．被迫好评情景下消费者后续行为意愿研究[J]. 管理科学，2017，30(5).

[5]刘笛，王海忠．基于人性本真性的拟人化广告的负面情绪与态度——愧疚感的中介作用[J]. 心理学报，2017，49(1).

[6]刘汝萍，马钦海，范广伟．社会规范标识与顾客社会规范行为意图和服务满意[J]. 管理科学，2010，23(3).

[7]刘欣，谢礼珊，黎冬梅．旅游服务机器人拟人化对顾客价值共创意愿影响研究[J]. 旅游学刊，2021，36(6).

[8]汪涛，谢志鹏．拟人化营销研究综述[J]. 外国经济与管理，2014，36(6).

[9]汪涛，谢志鹏，崔楠．和品牌聊聊天——拟人化沟通对消费者品牌态度影响[J]. 心理学报，2014，46(7).

[10]谢志鹏，汪涛．产品也会皱眉头？产品的“侵略性表情”对消费者的影响[J]. 心理学报，2017，49(5).

[11]张梦，潘莉，Gursoy，D. 景区规范类标识牌劝说效果研究——基于语言风格与颜色效价的匹配影响[J]. 旅游学刊，2016，31(3).

[12]曾伏娥，邹周，陶然．个性化营销一定会引发隐私担忧吗：基于拟人化沟通的视角[J]. 南开管理评论，2018，21(5).

[13]Aggarwal，P.，McGill，A. L. Is that car smiling at me? Schema congruity as a basis for evaluating anthropomorphized products[J]. Journal of Consumer Research，2007，34(4).

[14]Alexander，S. Review of *The gameful world*：*Approaches*，*issues*，*applications*[J]. Ergonomics，2016，59(2).

[15]Baumester，R. F.，Leary，M. R. The need to belong：Desire for interpersonal attachments as a fundamental human motivation[J]. Psychological Bulletin，1995，117(3).

[16]Baumeister，R. F.，Robson，D. A. Belongingness and the modern schoolchild：On loneliness，socioemotional health，self-esteem，evolutionary mismatch，online sociality，and the numbness of rejection[J]. Australian Journal of Psychology，2021，73(1).

[17]Brehm，S. S.，Brehm，J. W. Psychological reactance：A theory of freedom and control[M]. Nurs Stand，1981.

[18]Cacioppo，J. T.，Hawkley，L. C.，Ernst，J. M.，et al. Loneliness within a nomological net：An evolutionary perspective[J]. Journal of Research in Personality，2006，40(6).

[19]Cacioppo，J. T.，Patrick，W. Loneliness：Human nature and the need for social vonnection[M]. WW Norton & Company，2008.

[20]Cialdini，R. B.，Demaine，L. J.，Sagarin，J.，et al. Managing social norms for persuasive impact

[J]. Social Influence, 2006, 1(1).

[21]Clee, M. A., Wicklund, R. A. Consumer behavior and psychological reactance [J]. Journal of Consumer Research, 1980, 6(4).

[22]Cleveland, M., Kalammas, M., Laroche, M. Shades of green: Linking environmental locus of control and pro-environmental behaviors[J]. Journal of Consumer Marketing, 2005, 22(4).

[23]Crolic, C., Thomaz, F., Hadi, R., et al. Blame the bot: Anthropomorphism and anger in customer-chatbot interactions[J]. Journal of Marketing, 2022, 86(1).

[24]Cwir, D., Carr, P. B., Walton, G. M., et al. Your heart makes my heart move: Cues of social connectedness cause shared emotions and physiological states among strangers [J]. Journal of Experimental Social Psychology, 2011, 47(3).

[25]Epley, N., Waytz, A., Cacioppo, J. T. On seeing human: A three-factor theory of anthropomorphism [J]. Psychological Review, 2007, 114(4).

[26]Epley, N., Waytz, A., Akalis, S., et al. When we need a human: Motivational determinants of anthropomorphism[J]. Social Cognition, 2008, 26(2).

[27]Gardner, W. L., Pickett, C. L., Jefferis, V., et al. On the outside looking in: Loneliness and social monitoring[J]. Personality and Social Psychology Bulletin, 2005, 31(11).

[28]Grinstein, A., Krontod, A. Does sparing the rod spoil the child? How praising, scolding, and an assertive tone can encourage desired behaviors[J]. Journal of Marketing Research, 2016, 53(3).

[29]Hawkley, L. C., Cacioppo, A. J. T. Loneliness matters: A theoretical and empirical review of consequences and mechanisms[J]. Annals of Behavioral Medicine, 2010, 40(2).

[30]Hong, S. M., Faedda, S. Refinement of the hong psychological reactance scale[J]. Educational & Psychological Measurement, 1996, 56(56).

[31]Kim, S., McGill, A. Gaming with Mr. Slot or gaming the slot machine? Power, anthropomorphism, and risk perception[J]. Journal of Consumer Research, 2011, 38(1).

[32]Leoniak, K. J., Cwalina, W. The role of normative prompts and norm support cues in promoting light-switching behavior: A field study[J]. Journal of Environmental Psychology, 2019, 64(8).

[33]Li, S., Zhang, H., Wang, X., et al. Be close or stay away: The interactive effect of loneliness and information frameworks on consumer's anthropomorphic product preference[J]. Journal of Contemporary Marketing Science, 2020, 3(1).

[34]Loveland, K. E., Smeesters, D., Mandel, N. Still preoccupied with 1995: The need to belong and preference for nostalgic products[J]. Journal of Consumer Research, 2010, 37(3).

[35]Low, G. S., Mohr, J. J. Factors affecting the use of information in the evaluation of marketing communications productivity[J]. Journal of the Academy of Marketing Science, 2001, 29(1).

[36]Ma, Q. H., Liu, R. P., Liu, Z. Customer social norm attribute of services: Why does it matter and how do we deal with it? [J]. International Journal of Services Technology and Management, 2009, 12(2).

[37] Peters, R. Bidirectional dynamics of materialism and loneliness: Not just a vicious cycle[J]. Journal of Consumer Research, 2014, 40(4).

[38] Ricoeur, P. The question of proof in freud's psychoanalytic writings[J]. Journal of the American Psychoanalytic Association, 1997, 25(4).

[39] Rosenbaum, M. S., Massiah, C. A. When customers receive support from other customers: Exploring the influence of intercustomer social support on customer voluntary performance[J]. Journal of Service Research, 2007, 9(3).

[40] Russell, D., Peplau, L. A., Cutrona, C. E. The revised UCLA loneliness scale: Concurrent and discriminant validity evidence[J]. Journal of Personality and Social Psychology, 1980, 39(3).

[41] Saine, R., Zhao, M. The asymmetrical effects of emotional loneliness vs. social loneliness on consumers' food preferences[J]. Food Quality and Preference, 2021, 87(1).

[42] Saporta, N., Peled-Avron, L., Scheele, D., et al. Touched by loneliness—how loneliness impacts the response to observed human touch: A tdcs study[J]. Social Cognitive and Affective Neuroscience, 2021, 17(1).

[43] Toure-Tlllery, M., McGill, A. L. Who or what to believe: Trust and the differential persuasiveness of human and anthropomorphized messengers[J]. Journal of Marketing, 2015, 79(4).

[44] Tybout, A. M., Calder, B. J., Sternthal, B. Using information processing theory to design marketing strategies[J]. Journal of Marketing Research, 1981, 18(1).

[45] Van, E., Patrick., et al. Preference for partner or servant brand roles depends on consumers' power distance belief[J]. Journal of Business Research, 2023, 113896.

[46] Wang, J., Zhu, R., Shiv, B. The lonely consumer: Loner or conformer? [J]. Journal of Consumer Research, 2012, 38(6).

[47] Wendlandt, M., Schrader, U. Consumer reactance against loyalty programs[J]. Journal of Consumer Marketing, 2007, 24(5).

[48] Zhou, X., Kim, S., Wang, L. Money helps when money feels: Money anthropomorphism increases charitable giving[J]. Journal of Consumer Research, 2019, 45(5).

The Impact of Anthropomorphism of Social Norm Signs on Customers' Compliance Behavior in Service Scenarios

Liu Ruping[1] Zheng Shuang[2] Cao Zhongpeng[1] Ma Qinhai[1]

(1 School of Business Administration, Northeastern University, Shenyang, 110169;

2 Economics and Management School, Wuhan University, Wuhan, 430000)

Abstract: Based on the theory of psychological resistance, this paper explores the influence of anthropomorphism of social norm signs on customer compliance behavior in service scenarios, as well as the mediating effect of psychological resistance and the moderating effect of customers with different levels of loneliness. The study adopts the situational simulation experiment method to verify assumptions, finding that the anthropomorphism of social norm signs can more effectively guide customers to comply with normative behaviors than no anthropomorphism, psychological resistance plays a mediating role in this effect, and the level of customer loneliness plays a moderating role. The research proposes the concept of anthropomorphism of social norm signs, reveals the psychological mechanism and boundary conditions of the influence of personification of social norm signs on customers' compliance with norms, enriches the related research on social norm signs and anthropomorphism, and provides design suggestions of social norm signs for service organizations.

Key words: Anthropomorphism of social norm signs; Psychological resistance; Loneliness; Comply with normative behaviors

专业主编：寿志钢

怀旧对消费者创造体验型消费的影响研究*

● 郑　军[1]　苏曼玉[2]
（1　延边大学经济管理学院　延吉　133000；2　首都经济贸易大学工商管理学院　北京　100070）

【摘　要】怀旧的自我导向功能会促发个体寻求探索成长的内在动机，表现出对新奇、挑战、探索和学习的寻求取向，增加经验开放性，促使个体更偏好创造体验型消费。本文通过不同怀旧操纵方式和创造体验型消费测量方法探讨了怀旧对创造体验型消费的影响及其内在机制与边界条件：实验一、二检验怀旧和创造体验型消费意愿的因果关系，证明怀旧会系统地增加个体全部类型的创造体验型消费意愿（H1）；实验三、四进一步揭示上述效应的内在机制，即经验开放性的中介作用，并排除积极情绪、能力需求等作为替代性解释的可能性（H2）；实验五证明了调节定向的调节作用，发现促进定向特质的个体探索、学习和成长的意愿更高，经历怀旧后会提升经验开放性，从而提高创造体验型消费意愿（H3）；实验六证明了认知需求的调节作用，发现高认知需求个体在经验开放性提升的前提下探索思考动机更强，更偏好创造体验型消费（H4）。本文不仅有助于拓展有关怀旧、创造体验型消费、经验开放性、调节定向和认知需求的研究，而且能为相关组织提供有效的管理启示。

【关键词】怀旧　创造体验型消费　经验开放性　调节定向　认知需求
中图分类号：C934　　文献标识码：A

1. 引言

从“你好，旧时光”到“死去的记忆开始攻击我”，社会变革和信息爆炸的当下，快节奏的生活让我们愈发喜欢在怀旧中寻找情感栖息地。怀旧是人类特有的情感认知状态，且这种状态跨越了文化和年龄等限制，普遍存在于人类社会（Hwang & Hyun，2013）。怀旧在渗透进人们日常生活的同时也对如今的商业社会产生深刻影响，几乎所有行业都有过运用怀旧元素进行营销的案例：2019年气味图书馆与童年零食大白兔奶糖跨界联名推出“来点孩子气”系列香氛产品，开售十分钟便售出14000

* 基金项目：国家自然科学基金地区基金项目“虚位情境线索的消费者购买决策行为研究：基于虚位诱导效应启动策略模型”（项目批准号：71862033）。
通讯作者：苏曼玉，E-mail：1978859467@qq.com。

多件，限量礼包 3 秒内售罄，产品当月销量更是排名香水行业第一①。克劳锐指数研究院发布的《2022 年年轻人生活消费观察之食品饮料篇》数据显示：94.7%的年轻消费者因为怀旧而去购买小时候的零食饮料②。乐高自 2007 年起开始推出街景系列套装积木，该系列以复古怀旧风格的欧洲建筑为代表，问世以来经久不衰，至今已推出 19 款套装，其中 2018 年推出的美式怀旧餐厅套装更是在当年“最受欢迎乐高套装”的评选中获得第四名的佳绩。这也引发我们的思考：个体怀旧除表现出对怀旧产品的偏好外，是否还会蔓延到怀旧元素以外的消费类别？是否创造体验型消费便是其中一种可能性？创造体验型消费是“消费者积极主动创造结果的各种活动”，自制产品、半成品组装等都属于创造体验型消费，此类产业已成为过去十年中发展最快的产业之一，而如何增强消费者创造体验型消费意愿成为广大学者研究的热点。

以往研究考察了诸如敬畏感、初老感以及社会比较等前置因素对创造体验型消费的驱动作用(Rudd et al.，2018；Sun et al.，2022；潘定等，2022)。本文从怀旧的自我导向功能视角，基于自我决定理论，怀旧会促发个体心理成长的内在动机，提升求知和探索的兴趣并影响消费决策(Baldwin & Landau，2014)，构建了怀旧通过经验开放性正向影响创造体验型消费的中介机制，并将调节定向和认知需求两个个体特质差异引入研究框架，进一步确定了研究效应发挥作用的边界条件。本文旨在丰富怀旧、经验开放性、调节定向、认知需求和创造体验型消费的相关研究，同时为企业层面管理者加强产品与消费者之间的联结，促进营销活动开展提出切实可行的建议。

2. 文献综述

2.1 怀旧(nostalgia)

牛津词典将怀旧定义为“对过去某个时期的感伤憧憬或思念之情”。Slavich 等(2019)认为它是通过对与过去有关事物的反思而产生的一种复杂的情感认知状态。怀旧的触发因素呈现多元化，除孤独、痛苦等负面感受外，Hwang 和 Hyun(2013)将人为诱发怀旧因素细分为三大方面：(1)难忘事件(memorable event)，如个体回忆起周年纪念日、假日聚会和其他令人难以忘怀的事件；(2)感官输入(sensory input)，指个体通过视觉、听觉、嗅觉、触觉和味觉五种感官输入心理刺激；(3)社交方面(social aspect)，如个体想起以前的朋友或对他有影响的人。作为个体促进心理健康的重要应对方式，目前的研究已经证实怀旧主要有三大功能，分别为自我导向功能(self-oriented function)、存在意义功能(existential function)和社会交往功能(sociality function)(Sedikides et al.，2015)。

已有研究往往基于怀旧的三个前因变量来探讨其对各种消费者决策的影响：基于社会交往功能，怀旧消费者提高社会支持的感知，增加承担采用新产品可能得到不利后果的勇气，进而增强新产品购买意愿(Zhou et al.，2021)；基于存在意义功能，怀旧会增强消费者意义感知，促发意义寻求并增

① 中国青年网．和 60 岁的大白兔奶糖出香水？[EB/OL]．http：//finance.youth.cn/finance_cyxfgsxw/201906/t20190610_11978222.htm.

② 克劳锐指数研究院．2022 年年轻人生活消费观察之食品饮料篇[EB/OL]．https：//www.cmovip.com/detail/22386.html.

加环保回收行为(Zhang et al., 2021)。本文基于怀旧的自我导向功能探讨怀旧对个体消费决策的影响及其内在机制。

2.2 创造体验型消费(experiential creation consumption)

手作消费、DIY 消费、自制产品(自我设计、自我创造、自我生产)、半成品组装等都属于创造体验型消费的范畴(Zheng et al., 2016)。Dahl 和 Moreau(2007)将创造体验型消费广义地定义为“消费者积极主动创造结果的各种活动”。“积极主动”是指消费者不只付出金钱，还付出时间、精力等才能最终获得想要的产品(Troye & Supphellen, 2012);“创造结果”是指消费者以商业产品为原料或工具，通过劳动获取自己想要结果的过程，该过程以获取心理体验为目的(Campbell, 2005; 潘定等, 2022)，这一定义使得创造体验型消费具有连续性，其中既包括低过程—低目标确定型(如原创设计定制)，也包括低过程—高目标确定型(复刻产品)和高过程—低目标确定型(如手账拼贴)，还包括高过程—高目标确定型(如乐高拼装)。Rudd 等(2018)将其内涵进一步明确，指出创造体验型消费由两部分组成:(1)创造性：消费者需要与产品直接发生物理接触，如构思一块巧克力不属于创造体验型活动，而手工制作一块巧克力属于;(2)体验性：消费者必须在体验制造过程中扮演直接、主动的角色(而非被动、间接的)，如冲泡一杯速溶咖啡不属于创造体验型活动，但自己用咖啡机、咖啡豆制作一杯咖啡属于。目前有关创造体验型消费前置因素和内在机制的研究较少，本文聚焦影响创造体验型消费意愿的前置因素及其内在机制的探讨。

2.3 经验开放性(openness to experience)

经验开放性作为五大人格之一，自提出以来许多学者从不同角度阐释其内涵及特征。DeYoung 等(2014)的研究将经验开放性定义为反映个体追求和探索新奇事物及观念的兴趣及能力。Christensen 等(2019)识别了经验开放性的 3 个高阶维度：开放智力(intellect)，指个体采用学习导向，渴望获取知识以满足好奇心；即时体验(experiencing)，指个体关注内在情感的变化，追求感知与经历的丰富；开阔思维(open-mindedness)，指个体敢于打破常规，以新颖的、非传统的方法行动。

人格状态理论(the state theory of personality)表明：尽管经验开放性等人格特质被认为是稳定的，但现有研究证实它们在整个生命过程中呈现出发展模式，会因受到生活事件、人为干预和记忆反射等影响而形成瞬时表征(Hotchin & West, 2020)。高经验开放性水平下个体具有开阔的心胸和开放的认知体系(McCrae, 1996)，通常情感反应比其他人更丰富深刻，对知识更感兴趣，倾向于探索周围环境，更偏好新奇性、多样性、高强度和复杂性的体验(Wainwright et al., 2008)。

3. 研究假设

3.1 怀旧、经验开放性与创造体验型消费

怀旧的自我导向功能会促使个体主动寻求成长(Baldwin & Landau, 2014)。自我导向功能是指怀

旧赋予个体“一种可爱的光彩”，并“以积极的态度看待自我”(Davis，1977)，促发其提取记忆中自身的积极特征并提高自尊和自我真实性，进而形成积极自我认知和对未来的乐观态度(Sedikides et al.，2015)，给予个体安全感和自信心。Baldwin 和 Landau(2014)证明积极的自我认知(自尊)和对未来的乐观态度(乐观主义)能促发个体产生自我拓展、好奇心和新体验寻求的心理成长内在动机。自我决定理论(self-determination theory)指出成长导向的内在动机指引个体为实现自我拓展而寻求新奇、挑战、探索和学习，如果不能满足此类追求甚至会引发不确定性和焦虑(Ryan & Deci，2000)。研究证明这是怀旧的社会交往和存在意义功能所不具备的价值。

这种对新奇、挑战、探索和学习的渴望被概念化命名为经验开放性。本文认为怀旧的自我导向功能会提升个体状态经验开放性，进而在消费决策时更加偏好创造体验型消费。具体来说，经验开放性描述了个体在抽象和感性层面对求知欲、新奇性、探索性的积极导向(DeYoung et al.，2014)，包括即时体验、开放智力和开阔思维三个高阶维度，怀旧的自我导向功能对这三个维度均有正向影响：(1)自我导向功能通过恢复自我积极感知，提升个体真实性感知，使得他们对不断变化的经历持开放态度，并将新经历同化到内在自我结构中(Baldwin et al.，2015；Ryan & Deci，2000)，这与“即时体验”正相关；(2)怀旧带来的自尊和乐观主义会增强个体灵感，激发认知开放性和求知欲，促使其积极学习新知识，这与“开放智力”正相关(Stephan et al.，2015)；(3)怀旧自我导向功能所发展出的乐观主义将培养个体对自己探索性活动可能成功的信心，使个体从谨慎克制过渡到探索挑战，促发接近动机并付诸实践，这与“开阔思维”正相关(Sedikides & Wildschut，2020)。

综上，怀旧会提高个体经验开放性，而当经验开放性提升时，人们更有可能被具有新奇、挑战、探索和学习特征的活动吸引(Wainwright et al.，2008)。创造体验型消费满足此类活动的要求：消费者参与创造体验型消费的过程是一个结合脑力与体力劳动，根据个人偏好与期望来构建、选择和更改产品的过程(Lei et al.，2021)，这个过程十分复杂，极具探索性和挑战性，结果也充满不确定性(de Carvalho，2013)，导致个体在参与创造体验型消费的过程中产生新奇感，这也是驱使消费者积极参与其中的基本原因之一(Sheth et al.，1991)。此外，创造体验型消费具有满足好奇心和求知欲的认知性价值，并且多项研究证实创造体验型消费可以满足学习知识的需要(Rudd et al.，2018；Sun et al.，2022)。综上，相较于传统消费，创造体验型消费所具有的价值和特征更符合高经验开放性个体的偏好，因此本文提出假设：

H1：怀旧会提高个体参与创造体验型消费的意愿。

H2：怀旧会提高个体经验开放性，经验开放性在怀旧对创造体验型消费的影响中起中介作用。

3.2 调节定向的调节作用

怀旧的自我导向功能促使个体表现出好奇求知、探索挑战的成长取向，进而提高经验开放性，并正向影响其创造体验型消费意愿，但是个体追求目标的动机取向和行为策略本身存在差异，故而经历怀旧时状态经验开放性的变化也会不同(Baldwin & Landau，2014)。

调节定向(regulatory focus)指为达到特定目标，不同个体表现出不同的行为方式或动机取向进行自我调节，分为促进定向(promote focus)与预防定向(prevent focus)(Higgins，1997)。调节匹配理论

(regulatory fit theory)是个体所具有的调节定向与事物前因或结果相匹配的理论，当二者相匹配时，个体就会产生正确感，并增加活动参与强度(Avnet & Higgins，2006)。促进定向关注实现成长，在实现目标时采用接近策略，以感性为基础进行决策，偏好新颖和探索性方案(Higgins et al.，1997)。因此，当经历怀旧时，个体促进定向会与怀旧自我导向功能所激发的成长导向、接近动机相匹配，表现出更强烈的探索挑战、渴望进步成长的倾向，继而提高经验开放性，并更偏好提供学习契机、探索新奇特征明显的活动(Werth & Foerster，2007)，故相较于传统消费，创造体验型消费更符合其偏好。而预防定向倾向于安全和保守，采用回避策略(Higgins et al.，1997)，偏好以理性为基础进行评价，与怀旧自我导向功能追求新奇、探索、挑战和学习的成长导向并不匹配，因而预防定向抑制个体探索学习不熟悉的事物，经验开放性也不太能产生变化，更偏好稳定熟悉的产品，而创造体验型消费过程充满不确定性和挑战性(Lei et al.，2021)，相较于企业生产的精美成品，得到的实际产出甚至有可能是粗陋的，并不符合预防定向个体的偏好(Zheng et al.，2016)。由此提出假设：

H3：调节定向正向调节经验开放性的中介作用。经历怀旧时，促进定向个体比预防定向个体经验开放性更高，更偏好创造体验型消费。

3.3 认知需求的调节作用

如果正如我们所预测的那样，怀旧提高了个体的经验开放性，导致其更有可能被具有新奇性、探索性和学习性特征的体验吸引，从而增强创造体验型消费意愿，那么本文侧重考察个体认知需求水平的调节作用，因为这种需求已经被证明与个体偏好知识、思考、探索有关(Cacioppo et al.，1996)。认知需求(Need for Cognition，NFC)是指个体愿意深入思考并为之付出努力的倾向，分为两个中心方面：(1)享受(enjoyment)指个体喜欢思考的稳定内在动机；(2)投入(engagement)指个体对认知思考任务付出的努力(Cacioppo et al.，1982)。基于动机目标理论，个体实现目标的动机取决于目标的价值性(desirability)或可达性(attainability)两个方面，目标至少需要满足其一(蒋京川和郭永玉，2003)。从可达性角度看，个体在面对认知思考任务时会考虑付出意愿和付出努力的程度，只有当意愿强烈且资源充足时，他们才会参与活动。低认知需求者具有更怠惰的认知动机，表现出消极的认知愉悦性和更低的认知清晰性需求，更愿意直接购买成品产品或服务，因为投入的认知努力更少，即使高经验开放性提供了思考探索的能力，他们也未必会改变创造体验型消费意愿(Lord & Putrevu，2006)。而高认知需求个体认为思考行为是一种令人愉快的活动，表现出积极的认知愉悦性和更高的认知清晰性需求，这被证明有助于增强创造体验型消费意愿(Rudd et al.，2018)，当经历高经验开放性状态，他们享受具有认知要求的活动过程并能够深入而快速地处理新想法和复杂信息，因而有意愿且有能力参与过程复杂、探索性强的创造体验型消费(Espejo et al.，2005)。故提出假设：

H4：认知需求对经验开放性的中介作用起正向调节作用。具体而言，经历怀旧时，相比低认知需求者，高认知需求者更倾向于创造体验型消费。

综上所述，本文研究框架如图 1 所示。

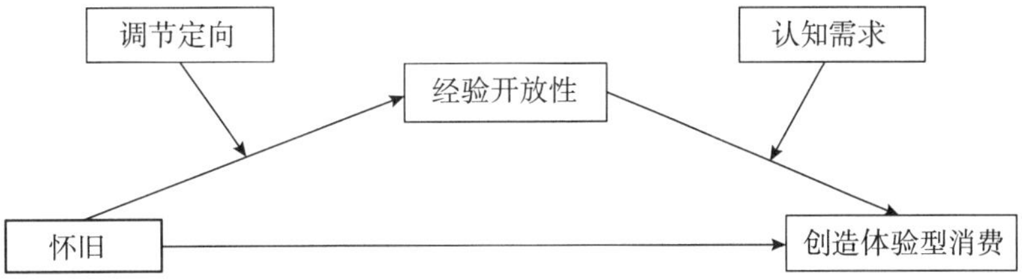

图 1　研究框架图

4. 假设检验

4.1　预实验

4.1.1　预实验一：音乐操纵怀旧

采用聆听音乐和阅读歌词的形式操纵怀旧(Routlcdge et al.，2011)，本文计划将两种音乐呈现形式结合在一起进行操纵，在这之前我们首先用前测检验此种怀旧操纵方式的可行性。

分两步进行：第一步，我们通过 CreDamo 平台招募 80 名被试(52.5%女性，$M_{年}=28.46$，SD＝8.91)，要求被试阅读怀旧定义后列出最能够唤起他们怀旧情绪的三首歌曲及其演唱者，最后填写人口统计学变量。统计后我们选出了 3 首报告人次占比最高的歌曲，分别是：罗大佑《童年》、陈慧娴《千千阙歌》、陈奕迅《十年》，这 3 首歌作为后续怀旧组实验材料；控制组实验材料我们选取了 3 首某短视频平台当月播放量最高歌曲，分别是《Body Shaming》《有你在》《一笑江湖》，将两份音乐材料的音频片段和滚动歌词分别剪辑成视频，时长均控制在 5 分钟之内。

第二步，实验采用单因素组间设计(怀旧 vs. 控制)，我们在北方某大学招募了 40 名被试(62%女性，$M_{年}=19.08$，SD＝0.267)，通过小程序随机分配不同的音乐材料，结束后被试填写两个 7 点量表检验题项：(1)“此时此刻，我有一种怀旧的情绪”；(2)“此时此刻，我感到特别怀旧”(陈瑞等，2017)(后续实验均采用这两个检验题项；$\alpha=0.94$)，以检验题项平均分为标准对怀旧操纵进行单因素方差分析，结果显示怀旧组与控制组被试怀旧倾向存在明显差异：$F(1,\ 38)=21.18$，$p<0.001$，$M_{怀}=6.18$，SD＝1.00 vs. $M_{控}=4.18$，SD＝1.66，证明此种怀旧操纵方式有效，该材料可用于正式实验。

4.1.2　预实验二：视觉输入操纵怀旧

本研究借鉴陈瑞等(2017)的怀旧操纵方式即观看童年事物的视觉输入方式，但因采用了新的视觉输入材料，故须前测检验其有效性。

实验采用单因素组间设计(怀旧 vs. 控制)，怀旧组被试观看的图片是 80 后、90 后童年流行的动漫和影视剧海报如《猫和老鼠》《还珠格格》等共八张；控制组被试观看的图片是近年流行的动漫和 2023 年新上映影视剧海报如《咒术回战》《装腔启示录》等共八张。

我们在中国北方某大学招募了 40 名被试（80%女性，$M_{年}=20.15$，SD=0.62），实验在该校的一间教室内进行，被试通过观看幻灯片的方式进行视觉输入，每张图片至少停留 5 秒钟，被试观看完所有图片后填写检验题项（$\alpha=0.94$），之后对怀旧操纵进行单因素方差分析，结果显示，怀旧音乐组与控制音乐组被试怀旧感知存在明显差异：$F(1, 38)=28.56$，$p<0.001$，$M_{怀}=5.82$，SD=1.23 vs. $M_{控}=3.30$，SD=1.71，证明此种有关怀旧的操纵方式有效，该材料可用于正式实验。

4.1.3 预实验三：刺激物检验

为检验实验中首次使用的创造体验型消费刺激物是否属于创造体验型消费的范畴，本研究进行了相应的预实验。我们在 Credamo 平台召集了 80 名被试参与实验（66.3%女性，$M_{年}=28.54$，SD=7.30），实验采用单因素组间设计（创造体验型产品 vs. 非创造体验型产品）。被试首先阅读创造体验型消费的定义，之后我们提供 8 款产品的产品介绍和图片，其中 4 个为创造体验型产品，根据创造体验型消费具有连续性的定义选择，依次为自上色流体熊摆件（低过程—低目标确定）、数字填色油画（低过程—高目标确定）、手账明信片材料包（高过程—高目标确定）、自组装置物架（高过程—低目标确定）（见图 2），另外 4 个非创造体验型产品为梵高人偶摆件、装饰油画、植物明信片、床头柜。被试基于定义采用 7 分量表判断 8 款产品是否符合创造体验型产品的范畴（1 为非常不符合，7 为非常符合）。

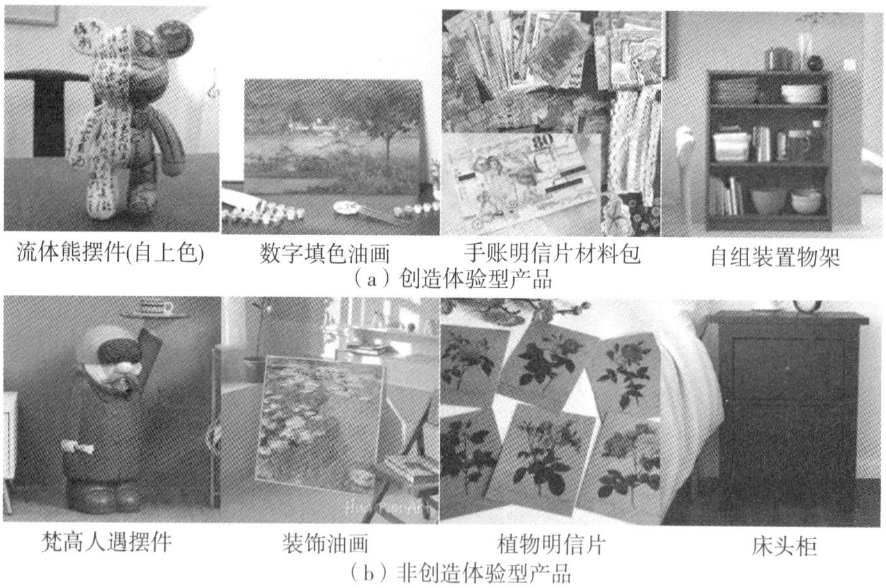

图 2 实验刺激物

结果表明被试明显认为创造体验型产品组比非创造体验型产品组更符合创造体验型消费定义：$M_{创}=5.80$，SD=0.70；$M_{非}=2.49$，SD=1.30；$F(1, 78)=199.24$，$p<0.001$。具体而言，消费者对于创造体验型产品组的打分分别为：$M_{架}=5.85$，SD=0.95；$M_{熊}=5.85$，SD=0.95；$M_{填}=5.95$，SD=0.93；$M_{手}=5.80$，SD=1.13；非创造体验型产品组打分：$M_{柜}=2.28$，SD=1.41；$M_{梵}=2.25$，SD=

1.52；$M_{画}$=2.25，SD=1.47；$M_{植}$=3.00，SD=1.76，结果表明上述产品可作为刺激物。

4.2 实验一：怀旧对创造体验型消费的影响

实验一的主要目标是对H1进行初步检验，即怀旧（vs. 控制）会正向影响消费者参与创造体验型消费的意愿。我们选择巧克力作为实验刺激物（Rudd et al.，2018）。

4.2.1 实验设计与程序

Gpower 3.1的计算结果显示，单因素两水平组间设计中（Effect size = 0.25，α = 0.05，power = 80%），样本量至少为128人。

我们通过见数Credamo数据平台在线招募了240名被试，采用单因素组间设计（怀旧vs. 控制），经注意力检查题目筛查后收集有效问卷229份（58%女性，$M_{年}$=29.33，SD=8.67），符合样本量要求。

首先，我们将被试随机分到两组，并通过叙事回忆任务来操纵他们的怀旧状态。怀旧组被给予怀旧定义后要求回忆一件"发生在过去的、感觉特别怀旧的事件并写下事件的过程和内心感受"；对照组则是"请回忆一件发生在昨天的普通事件，并写下事件的过程和内心感受"，之后填写操纵检验题项（α=0.90）用于完成操纵检验。

随后，调查被试的创造体验型消费意愿：要求被试想象自己正打算去一家手工巧克力店购买巧克力，存在两种选择："购买现成巧克力"或"自己根据配方制作巧克力"，并且两种选择的价格和使用材料均相同，要求其从两者中选择一个。

最后，收集了人口统计学变量，包括年龄、性别和教育背景。

4.2.2 实验结果

（1）操纵检验：对怀旧操纵进行单因素方差分析，结果显示怀旧组被试（M=6.30，SD=0.69）比控制组被试（M=4.55，SD=1.71）怀旧倾向更显著，F（1，227）= 103.61，p<0.001，证明此次怀旧操纵启动成功。

（2）主效应检验：为了检验怀旧是否会促进创造体验型消费意愿，我们在将所有人口统计学变量纳入控制变量后，对消费选择（0=购买现成巧克力，1=自己根据配方制作巧克力）进行了二元Logistic回归分析。结果显示，怀旧组被试（M=77.4%）比控制组被试（M=41.2 %）更多地选择了"自己根据配方制作巧克力"选项：b=1.64，Exp（B）= 5.15，Wald=29.57，p<0.001，H1成立。

4.2.3 结果与讨论

实验一的数据结果初步支持了本文的基本假设，即怀旧促使个体更偏好创造体验型消费选项。实验二将采用另一种怀旧操纵方式和不同的因变量测量方法来检验本文基本假设的稳健性。

4.3 实验二：怀旧对创造体验型消费的主效应再验证

本文预测怀旧将导致个体对创造体验型消费表现出更高的支付意愿，且是针对全类型的创造体验型消费，并非其中的某一类型(如低过程—低目标确定型)。为了检验 H1 是否具有针对性，我们还须检验怀旧是否会改变非创造体验型消费产品的支付意愿。

4.3.1 实验设计与程序

采用两因素组间(怀旧 vs. 控制)×组内(创 vs. 非创)混合设计，我们通过微信群组招募了 130 名被试(56%女性，$M_{年}=29.07$，SD=9.47)。

在实验介绍中告知被试将完成两项不相关的任务。第一项任务与预实验一相同，被试被随机分配不同的音乐启动材料来操纵怀旧(vs. 控制)，结束后填写检验题项作为操纵检验($\alpha=0.93$)。

第二项任务，被试将看到预实验三中的 8 款产品，每款产品配有展示图和产品介绍，4 款创造体验型产品，根据创造体验型消费具有连续性的定义依次为自上色流体熊摆件、数字填色油画，手账明信片材料包和自组装置物架；与之对照的是 4 款制成品。所有产品图片和描述在不同操纵条件下是相同的，并以随机顺序呈现。被试阅读后回答每一款产品的支付意愿金额。最后收集人口统计学变量。

4.3.2 实验结果

(1)操纵检验：对怀旧操纵进行单因素方差分析，结果显示怀旧组($M=6.19$，SD=0.73)与控制组($M=4.25$，SD=1.56)怀旧倾向存在显著差异：$F(1, 128)=81.58$，$p<0.001$，证明此次怀旧操纵启动成功。

(2)主效应分析：借鉴 Rudd 等(2018)的处理方法，将支付意愿金额进行对数变换以纠正偏度，然后进行数据标准化处理，以便在不同产品间进行比较。通过对创造体验型产品($\alpha=0.81$)和非创造体验型产品($\alpha=0.79$)的支付意愿进行平均，分别得出创造体验型支付意愿指数和非创造体验型支付意愿指数。

为了验证怀旧会正向影响消费者对涉及创造体验元素产品的支付意愿(但不会影响对同类未涉及创造体验元素产品的支付意愿)的预测，进行 2(怀旧 vs. 控制)× 2(创指数 vs. 非创指数)的重复测量方差分析。Gpower3.1 设置参数 Effect size=0.25，$\alpha=0.05$，power=80%，计算结果显示测量主体间效应最低样本量为 98 人，交互效应最低样本量为 34 人，实际数据符合要求。测量结果如图 3 所示，怀旧组(vs. 控制组)与产品类型之间存在交互效应($F(1, 128)=88.44$，$p<0.001$)：怀旧组对创造体验型产品的支付意愿更高($M_{怀}=0.40$，SD=0.87；$M_{控}=-0.39$，SD=0.86)，但对于非创造体验型产品，两者支付意愿不存在明显差异($M_{怀}=0.13$，SD=0.96；$M_{控}=-0.12$，SD=0.95)。

为了评估是否某个特定的产品导致了观察到的效应，我们还进行了两个单独的 2(怀旧 vs. 控制)×4(不同产品)的重复测量方差分析，Gpower3.1 设置参数 Effect size=0.25，$\alpha=0.05$，power=80%，计算结果显示测量主体间效应最低样本量为 82 人，交互效应最低样本量为 24 人，实际数据符合要求。第一个方差分析测量怀旧对创造体验型产品支付意愿的影响，结果再次验证了主效应：怀旧组被试的创造体验型产品支付意愿更高：$F(1, 128)=41.84$，$p<0.001$，但不存在交互效应($F(3, 384)=1.14$，$p=0.33$)，这表明怀旧的主效应并不是由某一类型的创造体验型产品导致的。第二个方差分析考察了怀旧对非创造体验型产品支付意愿的影响，结果显示怀旧组的主效应不显著：$F(1,128)=$

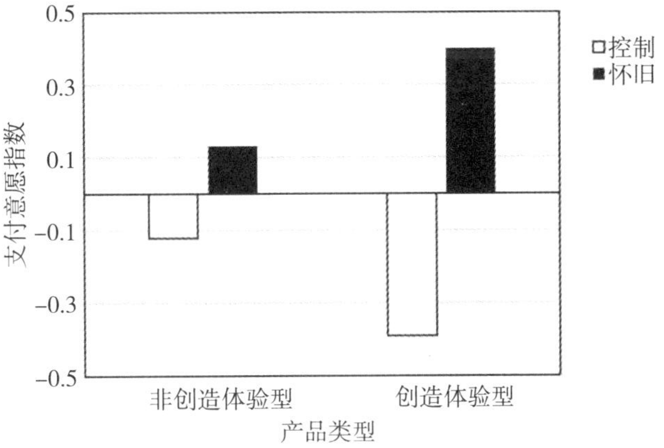

图 3　操纵状态与产品类型交互下支付意愿指数

1.86，$p=0.17$)，交互效应不显著($F(3,384)=1.56$，$p=0.20$)，这表明怀旧只会影响创造体验型产品支付意愿。

4.3.3　结果与讨论

实验二采用与实验一不同的怀旧操纵方式和创造体验型消费测量方法再次验证了怀旧会正向影响消费者创造体验型产品的支付意愿，而且这种影响并不局限于某一产品类别，再次验证了实验一的结果。

4.4　实验三：经验开放性的中介效应检验

实验三计划初步验证怀旧对经验开放性的积极影响以及经验开放性的中介效应，并排除情绪在整个过程中可能存在的影响，因为根据以往研究，怀旧会唤起积极情绪进而提高创造力，这有可能会提高个体的创造体验型消费意愿。

4.4.1　实验设计与程序

采用单因素组间设计(怀旧 vs. 控制)，所需最低样本量与实验一相同(128 人)，我们在 Credamo 招募了 160 名被试，经注意力检查题目筛查后收集有效问卷 152 份(63%女性，$M_{年龄}=28.78$，$SD=8.01$)，符合样本量要求。

本次实验有关怀旧的操纵方式与预实验二相同，第一项任务，被试被随机分配至怀旧组或控制组观看不同的图片，之后被试填写检验题项($\alpha=0.93$)。

第二项任务，被试需要完成一份包含 20 个题项的 PANAS 情绪量表(Watson et al.，1988)，其中包含 10 个积极情绪题项($\alpha=0.94$)和 10 个消极情绪题项($\alpha=0.89$)以测量其当下情绪。有关经验开放性的测量，我们采用了旅游记忆提高经验开放性量表(Hu & Wan，2024)，因研究需要测量状态经验开放性，我们进行了适当的改编（如由"想起这件事情使我感到很有想象力"改为"现在，我感到很有想象力"，$\alpha=0.89$）。

第三个任务，被试被要求想象他们正计划在商店购买一个手机壳（Sun et al.，2022）。商店提供了两种方案：A 方案是购买现成的手机壳；B 方案是根据指示制作自己的手机壳。告知被试两个选择花费相同，手机壳材料相同，要求他们评价自己的购买意愿（1=选择 A 方案，7=选择 B 方案），此外我们还给予被试有关享乐品/实用品属性的定义并要求被试对自己根据指示制作的手机壳这一产品的享乐/实用属性进行判断（0=享乐品，1=实用品）。最后收集了人口统计学变量，包括年龄、性别和教育背景。

4.4.2 实验结果

（1）操纵检验：对怀旧操纵进行了单因素方差分析。结果显示怀旧组（$M=6.24$，SD=0.85）与控制组（$M=4.54$，SD=1.88）怀旧倾向存在明显差异：$F(1, 150)=52.10$，$p<0.001$，证明此次怀旧操纵启动成功。

（2）假设检验：首先对手机壳享乐/实用属性进行了二元 Logistic 回归分析。结果显示：怀旧组（$M=83.8\%$）与控制组（$M=85.9\%$）在这一问题上不存在明显差异：$b=0.32$，$\mathrm{Exp}(B)=1.371$，Wald=0.442，$p=0.506$，且 85.5%的被试认可自己根据指示制作的手机壳为实用品，排除怀旧个体出于享乐需求而选择创造体验型消费的可能性（陈瑞等，2017）。

①主效应分析：为了检验怀旧是否促进了个体参与创造体验型消费的意愿，我们对不同分组被试的创造体验型消费意愿进行了单因素方差分析。结果显示怀旧组（$M=5.27$，SD=2.10）创造体验型消费意愿比控制组（$M=3.24$，SD=2.38）明显更高（$F(1, 150)=31.13$，$p<0.001$），H1 成立。

②怀旧对经验开放性的影响：对不同分组被试的经验开放性进行了单因素方差分析。结果显示怀旧组的经验开放性（$M=5.46$，SD=0.98）显著高于控制组（$M=4.72$，SD=1.43），$F(1, 150)=14.01$，$p<0.001$。

③怀旧对情绪的影响：考虑到怀旧可能会影响个体情绪，从而影响创造体验型消费意愿，实验三进一步检验了情绪相关的数据结果：分别将 10 个积极情绪测项和 10 个消极情绪测项的平均分作为被试的积极情绪指数和消极情绪指数。怀旧组和控制组在消极情绪上没有显著差异（$M_{怀}=1.92$，SD=0.84；$M_{控}=1.80$，SD=0.85；$F(1, 150)=0.689$，$p=0.41$）；但是怀旧显著提升了积极情绪（$M_{怀}=5.52$，SD=1.05；$M_{控}=4.48$，SD=1.38；$F(1, 150)=27.44$，$p<0.001$），这与之前的研究证实怀旧能培养积极情绪相吻合。

④中介效应分析：对自变量怀旧进行虚拟变量处理（实验组编码为 1），经验开放性指数作为中介变量，手机壳消费意愿作为因变量，人口统计学变量以及积极情绪作为控制变量。参照 Hayes（2017）的方法（Model4，Bootstrap5000 次，95%置信区间）进行中介效应检验，如图 4 所示，经验开放性的中介效应显著（Indirect Effect=0.3568，LLCI=0.0986，ULCI=0.7086）。由此判定，经验开放性在怀旧对创造体验型消费的影响中起中介作用，H2 成立。

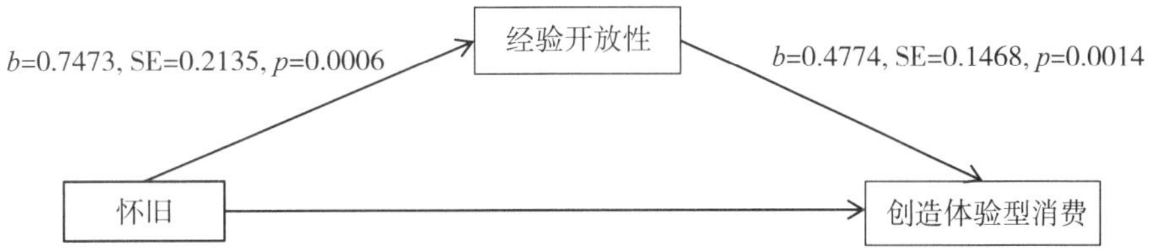

直接效应：b = 1.8841，SE = 0.3944，p<0.001，95%CI[1.1046，2.6636]

间接效应：b = 0.3568，SE = 0.1569，95%CI[0.0986，0.7086]

图 4　经验开放性在怀旧对创造体验型消费影响的中介效应分析（排除情绪作为替代性解释）

⑤排除情绪可能存在的影响：我们进行了两个额外的中介分析。其一，将积极情绪作为中介变量，并将经验开放性作为控制变量，构建怀旧→积极情绪→创造体验型消费路径并进行中介效应分析，发现 95%置信区间中包含 0（LLCI = -0.7036，ULCI = 0.0906），证明积极情绪不是一个显著的独立中介。其二，构建链式中介路径：怀旧→积极情绪→经验开放性→创造体验型消费，结果显示该链式中介路经不显著（LLCI = -0.1287，ULCI = 0.575），这些结果充分排除了情绪在怀旧对创造体验型消费影响中发挥中介作用的可能性。

4.4.3　结果与讨论

实验三有关怀旧操纵采用视觉输入，有关创造体验型消费的测量选择实用品，再次验证 H1；提供初步证据证明了经验开放性在怀旧对创造体验型消费的影响中发挥中介作用，并排除情绪作为替代性解释的可能性，验证 H2。实验四将进一步检验经验开放性作为中介变量的稳健性。

4.5　实验四：中介效应再验证

实验四主要有三个目的：（1）检验经验开放性作为中介机制的稳健性。（2）更换创造体验型消费意愿测量方法，即人们更倾向于以涉及或不涉及创造体验型消费的方案来解决问题。（3）排除以下替代性解释：①感知时间宽裕度：怀旧通过心灵时空旅行在过去、现在和未来穿梭（Sedikides et al.，2018），这或许会影响对时间宽裕度的感知，而个体参与创造体验型消费的决定可能涉及他们有多少时间可以支配（Rudd et al.，2018）；②能力需求与自主需求：两者是个体进行创造体验型消费的主要动机（黄静等，2023；潘定等，2022）。

4.5.1　实验设计与程序

我们采用单因素组间设计（怀旧 vs. 控制），所需最低样本量与实验一相同（128 人）。通过 Credamo 招募了 220 名被试，由于在注意力检查题目上失败，14 名被试被排除在外，剩余 206 名被试（52%女性，$M_{年龄}$ = 29.59，SD = 9.40），符合样本量要求。

第一个任务与实验一相同，我们将被试随机分配到两组，并通过叙事回忆任务来操纵他们的怀旧或控制状态，之后填写检验题项作为操纵检验（α = 0.90）。

第二个任务，要求被试完成一系列有关中介变量及替代性解释的量表，包括经验开放性量表（α=0.86）、感知时间宽裕度量表（如“我感到时间紧迫”等，反向计分，α=0.86）（Rudd et al., 2018）、能力需求量表（如“我想使自己感觉有能力”，α=0.90）（Dahl & Moreau, 2007）和自主需求量表（如“我想自由地做出选择”，α=0.83）（Dahl & Moreau, 2007），均采用 7 分量表测量（1=一点也不符合，7=非常符合）。

第三个任务，借鉴 Rudd 等（2018）有关创造体验型消费的测量方法，向被试展示了五个常见问题（例如，他们家里的某些东西需要修理或改善）。被试想象他们目前正在经历这五个问题，并要求其在创造体验型方案（如自己尝试解决，编码为 1）和非创造体验型方案（如找修理工解决，编码为 0）之间做出选择，以选择创造体验型解决方案的百分比作为衡量创造体验型消费意愿的标准。最后收集人口统计学变量。

4.5.2 实验结果

（1）操纵检验：对怀旧操纵进行了单因素方差分析。结果显示，怀旧组被试（M=6.21，SD=0.73）比控制组被试（M=4.81，SD=1.71）怀旧倾向更显著，$F(1, 204)=59.00$，$p<0.001$，证明此次有关怀旧的操纵启动成功。

（2）假设检验：

①主效应分析：为了检验怀旧是否会促进创造体验型方案的选择，我们对选择创造体验型解决方案的百分比进行了单因素方差分析。结果表明，怀旧组（M=81.36%，SD=21.74%）比控制组（M=55.53%，SD=29.63%）更倾向于选择创造体验型解决方案来解决问题（$F(1, 204)=50.87$，$p<0.001$）。

②怀旧对经验开放性的影响：为了检验怀旧是否提升经验开放性，我们对两组的经验开放性指数进行单因素方差分析。结果显示怀旧组（M=5.54，SD=0.66）比控制组（M=4.65，SD=1.28）的经验开放性更高（$F(1, 204)=39.34$，$p<0.01$）。

③怀旧对感知时间宽裕度、能力需求、自主需求的影响：为检验怀旧对感知时间宽裕度、能力需求、自主需求的影响，均进行了单因素方差分析。结果显示：怀旧组的感知时间宽裕度与控制组没有明显差异：$M_{怀}=4.38$，$SD_{怀}=1.70$；$M_{控}=4.17$，$SD_{控}=1.66$；$F(1, 204)=0.81$，$p=0.37$。怀旧组的自主需求与控制组没有明显差异：$M_{怀}=5.87$，$SD_{怀}=0.91$；$M_{控}=5.64$，$SD_{控}=1.21$；$F(1, 204)=2.48$，$p=0.12$。但怀旧组与控制组的能力需求存在明显差异：怀旧组的能力需求（M=5.96，SD=1.04）明显高于控制组（M=5.34，SD=1.49），$F(1, 204)=11.72$，$p=0.001$。

④中介效应分析：对自变量怀旧进行虚拟变量处理（0=怀旧），经验开放性作为中介变量，创造体验型消费方案的选择百分比作为因变量，再次利用 Process 插件（Model4，Bootstrap 5000 次，95%置信区间）进行中介效应检验，验证经验开放性是否中介了怀旧对创造体验型消费意愿的影响，并且为了排除能力需求是怀旧影响创造体验型消费真正机制的可能性，将能力需求作为控制变量包括在内，如图 5 所示，结果显示间接效应显著（Indirect Effect=4.7413，LLCI=1.0719，ULCI=9.0280），H2 成立。

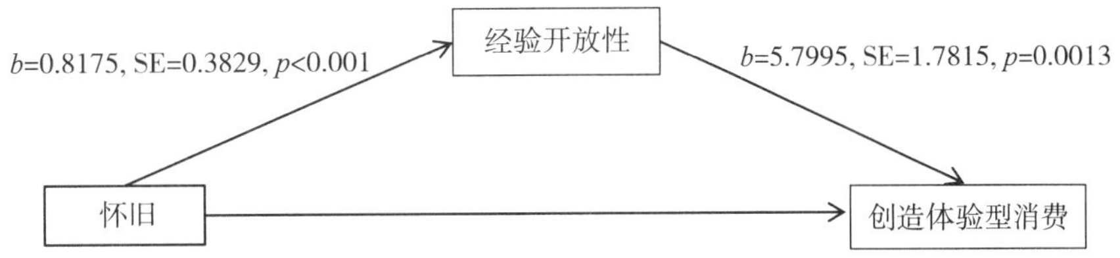

直接效应：$b=21.5925$，SE=3.9423，$p<0.001$，95%CI[13.8185，29.3665]

间接效应：$b=4.7413$，SE=2.0143，95%CI[1.0719，9.0280]

图 5　经验开放性在怀旧对创造体验型消费影响的中介效应分析
（排除能力需求作为替代性解释）

⑤排除能力需求作为替代性解释：我们同样进行了两个额外的中介分析：其一，当经验开放性和人口统计学变量作为控制变量时，结果显示能力需求不是一个显著的独立中介：间接效应包含 0（LLCI=−2.9241，ULCI=0.5230）。其二，分析了以下链式中介路径：怀旧→能力需求→经验开放性→创造体验型消费，结果显示该链式中介路经不显著（LLCI=−0.0168，ULCI=1.1556）。这些结果证明怀旧对创造体验型消费的影响不能用能力需求来解释。

4.5.3　结果与讨论

实验四验证了经验开放性中介作用的稳健性，并排除了几种可能的替代性解释：(1)经历怀旧的被试（vs. 控制）表现出感知时间宽裕度和自主需求的相同水平，进而排除两者作为替代性解释的可能性；(2)怀旧状态下的被试会表现出更高的能力需求，但中介分析显示能力需求不能解释怀旧对创造体验型消费的影响。接下来我们将考察影响主效应的边界条件。

4.6　实验五：调节定向的调节效应检验

实验五采用量表测量被试的创造体验型消费意愿并检验经验开放性的中介作用及调节定向的调节作用。

4.6.1　实验设计与程序

本次实验采用 2（怀旧 vs. 控制）×2（调节定向：预防 vs. 促进）组间设计，Gpower 3.1 的计算结果显示，两因素两水平组间设计中（Effect size=0.25，$\alpha=0.05$，power=80%），样本量至少为 128 人。我们在 Credamo 平台共招募 230 名被试完成了这项研究，21 名被试因注意力检测题目失败而被排除在外，剩余 209 名被试（56%女性，$M_{年}=30.25$，SD=10.94），符合样本量要求。

首先被试被要求填写一份调节定向量表（Haws et al.，2010），共 10 题，其中促进定向 5 题（如“当我看到有机会做我喜欢的事情时，我马上就会兴奋起来”，$\alpha=0.82$）；预防定向 5 题（如“我担心自己会犯错”，$\alpha=0.80$），促进定向总得分减去预防定向总得分形成最终的调节定向得分，得分越高表明被试的促进定向特质越明显。

怀旧操纵方式与实验二相同，被试被随机分配到不同组别，通过收听音乐浏览歌词的方式来操纵怀旧或控制状态，之后填写检验题项作为操纵检验（$\alpha = 0.93$），并完成了有关经验开放性的调查（$\alpha = 0.88$）。随后被试在一个 7 题项量表上报告了他们目前参与创造体验型消费的一般意愿（$\alpha = 0.96$），如"现在，我想用双手制造东西"（Rudd et al., 2018），平均分作为创造体验型消费指数，最后收集人口统计学变量。

4.6.2 实验结果

（1）操纵检验：对怀旧操纵进行单因素方差分析。结果显示怀旧组（$M = 6.19$，$SD = 0.90$）比控制组（$M = 4.22$，$SD = 1.84$）怀旧倾向更显著，$F(1, 207) = 95.82$，$p < 0.001$，证明此次有关怀旧的操纵启动成功。

（2）假设检验：

①主效应分析：将怀旧（编码为 1）作为自变量，对创造体验型消费意愿进行单因素方差分析，结果显示怀旧组比控制组的创造体验型消费意愿显著更高：$M_{怀} = 5.32$，$SD = 1.55$；$M_{控} = 3.91$，$SD = 1.47$；$F(1, 206) = 45.49$，$p < 0.001$，H1 成立。

②经验开放性的中介效应分析：结果表明，怀旧对经验开放性有正向影响（$M_{怀} = 5.40$，$SD = 1.03$；$M_{控} = 4.58$，$SD = 1.00$），$F(1, 206) = 34.26$，$p < 0.001$，经验开放性的中介效应显著（Indirect Effect = 0.4326，LLCI = 0.2326，ULCI = 0.6628），H2 成立。

③调节效应分析：为了检验调节定向的调节中介作用这一假设，利用 Process 插件 Model1，设置怀旧（0 = 控制，1 = 怀旧）为自变量，经验开放性为中介变量，创造体验型消费指数为因变量，调节定向数值为调节变量，人口统计学变量为控制变量，进行调节效应分析，结果表明：怀旧和调节定向的交互项效应显著，$b = 0.12$，$t = 4.39$，$p < 0.001$，当调节定向得分较低（预防定向）时效应不显著（Effect = 0.41，$p < 0.05$，95%CI[−0.1131，0.9385]）；调节定向得分较高（促进定向）时效应显著（Effect = 2.11，$p < 0.05$，95%CI[1.5668，2.6463]），如图 6 所示。选择 Model7 进一步进行有调节的中介效应检验，结果显示调节定向得分较高（促进定向）时，经验开放性的中介作用显著（Effect = 0.66，$p < 0.05$，95%CI[0.3328，1.0816]）；调节定向得分较低（预防定向）时，经验开放性的中介作用不显著（Effect = 0.12，$p > 0.05$，95%CI[−0.0856，0.3167]），H3 得到验证。

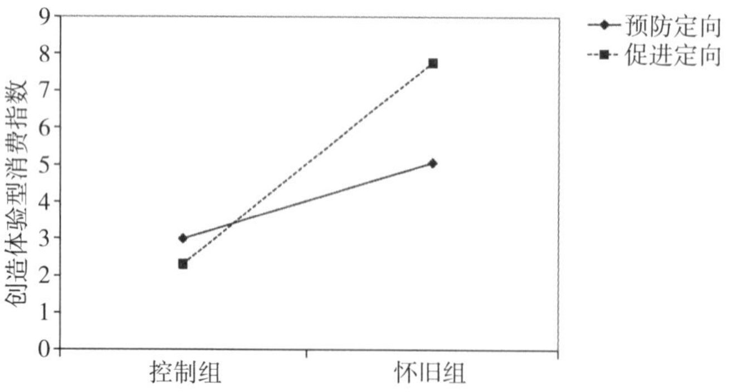

图 6　调节定向的调节效应图

4.6.3　结果与讨论

实验五验证了调节定向的调节作用。具体来说：对于促进定向个体，经历怀旧会表现出更高的经验开放性，进而表现出更高的创造体验型消费意愿；而对于预防定向个体，经验开放性的中介作用不显著。

4.7　实验六：认知需求的调节效应检验

实验六在更换刺激物的基础上检验经验开放性的中介作用及认知需求的调节作用。

4.7.1　实验设计与程序

本次实验采用2(怀旧 vs. 控制)×2(认知需求：高 vs. 低)组间设计，最低样本量与实验五相同(128人)。我们在Credamo平台共招募220名被试，18名被试因注意力检测题目失败而被排除在外，剩下202名被试(56%女性，$M_{年}=30.25$，SD=10.94)，符合最低样本量要求。

首先，被试填写认知需求量表，共18个题项(Cacioppo et al.，1986)，采用7点量表评分($\alpha=0.96$，如“比起简单的问题，我更喜欢复杂的问题”，1=一点也不符合，7=非常符合)。怀旧的操纵方式与实验三相同：被试被随机分配到不同组别，并通过观看图片的方式来操纵他们的怀旧状态，之后填写检验题项作为操纵检验($\alpha=0.93$)并完成了有关经验开放性的调查($\alpha=0.88$)。随后测量创造体验型消费意愿，我们告诉被试：研究人员想知道哪些材料、颜色和图案更让消费者感兴趣，为了研究这些偏好，被试可以选择“用提供的工艺半成品材料包制作自己的手工杯垫”(材料包包含：方形/圆形软木杯垫、工艺胶、陶瓷亚克力以及一张说明书，他们对这些材料有自由控制权)，也可以选择“同样工艺的成品”，有多种款式可供选择，两种产品价格一样(Rudd et al.，2018)，被试需要评价自己的购买意愿(1=选择成品，7=选择材料包)。最后，我们收集了人口统计学变量。

4.7.2　实验结果

(1)认知需求分组结果：认知需求分组采用中位数切割法(孙瑾和张红霞，2012)，以总分为标准，删除等于中位数的14人，得分在中位数以上为高认知需求组(96人)，在中位数以下为低认知需求组(92人)。

(2)操纵检验：对怀旧操纵进行单因素方差分析，结果显示怀旧组($M=6.20$，SD=0.94)的怀旧倾向显著高于控制组($M=4.20$，SD=1.98)，$F(1，186)=79.78$，$p<0.001$，证明此次有关怀旧的操纵启动成功。

(3)假设检验：

①主效应分析：对两组创造体验型消费意愿进行单因素方差分析，结果显示怀旧组($M=5.03$，SD=2.07)比控制组($M=3.30$，SD=2.08)的创造体验型消费意愿更高($F(1，186)=32.677$，$p<0.001$)，H1成立。

②中介效应分析：将人口统计学变量作为控制变量，检验经验开放性的中介效应。结果表明，

怀旧对经验开放性有正向影响（$M_{怀}=5.48$，SD = 0.99；$M_{控}=4.57$，SD = 1.29；$F(1, 186)=35.14$，$p<0.001$），Process 插件选择 Model4，结果显示经验开放性的中介效应显著（Indirect Effect = 0.6531，LLCI = 0.3616，ULCI = 0.9869），H2 得到检验。

③调节效应分析：两因素方差分析显示，怀旧与认知需求的交互作用显著，$F(1, 184)=12.65$，$p<0.001$。对交互效应进行简单效应分析，如图 7 所示：在高认知需求组，怀旧组的创造体验型消费意愿（$M=6.05$，SD = 0.25）显著高于控制组（$M=3.53$，SD = 0.30），$F(1, 184)=41.62$，$p<0.001$；而在低认知需求组，这种差异却并不显著（$F(1, 184)=1.90$，$p=0.19$）。为了检验认知需求调节经验开放性中介效应这一假设，利用 Process 插件 Model14，以怀旧（0 = 控制，1 = 怀旧）为自变量，经验开放性为中介变量，认知需求（0 = 低认知需求，1 = 高认知需求）为调节变量，创造体验型消费意愿为因变量，人口统计学变量为控制变量，进一步进行有中介的调节效应检验，结果显示当个体为高认知需求时，经验开放性的中介作用显著，（Effect = 0.87，$p<0.05$，95%CI[0.4623，1.331]）；为低认知需求时，经验开放性的中介作用不显著（Effect = 0.14，$p>0.05$，95%CI[−0.1746，0.4706]），因此 H4 得到验证。

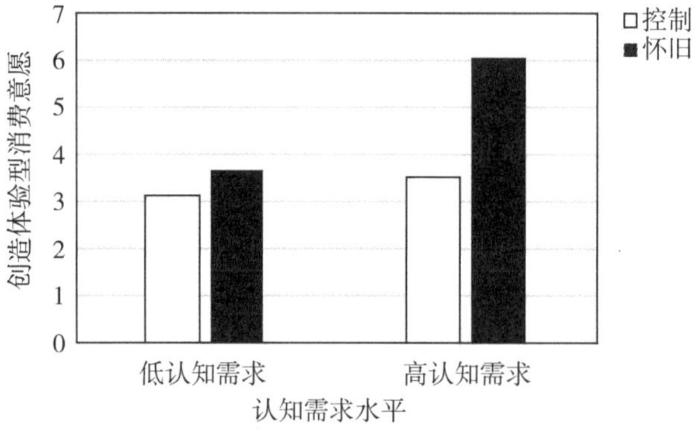

图 7　认知需求简单效应分析

4.7.3　结果与讨论

实验六验证了认知需求的调节作用。具体来说：对于高认知需求个体而言，在高经验开放性状态时对复杂的探索性认知任务的参与动机更高，进而更偏好创造体验型消费；而对于低认知需求个体而言，经验开放性的中介作用不显著。

5. 研究结论与启示

5.1　研究结论

本文共设计了六个实验，采用不同的怀旧操纵方式和创造体验型消费测量方式，得出以下结论：

第一，个体经历怀旧(如听到怀旧音乐、看到怀旧事物或陷入怀旧回忆)会提高其创造体验型消费意愿，而对非创造体验型产品的消费意愿影响并不显著。

第二，经验开放性在怀旧对创造体验型的影响中发挥中介作用，怀旧的自我导向功能促发经验开放性水平提高，创造体验型产品所具有的新奇性、探索性、挑战性和学习性价值能够满足其需求，故而消费意愿被提高。

第三，调节定向发挥调节中介效应，当个体经历怀旧时，促进定向与之相匹配，能提高经验开放性，使得消费者更倾向创造体验型消费。

第四，认知需求发挥调节中介效应，经历怀旧后相较于低认知需求个体，高认知需求个体更偏好具有探索性、新奇性、挑战性和学习性特征的创造体验型消费。

5.2　理论贡献

首先，丰富了怀旧影响消费者行为的文献，虽然怀旧在如今商业社会的营销活动中应用甚广，但有关怀旧与消费决策的研究大多聚焦于怀旧的社会交往功能和存在意义功能，而基于自我导向功能的研究较少，本文结合自我决定理论，从怀旧自我导向功能带来的积极自我认知和乐观主义视角，证实了怀旧对创造体验型消费的正向影响，进一步丰富怀旧与消费决策的相关研究，加深对怀旧的理解。

其次，学术界普遍关心哪些因素会导致消费者偏好创造体验型消费，目前已经考察了社会比较、控制感缺失等因素对创造体验型消费的影响，这些研究多以外在动机对消费者的被动驱动视角展开，通过补偿消费者自主性和能力进行解释(Dahl & Moreau，2007；黄静等，2023；潘定等，2022)。本文则以内在动机主动驱动个体探索、求知的成长取向为出发点，证明经验开放性能够有效解释怀旧对创造体验型消费的影响，拓展了驱动消费者进行创造体验型消费的研究。

最后，以往关于驱动创造体验型消费的研究发现个体多从目标价值性角度考虑是否进行创造体验型消费，本文从个体特质角度，结合调节匹配理论和动机目标理论，将调节定向和认知需求引入怀旧对创造体验型消费影响的边界效应研究。本文从动机匹配度与目标可达性角度考虑，发现促进定向个体与怀旧自我导向功能更匹配，高认知需求个体对探索求知任务可达性更高，因而会提升创造体验型消费意愿。这些发现丰富了怀旧对产品采用增进效应复杂性的讨论。

5.3　管理启示

首先，本文的关键管理启示是确定了怀旧作为一种有效的营销手段，可以提高创造体验型消费意愿。诸如宜家、家得宝等零售商始终鼓励消费者主动自制产品，其他品牌如 NIKE、乐高也为消费者提供了设计、定制和购买自制产品的机会。零售环境是最能展现怀旧氛围的地方。听觉输入、视觉输入及有关难忘事件的回忆都可以唤起怀旧，企业可以通过复古服装、怀旧装饰、古典音乐或复古风产品包装来营造一种“历史感”或“复古感”，唤起消费者的怀旧情感状态，带动消费者参与创造体验型消费，以此增加销量，提高产品溢价。

其次，实验证明经验开放性背后所蕴藏的新奇、挑战、探索和学习的动机取向是怀旧增强创造体验型消费的内在机制。在生活节奏加快、终身学习普及的当下，企业可以以此作为切入点，加强产品有关新奇性、探索性和认知性价值的设计，从而扩大创造体验型消费市场。同时，本文也为个体提高幸福感提供了思考路径，提高经验开放性可以产生更多积极的影响，帮助个体适应不利情境，增强自我接纳来成功应对生活中的困难和挑战，还可以增强创造力，改善人际关系。企业、政府或医院等组织可以根据怀旧提高个体经验开放性以及创造体验型消费迎合个体经验开放性偏好，采取相关措施来增进个体福祉。

最后，企业在营销宣传时应重视消费者的个体差异，不同调节定向、认知需求水平的个体有着不同消费偏好。企业可以对客户的调节定向和认知需求进行测量，有针对性地对促进定向型、高认知需求型消费者进行营销推广，建立会员制以形成稳定客户群。企业还可以通过启动促进定向情境（如在宣传中强调进步与成长）来增强消费者购买意愿，或者在宣传时强调创造体验型产品能够给消费者带来知识、思考的特点或增强产品的探索性、思考性趣味，从而提高产品销量。

5.4 研究局限与展望

本文探讨了怀旧对消费者创造体验型消费的影响，存在一些局限性：

首先，有关怀旧的触发方式呈现多元化，除了本文中用到的回忆唤起和听觉、视觉输入，其他感官输入方式（如气味）同样是最有力的触发方式之一。但在前测调查中发现受文化、地域、年龄等影响，被试很难在这一输入方式的材料上达成共识，希望未来研究可以补充这一实验材料。

其次，本研究全部采用实验法，尽管研究所采用的方法或量表均通过检验，但难以了解被试的具体情况，这降低了研究结论的外部效度，未来可以结合创造体验型消费产业的二手数据进行检验。

最后，怀旧对创造体验型消费发挥作用的两项边界条件即调节定向和认知需求，但两个调节变量均从个人特质角度进行验证，未来研究可以在此基础上补充更多的调节变量，尤其是情境线索方面，如调节定向也可通过情境诱发，有待进一步研究。

◎ 参考文献

[1]陈瑞，陈辉辉，郑毓煌．怀旧对享乐品和实用品消费决策的影响[J]．南开管理评论，2017，20(6)．

[2]黄静，许新宇，肖皓文，等．控制感缺失对创造体验型消费意愿的影响研究[J]．南开管理评论，2023，26(1)．

[3]蒋京川，郭永玉．动机的目标理论[J]．心理科学进展，2003(6)．

[4]潘定，谢菡，刘子瑛，等．社会比较对生产性消费的影响：补偿性消费视角[J]．管理评论，2022，34(4)．

[5]孙瑾，张红霞．品牌名称暗示性对消费者决策选择的影响：认知需要和专业化水平的调节作用[J]．心理学报，2012，44(5)．

[6]郑军，刘丽云，张初兵．直播带货中冲动购买意愿的唤醒——基于整体社会临场感的有调节的中介模型[J]．珞珈管理评论，2021(3).

[7]Avnet, T., Higgins, E. T. How regulatory fit affects value in consumer choices and opinions[J]. Journal of Marketing Research, 2006, 43(1).

[8]Baldwin, M., Biernat, M., Landau, M. J. Remembering the real me: Nostalgia offers a window to the intrinsic self[J]. Journal of Personality and Social Psychology, 2015, 108(1).

[9]Baldwin, M., Landau, M. J. Exploring nostalgia's influence on psychological growth[J]. Self and Identity, 2014, 13(2).

[10]Cacioppo, J. T., Petty, R. E., Feinstein, J. A., et al. Dispositional differences in cognitive motivation: The life and times of individuals varying in need for cognition[J]. Psychological Bulletin, 1996, 119(2).

[11]Cacioppo, J. T., Petty, R. E., Kao, C. F., et al. Central and peripheral routes to persuasion: An individual difference perspective[J]. Journal of Personality and Social Psychology, 1986, 51(5).

[12]Cacioppo, J. T., Petty, R. E., Quintanar, L. R. Individual differences in relative hemispheric alpha abundance and cognitive responses to persuasive communications[J]. Journal of Personality and Social Psychology, 1982, 43(3).

[13]Campbell, C. The craft consumer: Culture, craft and consumption in a postmodern society[J]. Journal of Consumer Culture, 2005, 5(1).

[14]Christensen, A. P., Cotter, K. N., Silvia, P. J. Reopening openness to experience: A network analysis of four openness to experience inventories[J]. Journal of Personality Assessment, 2019, 101(6).

[15]Dahl, D. W., Moreau, C. P. Thinking inside the box: Why consumers enjoy constrained creative experiences[J]. Journal of Marketing Research, 2007, 44(3).

[16]Davis, F. Nostalgia, identity and the current nostalgia wave[J]. Journal of Popular Culture, 1977, 11(2).

[17]de Carvalho, M. A. IDEATRIZ—A Methodology for new product ideation[J]. International Journal of Engineering Education, 2013, 29(2).

[18]DeYoung, C. G., Quilty, L. C., Peterson, J. B., et al. Openness to experience, intellect, and cognitive ability[J]. Journal of Personality Assessment, 2014, 96(1).

[19]Espejo, J., Day, E. A., Scott, G. Performance evaluations, need for cognition, and the acquisition of a complex skill: An attribute-treatment interaction[J]. Personality and Individual Differences, 2005, 38(8).

[20]Haws, K. L., Dholakia, U. M., Bearden, W. O. An assessment of chronic regulatory focus measures[J]. Journal of Marketing Research, 2010, 47(5).

[21]Hayes, A. F. Introduction to mediation, moderation, and conditional process analysis: A regression-based approach[M]. New York: Guilford Press, 2017.

[22] Higgins, E. T. Beyond pleasure and pain[J]. American Psychologist, 1997, 52(12).

[23] Hotchin, V., West, K. Reflecting on nostalgic, positive, and novel experiences increases state openness[J]. Journal of Personality, 2020, 89(2).

[24] Hu, J., Wan, L. C. How tourism memory boosts creativity? The role of openness to experience[J]. Tourism Management, 2024, 100.

[25] Hwang, J., Hyun, S. S. The impact of nostalgia triggers on emotional responses and revisit intentions in luxury restaurants: The moderating role of hiatus [J]. International Journal of Hospitality Management, 2013, 33.

[26] Lei, S., Wang, X., Peng, L., et al. "I" seek differentiation and "we" seek assimilation: The impact of self-expressive customization on consumers' willingness to pay a premium[J]. Journal of Product & Brand Management, 2021, 30(5).

[27] Lord, K. R., Putrevu, S. Exploring the dimensionality of the need for cognition scale[J]. Psychology & Marketing, 2006, 23(1).

[28] McCrae, R. R. Social consequences of experiential openness[J]. Psychological Bulletin, 1996, 120(3).

[29] Routledge, C., Arndt, J., Wildschut, T., et al. The past makes the present meaningful: Nostalgia as an existential resource[J]. Journal of Personality and Social Psychology, 2011, 101(3).

[30] Rudd, M., Hildebrand, C., Vohs, K. D. Inspired to create: Awe enhances openness to learning and the desire for experiential creation[J]. Journal of Marketing Research, 2018, 55(5).

[31] Ryan, R. M., Deci, E. L. Self-determination theory and the facilitation of intrinsic motivation, social development, and well-being[J]. American Psychologist, 2000, 55(1).

[32] Sedikides, C., Wildschut, T. The motivational potency of nostalgia: The future is called yesterday[J]. Advances in Motivation Science, 2020, 7.

[33] Sedikides, C., Wildschut, T., Routledge, C., et al. To nostalgize: Mixing memory with affect and desire[J]. Advances in Experimental Social Psychology, 2015, 51.

[34] Sedikides, C., Wildschut, T., Stephan, E. Nostalgia shapes and potentiates the future[M]. New York, NY: Routledge, 2018.

[35] Sheth, J. N., Newman, B. I., Gross, B. L. Why we buy what we buy: A theory of consumption values[J]. Journal of Business Research, 1991, 22(2).

[36] Slavich, M. A., Dwyer, B., Hungenberg, E. Taken back at the ballgame: The impact of nostalgia within the minor league baseball spectator experience[J]. Journal of Sport Behavior, 2019, 42(2).

[37] Stephan, E., Sedikides, C., Wildschut, T., et al. Nostalgia-evoked inspiration: Mediating mechanisms and motivational implications[J]. Personality and Social Psychology Bulletin, 2015, 41(10).

[38] Sun, Z., Chen, S., Wang, K., et al. The effect of the sense of feeling old on experiential creation consumption among young people[J]. Available at SSRN 4060765, 2022.

[39]Troye, S. V., Supphellen, M. Consumer participation in coproduction: "I made it myself" effects on consumers' sensory perceptions and evaluations of outcome and input product[J]. Journal of Marketing, 2012, 76(2).

[40]Wainwright, M. A., Wright, M. J., Luciano, M., et al. Genetic covariation among facets of openness to experience and general cognitive ability[J]. Twin Research and Human Genetics, 2008, 11(3).

[41]Watson, D., Clark, L. A., Tellegen, A. Development and validation of brief measures of positive and negative affect: The PANAS scales[J]. Journal of Personality and Social Psychology, 1988, 54(6).

[42]Werth, L., Foerster, J. How regulatory focus influences consumer behavior[J]. European Journal of Social Psychology, 2007, 37(1).

[43]Zhang, X., Gong, X., Jiang, J. Dump or recycle? Nostalgia and consumer recycling behavior[J]. Journal of Business Research, 2021, 132(C).

[44]Zheng, Q., Xia, L., Fan, X. Beyond hedonic enjoyment: Eudaimonia experience in craft consumption[J]. Journal of Consumer Marketing, 2016, 33(6).

[45]Zhou, K., Ye, X., Ye, J. Longing for the past and embracing the new: Does nostalgia increase new product adoption? [J]. Marketing Letters, 2021, 32.

Research on the Impact of Nostalgia on Consumers' Experiential Creation Consumption

Zheng Jun[1] Su Manyu[2]

(1 School of Economics and Management, Yanbian University, Yanji, 133000;

2 School of Business Administration, Capital University of Economics and Business, Beijing, 100070)

Abstract: The self-directed function of nostalgia stimulates individuals to generate a growth orientation, showing an interest towards novelty, challenge, exploration and learning, increasing the openness to experience, and facilitating individuals' preference for experiential creation consumption. Six experiments in the paper investigate the impact of nostalgia on experiential creation consumption and its underlying mechanism and boundary conditions. Experiment Ⅰ and Ⅱ tested the relationship between nostalgia and willingness to create experiential consumption, proving that nostalgia systematically increases individuals' willingness to all types of experiential creation consumption (H1). Experiment Ⅲ and Ⅳ further revealed the mediating role of openness to experience by excluding positive affect, need for competence, etc. as alternative explanations (H2). Experiment Ⅴ revealed the moderating effect of regulatory focus, demonstrating that individuals with regulatory focus traits are more willing to explore, learn, and grow, and that nostalgia boosts openness to experience, which enhances the willingness to experiential creation consumption (H3). Experiment Ⅵ demonstrated the moderating effect of need for cognition and found that individuals with high levels of need for cognition have a stronger motivation in exploratory and thinking, leading to a greater preference for experiential creation consumption(H4). This thesis not only contributes to expanding research on nostalgia, experiential creation consumption, openness to experience, regulatory focus, and need for cognition, but also provides valid managerial insights for the relevant organizations.

Key words: Nostalgia; Experiential creation consumption; Openness to experience; Regulatory focus; Need for cognition

专业主编：寿志钢

限时促销中消费者冲动购买意愿的认知机制：基于时间压力和前瞻性情绪的实证研究*

● 温兴琦[1]　周邦栋[1]　周　敏[2]
(1　武汉大学经济与管理学院　武汉　430072；2　湖南大学金融与统计学院　长沙　410004)

【摘　要】购物节频繁举办使得消费者对限时促销活动的感知下降，如何应对“造节”泛滥所导致的营销疲态、重新激发市场活力成为业界亟待解决的难题。随着更多情绪消费形式的涌现和消费者购物行为前置化成为趋势，前瞻性情绪正日益成为影响购买行为的重要因素。因此，探究限时促销期间消费者前瞻性情绪的演化过程具有重要现实意义。基于S-O-R分析框架，构建以时间压力为自变量、前瞻性情绪(预期后悔、预期惊喜)为中介变量、冲动购买意愿为因变量的中介模型，并分析产品类型的调节作用。通过两个实验研究发现，限时促销中时间压力对消费者冲动购买意愿具有显著正向影响；产品类型在时间压力和消费者冲动购买意愿之间发挥调节作用；前瞻性情绪在时间压力—产品类型对消费者冲动购买意愿的交互影响中起中介作用，即面对享乐品时，时间压力对消费者产生的前瞻性情绪具有显著正向影响，进而放大了冲动购买意愿的差异；而面对实用品时，时间压力对前瞻性情绪及冲动购买意愿的影响没有显著差异。本研究拓展了S-O-R理论在限时促销领域的应用，从产品类型层面确定了限时促销活动有效发挥作用的边界条件，深化了对前瞻性情绪驱动冲动购买的理解，并为商家优化限时营销策略提供实践指导。

【关键词】限时促销　时间压力　冲动购买意愿　前瞻性情绪　产品类型
中图分类号：F713.55　　文献标识码：A

1. 引言

限时促销是商家最常用的营销策略之一，通过营造限时性和稀缺性来引导消费者参与和关注促销活动，从而刺激他们的购买欲望。随着消费升级和互联网技术的快速发展，传统零售和在线电商

* 基金项目：国家社会科学基金项目“企业主导的产学研深度融合机制与路径研究”(批准号：23BGL062)。
通讯作者：温兴琦，E-mail：bosswenxq@163.com。

正处在新旧消费模式交替的紧要时刻，竞相推出各类“人造促销节点”以争夺市场份额。然而，频繁举办购物节使得消费者逐渐对促销活动产生疲态，他们对促销信息的感知度逐渐下降，甚至在一定程度上出现营销麻木化的现象，限时促销活动的效果变得有限。因此，面对购物节氛围的降温和限时促销效果的下滑，商家迫切需要找到有效的应对之策。如何遏制市场上“造节”泛滥带来的营销疲态持续延伸、避免限时营销由膨胀转向落寞并重新激发其市场活力，已成为业界急需解决的难题。研究消费者在限时促销中的冲动购买行为，深入分析其心理特征和行为动机，有助于商家更精准地理解消费者需求，为其策划更具吸引力和有效性的促销活动提供理论指导，进而推动商业领域的发展和进步。

关于限时促销的作用机制，以往的研究主要从情绪和认知的角度进行探究。一方面，认为要求消费者在有限时间内做出决策会影响他们的情绪，如过度自信（卢长宝等，2013）、即时喜悦（周元元等，2017）、焦虑（Svenson & Maule，1993）等；另一方面，认为时间限制会导致消费者对有限供给产品的认知差异，如稀缺感（朱华伟等，2018）、唤起感与感知价值（万禹，2021）等。学者们从不同的角度完善了时间压力对限时促销中消费者行为影响的研究，但仍需要进一步探究其内在机制。在后疫情时代，随着中国经济恢复常态化运行，消费者的消费模式与习惯正在加速转变。“悦己型消费”逐渐成为消费市场发展的新风向，消费者更加追求通过消费获得情绪的满足感，他们更愿意为能够提供高情绪价值的产品或服务买单。可以预见，未来将会有更多情绪消费形式涌现，因此更精准地洞察消费者情绪需求的变化尤为重要。尤其是伴随着消费者购买行为前置化成为趋势，前瞻性情绪在限时促销中发挥着越来越重要的作用。将前瞻性情绪引入限时促销对消费者冲动购买意愿的影响研究，既契合情绪消费时代消费者的心理需求偏好，又能丰富前瞻性情绪理论与限时促销机理的融合研究。

同时，不同产品类型的购买过程存在不同的社会影响机制（Iyengar et al.，2015），消费者的关注模式、驱动机制和决策行为等方面都存在显著差异。学界围绕不同产品类型对消费者行为的差异影响展开探讨，但关于产品类型的调节作用仍存在不同观点。部分学者认为产品类型能够对消费者的决策行为产生调节作用。如朱振中等（2020）发现，对于实用品，消费者更倾向购买低外观新颖性的产品；而对于享乐品，则更青睐外观新颖性较高的产品。黄敏学等（2023）基于社会影响理论证实，直播购物主播类型与产品类型的交互作用对消费者购买行为产生影响。然而，也有学者对此持有不同的看法。如李永强等（2008）的研究发现，产品类型对于零售商自有品牌的购买意愿没有调节作用。同样，黄京华等（2016）的研究表明，体验型和搜索型产品对消费者在企业微博上的购买意愿没有显著影响。因此，针对产品类型在消费者行为中调节效应的研究仍待深化，特别是关于产品类型与限时促销之间的匹配对冲动购买的研究相对不足。随着消费者选择多样化与需求个性化，商家愈发需要根据消费者面对不同类型产品的行为特征来制定差异化的限时促销策略，以吸引消费者的关注并取得更佳的促销效果。深入探究限时促销中的时间压力与产品类型应如何匹配才能增强消费者冲动购买意愿，不仅能拓展产品类型在限时促销中调节效应的研究，还能为商家制定差异化营销策略提供重要依据。

综上，本文基于 S-O-R 理论，主要研究内容包括三个方面：第一，探究时间压力对消费者在限时促销中冲动购买意愿的影响；第二，将产品类型分为享乐品和实用品，研究产品类型和时间压力对消费者冲动购买意愿的交互影响；第三，分别选取预期后悔和预期惊喜作为消费者对促销活动消极情绪和积极情绪的代表，研究前瞻性情绪对消费者冲动购买意愿的影响，并探讨其在时间压力—产品类型对消费者冲动购买意愿交互影响中的中介作用。

2. 理论基础与研究假设

2.1 S-O-R 理论

S-O-R 理论即刺激—机体—反应理论，其中刺激(S)表示引起机体反应的外部环境因素，机体(O)表示将外部刺激内化的心理转化机制，反应(R)则表示机体对外部刺激做出的反应。学者们通过整合环境与消费者行为的概念(Mehrabian & Russell，1974)，将 S-O-R 理论用于解释环境特征对用户情感反应及随后行为的影响，并证实该理论可应用于消费者购买意愿的研究(刘洋等，2020；郑军等，2021)。限时促销所营造的时间压力作为一种外部刺激因素，同样会激发消费者产生情绪变化，进而影响其消费行为。因此，本研究认为 S-O-R 理论同样适用于限时促销购物情景的研究。此外，许多学者已经证实，S、O、R 之间的关系并非严格遵循 S→O、O→R，也存在 S 直接影响 R 的情况(黄思皓等，2020)。基于 S-O-R 理论的基本原理，构建限时促销中消费者冲动购买意愿的认知机制模型，即消费者在促销活动中感知到的时间压力会促进他们的冲动购买意愿，由时间压力诱发的前瞻性情绪变化可能是这一效应的中介转化机制。同时，新增产品类型作为调节变量，探究限时促销所营造的时间压力对消费者冲动购买意愿的影响。研究模型如图 1 所示。

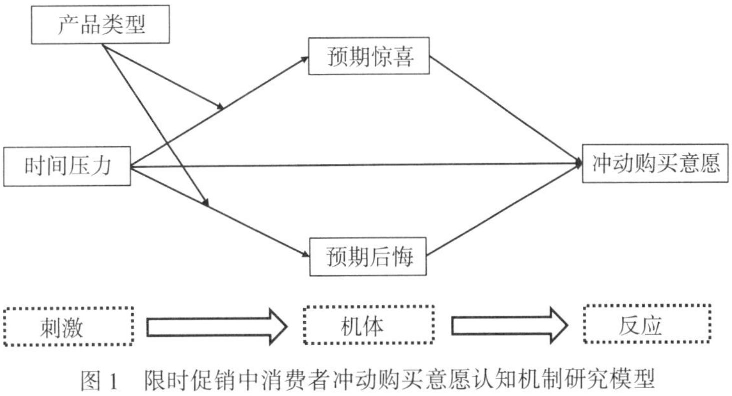

图 1　限时促销中消费者冲动购买意愿认知机制研究模型

2.2 时间压力与冲动购买意愿

众多学者从心理学的角度对时间压力进行了深入研究。Svenson 等(1993)指出，时间压力是指个体在决策任务期限越来越紧迫时，心理上感受到的焦虑程度。Ariely 等(2001)认为，时间限制会引发时间压力，从而影响个体的心理状态和情绪变化。由此，本文将限时促销中的时间压力定义为商家通过设定促销时间，让消费者在特定的时间范围内做出购买决策，从而在时间资源紧缺的情况下激发影响消费者行为的主观感受。

冲动购买意愿和冲动购买行为之间存在密切的关联。冲动购买意愿指的是消费者在未经深思熟虑的情况下突然产生的强烈购买欲望，但并不一定会转化为实际的购买行为。已有研究表明，冲动购买意愿与冲动购买行为之间呈显著正相关(Rook & Fisher，1995)。然而，冲动购买行为受到很多不可控因素的影响，难以在实验中进行操纵与衡量。因此，在许多冲动购买的实证研究中，并未明确区分冲动购买意愿和冲动购买行为，而是采纳冲动购买意愿这一指标进行衡量。本文将冲动购买意愿定义为消费者在浏览完限时促销产品后，产生的即时、非计划、非理性的心理冲动，受到外界刺激和消费者对产品态度的共同影响，激发消费者对产品购买的主观倾向和可能性。

时间压力与冲动购买的研究表明，限时促销所营造的时间压力会增加消费者感知的机会成本，从而引发紧迫感、焦虑和不买后悔等一系列情绪(Aminilari & Pakath，2005)。为了缓解这些不协调的情绪，消费者希望能够快速做出决策，以避免时间的浪费并获得满足感。因此，在决策时间紧迫时，消费者更倾向于依赖直觉和经验来做出决策，从而更容易做出冲动购买的行动(Sohn & Lee，2017)。相反，当决策时间充足时，消费者有机会投入更多认知努力，更加注重对产品的实际价值评估，从而能够更有计划地安排购买(Shen，2016)。基于此，提出如下假设：

H1：时间压力与消费者的冲动购买意愿呈正相关。即与低时间压力相比，消费者在高时间压力下的冲动购买意愿更强。

2.3 时间压力—产品类型的交互与冲动购买意愿

目前学者们主要根据消费者对产品的了解程度、产品的性质、功能、耐用程度和使用情景等，对产品类型进行不同的划分(汪旭晖等，2023；黄敏学等，2023)。本文重点关注消费者所感知到的产品性质，将其划分为享乐品和实用品。享乐品是基于消费者的感性认识(Dhar & Wertenbroch，2000)，以快乐的情感体验为主要特点的产品，通常与消费者的娱乐、休闲和享受相关。实用品是基于消费者的理性认识(Dhar & Wertenbroch，2000)，以工具性和功能性为主要特点的产品，通常与满足消费者的日常生活、工作和生产需求相关。然而，享乐品和实用品并非严格互斥的概念，一种产品可能同时具备享乐性和实用性。

面对享乐品，消费者更加关注产品所带来的情感价值，表现出情感享乐态度(赵占波等，2015)。这类产品往往能够满足消费者的情感需求，带来即时的快乐和自我满足感，激活消费者抽象的情感加工模型(Roy & Ng，2012)。因此，在面临高时间压力的情况下，消费者更容易受到情感驱使，倾向于做出冲动购买的决定。相比之下，面对实用品，消费者更加关注产品的功用，表现出认知实用态度。这类产品通常与情感体验关联较少，用于满足日常生活的实际需求，激活消费者具体的认知思维模型(Roy & Ng，2012)。因此，即使在时间压力较高的情况下，消费者仍然更倾向于权衡选择，较少受到冲动和情感驱使的影响。由此，消费者在购买享乐品和实用品时表现出不同的消费态度和购买动机(Voss et al.，2003)，这导致在面对不同类型的促销产品时，时间压力对消费者冲动购买意愿的影响存在差异。基于此，提出如下假设：

H2a：时间压力对消费者冲动购买意愿的影响受到产品类型的调节作用。

H2b：当消费者购买享乐品时，相较于低时间压力，高时间压力更能促进消费者的冲动购买意愿。

H2c：当消费者购买实用品时，时间压力对消费者冲动购买意愿的影响无显著差异。

2.4 前瞻性情绪的中介机制

前瞻性情绪是指消费者想象预期结果可能在未来真实发生，进而产生的影响其决策行为的情绪(王晓田等，2021)。不同类型的前瞻性情绪在目标和功能上存在较大差异。其中，预期情绪更加关注行为的结果，涉及期望实现的目标和渴望，通常会激发消费者强烈的行为意图(Bagozzi et al.，2016)。这种以结果为导向的前瞻性情绪与限时促销活动所关注的消费者冲动购买行为紧密相关，由此本研究聚焦于消费者决策中一个重要但在限时促销认知机制研究中相对不足的类型，即预期情绪。研究选取预期后悔和预期惊喜，分别代表消费者模拟限时促销活动选择时可能出现的消极情绪和积极情绪(Baumgartner et al.，2008)。其中，预期后悔综合反映消费者预期未能购买到限时促销产品时将体验到的遗憾、郁闷、失望、懊恼和自责(Bagozzi et al.，2003；Proksch et al.，2015)，预期惊喜综合反映消费者预期成功购买到限时促销产品时将体验到的欣喜、满足和幸福(Bagozzi et al.，2003；Proksch et al.，2015)。消极情绪和积极情绪虽是相互独立的，但并非单一维度的两个端点，在同一事件中，消费者可能处于高消极和高积极共存的高激活状态(Bagozzi etal.，2016；Bagozzi etal.，1998)。

根据 Sierra 和 Hyman(2009)的研究，事件发生的概率会对预期情绪产生影响。在限时促销的情景下，消费者需要做出购买决策的时间越紧迫，在某种程度上意味着消费者能够购买到促销产品的概率就越小，因此对购买成功的胜利感或购买失败的失望感等预期情绪会更加显著。同时，时间压力的加剧会影响消费者的信息加工和决策过程，导致他们难以完全取得和处理所有相关信息。这使消费者更容易认为促销产品是稀缺和珍贵的，激发他们迫切拥有产品的欲望和预期惊喜，并放大错失限时促销活动的懊悔情绪，从而促使消费者采取行动。具体而言，预期后悔表现为一种保守倾向，消费者在做选择时基于后悔感最小化，避免做出可能导致后悔的决策，而采取购买行动往往比不采取购买行动引起更少的后悔(Millers，2000)。预期惊喜则展现出一种乐观倾向，消费者做出的选择通常基于快乐最大化，这促使消费者寻求能够迅速带来快乐和满足感的购买决策。由此，消极或积极的预期情绪都能对消费者的行为意图产生正向影响(Bagozzi et al.，1998；Bagozzi et al.，2016)。基于此，提出如下假设：

H3a：时间压力与预期后悔呈正相关。即与低时间压力相比，消费者在高时间压力下的预期后悔情绪更高。

H3b：时间压力与预期惊喜呈正相关。即与低时间压力相比，消费者在高时间压力下的预期惊喜情绪更高。

H3c：预期后悔与消费者冲动购买意愿呈正相关。即预期后悔情绪越高，消费者冲动购买意愿

越强。

H3d：预期惊喜与消费者冲动购买意愿呈正相关。即预期惊喜情绪越高，消费者冲动购买意愿越强。

限时促销所营造的稀缺性感知能够诱发消费者对产品效价的高估，从而对与结果效价有关的预期情绪产生重要影响。在面对高时间压力的情况下，消费者可能会激发出预期不购买的后悔情绪和预期购买的惊喜情绪，这两种情绪都会促使消费者更倾向于做出冲动购买的决定（Lockwood et al.，2002）。此外，由于消费者在购买享乐品和实用品时的心理需求与动机存在差异，两类产品在限时促销活动中能够诱发的稀缺性感知也会有所不同。相较于与情感体验相关较少的实用品，享乐品在限时促销中所激发的预期效价更高，因此由享乐品促销引发的预期购买或未购买的情绪波动更加强烈（Xie et al.，2013），进而增加预期后悔和预期惊喜的程度，从而提升消费者的冲动购买意愿。基于此，提出如下假设：

H4a：预期后悔是时间压力—产品类型对冲动购买意愿交互影响的中介变量。

H4b：预期惊喜是时间压力—产品类型对冲动购买意愿交互影响的中介变量。

3. 实验一

实验一的目的是探索不同的时间压力与消费者冲动购买意愿之间的关系，检验时间压力对消费者冲动购买意愿的主效应，并探究产品类型对主效应的调节作用。

3.1 实验方法与步骤

3.1.1 预实验

为选取合适的实验产品、排除产品选择不当对结果产生影响的可能性，需要确保选择的产品在性质上存在显著差异（席恺媛等，2019），而在产品卷入度和消费者支付意愿上均没有差异（赵占波等，2015；姚卿等，2013）。为避免不同产品的非可控因素对实验结果造成影响，借鉴朱伟华等（2018）的思路与营销专家的访谈建议，通过对同一产品进行不同的描述来区分享乐品和实用品，并选取电影票、蓝牙耳机、台灯、沐浴露、智能手表和笔记本电脑这六种产品作为实验的备选。例如，将蓝牙耳机分别描述为“有一新款蓝牙耳机，它拥有超强立体音效，音质达到 CD 级无损保真，音画同步，能够实现游戏、音乐和看剧声音无延迟”和“有一新款蓝牙耳机，它声音清晰，稳定不连断，能够实现通话、录音的准确转写”。通过这样的差异描述，来突出同一产品的不同特点，以实现对享乐品和实用品的区分。

随后，针对备选产品的享乐性与实用性展开操纵检验。第一，从问卷星调研平台选取 100 名被试，随机分配到享乐组和实用组。第二，向被试展示备选产品的描述，并要求被试至少浏览每种产品信息 30s。第三，测量消费者对产品属性的感知（PA，这款产品带给您的感受是什么）、产品卷入度(PI1，这款产品对我有很大的吸引力；PI2，选择合适的该产品对我来说是重要的抉择；PI3，我会比较不同品牌该产品的特点；PI4，在购买该产品的过程中我需要参考的信息很多)以及支付意愿(WP，根据您的消费认知，该产品在有促销时的价格通常为多少元)。对实验数据进行独立样本T检验，结果显示(表1)，被试对蓝牙耳机和智能手表不同描述的产品属性感知均存在显著差异，且在卷入度和支付意愿上无差异。因此，蓝牙耳机和智能手表这两种产品可以用于后续正式实验。

表1 **前测实验享乐品/实用品对比描述**

备选产品	测量维度	享乐组($N=50$)		实用组($N=50$)		t(自由度)	显著性
		M	SD	M	SD		
蓝牙耳机	产品属性	4.96	1.67	3.16	1.91	5.023(98)	0.000
	卷入度	5.23	0.77	5.24	0.72	-0.067(98)	0.947
	支付意愿	219.46	103.12	202.16	80.41	0.935(92.504)	0.352
智能手表	产品属性	4.16	1.81	2.22	1.09	6.484(80.531)	0.000
	卷入度	5.52	0.73	5.27	0.87	1.544(98)	0.126
	支付意愿	719.14	187.28	719.44	172.03	-0.008(98)	0.993

3.1.2 正式实验

(1)实验设计。实验一采用2(时间压力：高压 vs. 低压)×2(产品类型：享乐品 vs. 实用品)的组间设计，从问卷星调研平台抽取被试，并随机分配到四个组。正式实验时，首先，模拟消费者有一定购买蓝牙耳机的意愿来满足自己需求的情景，要求被试设想在浏览购物网站时恰好看到一则蓝牙耳机的促销信息。接着，向被试展示具体的促销信息，并要求被试至少浏览30s限时促销的产品图片。此后，测量被试对该蓝牙耳机的冲动购买意愿、产品属性感知以及在决策过程中感受到的时间压力。最后收集人口统计信息，包括性别、年龄、学历和消费特征等。

(2)实验材料。实验一选取蓝牙耳机作为实验产品。为了避免品牌偏好对消费者的影响，构建新的蓝牙耳机品牌KinderSwan，并告知消费者新品牌极其畅销且广受好评，产品质量能够得到保证。为了让消费者更加明显地感知到促销幅度，产品均采取“六折”折扣，并根据预实验中消费者对产品支付意愿的测度结果来设计产品价格。为了营造出限时促销带来的时间压力感并对时间压力程度进行区分，高时间压力组的促销剩余时间设置为“0天0时15分钟”，低时间压力组设置为6天23时15分钟。结合上述信息和对产品的差异描述，利用Pixso软件对促销产品进行虚拟构图(图2、图3、图4、图5)，使消费者能够更直观地了解产品的促销信息，营造出更加真实的购物氛围。

(3)变量测量。研究采用李克特七级量表对被试的冲动购买意愿、产品属性与时间压力进行测量。其中，冲动购买意愿的测量借鉴Beutty和Ferrell(1998)、张洁梅和孔维铮(2021)的量表，有4个问项(IB1，我会未经过仔细考虑就购买该产品；IB2，我体验到购买该产品突然的意愿；PI3，我没

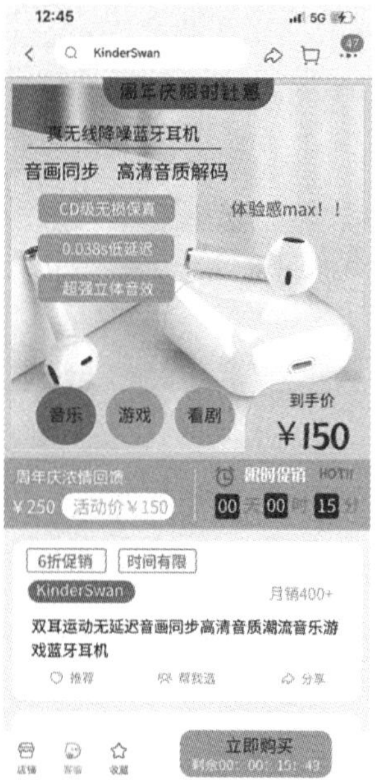

图 2　高压享乐品(蓝牙耳机)

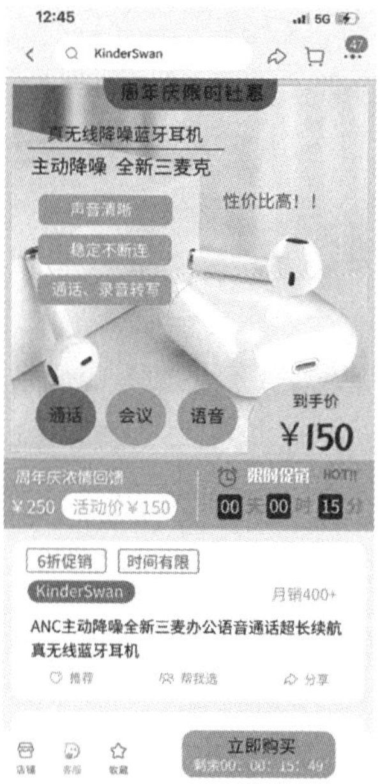

图 3　高压实用品(蓝牙耳机)

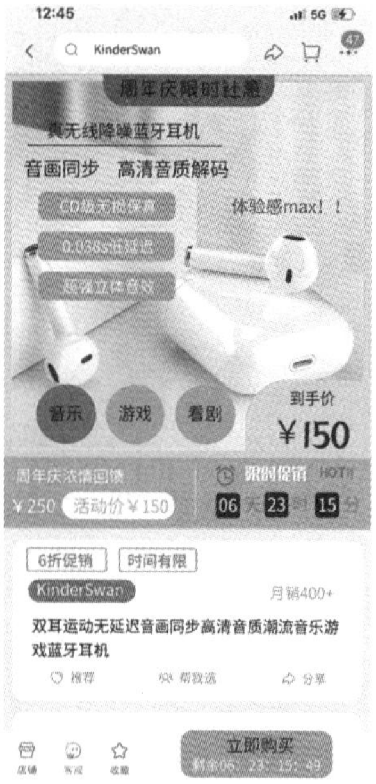

图 4　低压享乐品(蓝牙耳机)

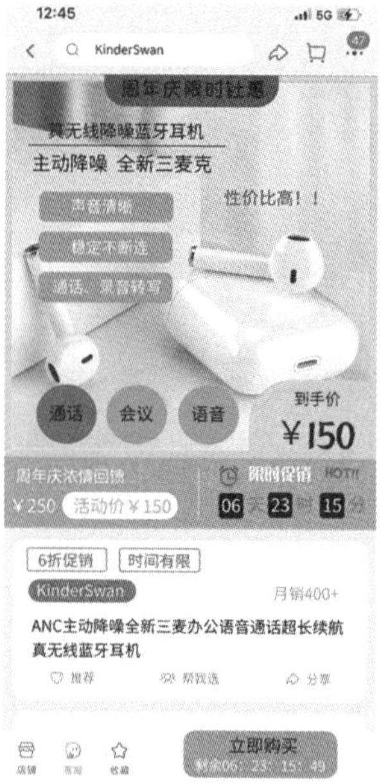

图 5　低压实用品(蓝牙耳机)

有购买该产品的冲动；IB4，我对本来不在购物计划内的产品体验到强烈的冲动购买意愿)，$\alpha=0.888$。时间压力的测量借鉴赵占波等(2015)和席恺媛等(2019)的量表，有 4 个问项(TP1，我感觉商家规定的促销时间有限；TP2，此次促销剩余时间让我觉得需要快速做出决策；TP3，购物过程中，我一点也感觉不到紧张；TP4，购物过程中，我感觉没有充足的时间去选择)，$\alpha=0.850$。产品属性和卷入度的测量与预实验一致。

3.2 数据分析

问卷回收后，剔除少量不符合要求的样本(如检验题目回答错误或答案无变化)，并进行二次收集，以确保每个实验组都收集到50份有效问卷。累计招募220名被试，问卷回收率为91%。其中，男性样本91份，占总体样本的45.5%；女性样本109份，占总体样本的54.5%，男女比例分布相对均衡。组间其他人口统计信息及消费特征均无显著差异。

(1)操纵检验。首先，以时间压力为分组变量进行独立样本T检验，结果显示，消费者在低压组和高压组感知到的时间压力具有显著差异($M_{高压组}=5.24$，$SD_{高压组}=1.02$；$M_{低压组}=3.37$，$SD_{低压组}=1.26$；$t=11.532$，$p=0.000<0.05$)，表明对时间压力的操纵成功。接着，以产品类型为分组变量进行独立样本T检验，结果显示，对同一蓝牙耳机的不同描述给消费者带来的产品属性感知差异显著($M_{享乐组}=4.76$，$SD_{享乐组}=1.88$；$M_{实用组}=3.14$，$SD_{实用组}=1.84$；$t=6.153$，$p=0.000<0.05$)，而在卷入度上无显著差异($M_{享乐组}=5.42$，$SD_{享乐组}=0.77$；$M_{实用组}=5.31$，$SD_{实用组}=0.75$；$t=1.003$，$p=0.317>0.05$)，表明对产品类型的操纵成功。

(2)主效应和调节效应检验。以冲动购买意愿为因变量，以时间压力和产品类型为固定因子开展双因素方差分析，结果显示，时间压力对冲动购买意愿的主效应显著($F=6.684$，$p=0.010<0.05$)；产品类型对冲动购买意愿的主效应不显著($F=0.705$，$p=0.402>0.05$)；时间压力与产品类型的交互作用显著影响冲动购买意愿($F=5.239$，$p=0.023<0.05$)。即假设H1和H2a成立。

进一步进行简单效应分析，如图6所示，当购买享乐品时，消费者在高时间压力下的冲动购买意愿相较低时间压力下的冲动购买意愿显著提升($M_{高压组}=5.29$，$SD_{高压组}=1.07$；$M_{低压组}=4.81$，$SD_{低压组}=0.71$；$t=3.285$，$p=0.001<0.05$)；但当购买实用品时，主效应不显著($M_{高压组}=4.55$，$SD_{高压组}=0.99$；$M_{低压组}=4.77$，$SD_{低压组}=0.64$；$t=-0.221$，$p=0.826>0.05$)。假设H2b、H2c成立。

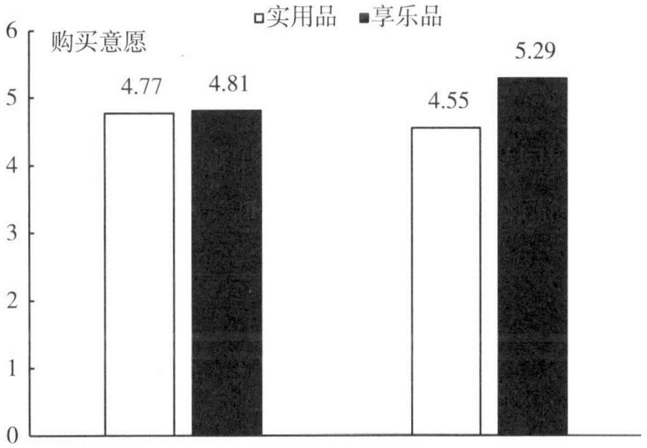

图6　时间压力与产品类型对冲动购买意愿的交互效应

3.3 结果讨论

实验一的结果验证了假设 H1、H2a、H2b、H2c。通过对限时促销中时间压力和产品类型的操控，发现产品类型显著调节了时间压力和消费者冲动购买意愿之间的关系。具体而言，只有当消费者面对的促销产品是享乐品时，限时促销所营造的时间压力越高，消费者的冲动购买意愿越强；然而，当消费者面对的促销产品是实用品时，则不会产生上述效果。

4. 实验二

实验二的目的是测量前瞻性情绪在时间压力和产品类型交互影响消费者冲动购买意愿的中介效应，并进一步验证实验一结果的稳健性。

4.1 实验方法与步骤

(1)实验设计。实验二同样采用 2(时间压力：高压 vs. 低压)×2(产品类型：享乐品 vs. 实用品)的组间设计，从问卷星调研平台抽取被试，并随机分配到四个组。正式实验时，首先，模拟消费者有一定购买智能手表的意愿来满足自己需求的情景，要求被试设想在浏览购物网站时恰好看到一则智能手表的促销信息。接着，向被试展示具体的促销信息，要求被试至少浏览 30s 限时促销的产品图片。此后，测量被试对该智能手表的冲动购买意愿、预期后悔、预期惊喜、产品属性感知以及在决策过程中感受到的时间压力。最后收集人口统计信息，包括性别、年龄、学历及消费特征等。

(2)实验材料。实验二选取智能手表作为实验产品。为了避免品牌偏好对消费者的影响，构建新的智能手表品牌 CIDONA，并告知消费者新品牌极其畅销且广受好评，产品质量能够得到保证。为了让消费者更加明显地感知到促销幅度，产品均采取“六折”折扣，并根据预实验中消费者对产品支付意愿的测度来设计产品价格。为了营造限时促销带来的时间压力感并对时间压力程度进行区分，高时间压力组的促销剩余时间设置为“0 天 0 时 15 分钟”，低时间压力组设置为 6 天 23 时 15 分钟。结合上述信息与对产品的差异描述，利用 Pixso 软件对促销产品进行虚拟构图(图 7、图 8、图 9、图 10)，使消费者能够更直观地了解产品的促销信息，营造出更加真实的购物氛围。

(3)变量测量。研究采用李克特七级量表对被试的冲动购买意愿、预期后悔、预期惊喜、产品属性与时间压力进行测量。其中，预期后悔借鉴郝辽钢和曾慧(2017)的量表，有 4 个问项(AR1，如果我现在不购买，我会感到非常郁闷；AR2，如果我现在不购买，我会感到内心不安；AR3，如果我错过这次促销活动，我会感到一种错失机会的遗憾；AR4，如果我这次没有购买，下次再来购买该产品时，如果产品价格比现在更高，我会感到非常后悔)，$\alpha = 0.879$。预期惊喜借鉴 Bagozzi 等(2016)的量表，有 4 个问项(AS1，我期待购买该产品能给我带来愉快的体验；AS2，如果我现在购买该产品，我会感到内心充满喜悦；AS3，如果我能够在促销结束前把握住购买该产品的机会，我会感到非常满足；AS4，如果我顺利地买到该产品，我会感到非常兴奋)，$\alpha=0.811$。冲动购买意愿($\alpha=0.864$)、时间压力($\alpha=0.879$)及产品属性的测量与预实验一致。

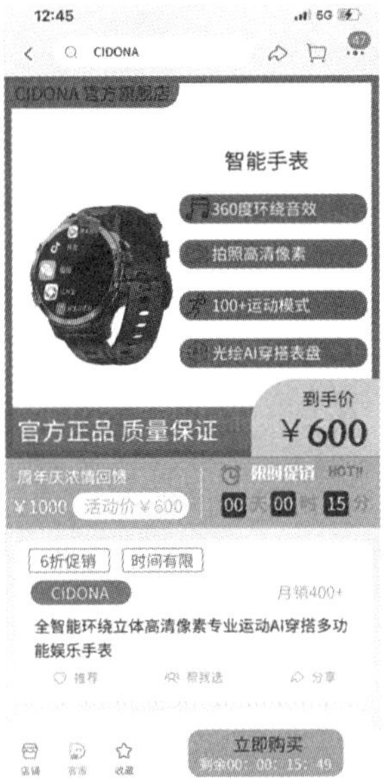

图 7　高压享乐品(智能手表)

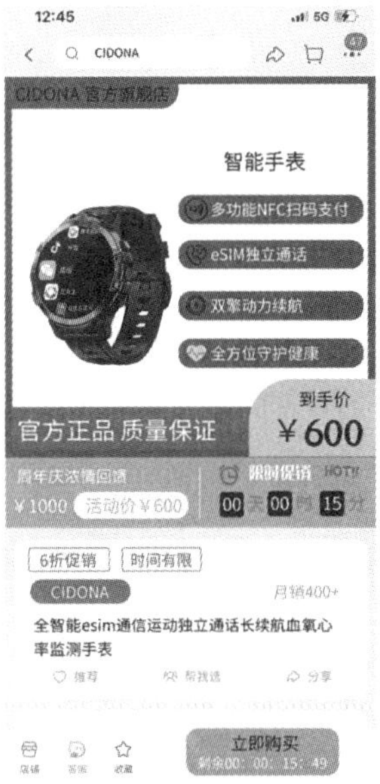

图 8　高压实用品(智能手表)

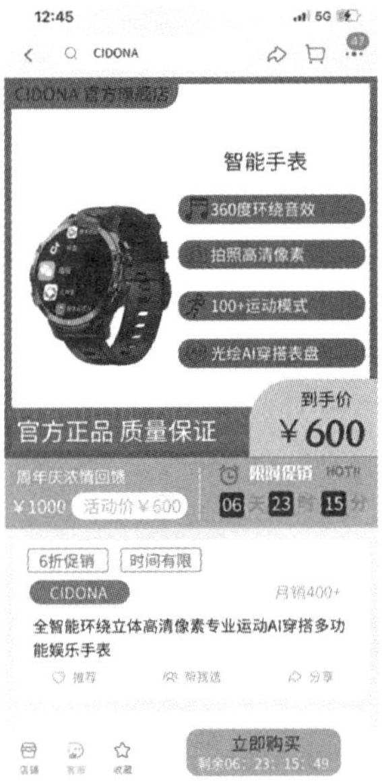

图 9　低压享乐品(智能手表)

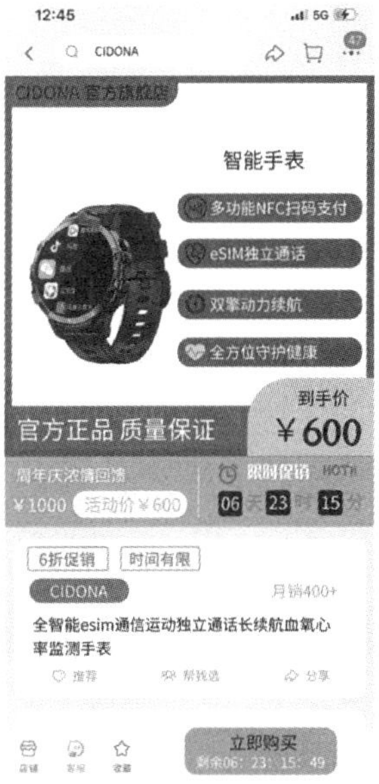

图 10　低压实用品(智能手表)

4.2　数据分析

问卷回收后，剔除少量不符合要求的样本(如检验题目回答错误或答案无变化)，并进行二次收集，以确保每个实验组都收集到 50 份有效问卷。累计招募 228 名被试，问卷回收率为 87.7%。其中，男性样本 94 份，占总体样本的 47%；女性样本 106 份，占总体样本的 53%，男女比例分布相对均衡。组间其他人口统计信息及消费特征无显著差异。

（1）操纵检验。首先，以时间压力为分组变量进行独立样本 T 检验，结果显示，消费者在低压组和高压组感知到的时间压力具有显著差异（$M_{高压组}=5.54$，$SD_{高压组}=0.88$；$M_{低压组}=3.61$，$SD_{低压组}=1.19$；$t=12.970$，$p=0.000<0.05$），表明对时间压力的操纵成功。接着，以产品类型为分组变量进行独立样本 T 检验，结果显示，对同一智能手表的不同描述给消费者带来的产品属性感知差异显著（$M_{享乐组}=4.14$，$SD_{享乐组}=1.89$；$M_{实用组}=2.43$，$SD_{实用组}=1.34$；$t=7.387$，$p=0.000<0.05$），而在卷入度上无显著差异（$M_{享乐组}=5.45$，$SD_{享乐组}=0.70$；$M_{实用组}=5.51$，$SD_{实用组}=0.84$；$t=-0.548$，$p=0.584>0.05$），表明对产品类型的操纵成功。

（2）主效应和调节效应检验。以冲动购买意愿为因变量，以时间压力和产品类型为固定因子开展双因素方差分析，结果显示，时间压力对冲动购买意愿的主效应显著（$F=8.091$，$p=0.005<0.05$）；产品类型对冲动购买意愿的主效应不显著（$F=0.010$，$p=0.920>0.05$）；时间压力与产品类型的交互作用显著影响冲动购买意愿（$F=4.731$，$p=0.031<0.05$）。再次验证假设 H1、H2a。

进一步进行简单效应分析，如图 11 所示，当购买享乐品时，消费者在高时间压力下的冲动购买意愿比低时间压力下的冲动购买意愿显著提升（$M_{高压组}=5.39$，$SD_{高压组}=1.19$；$M_{低压组}=4.64$，$SD_{低压组}=1.37$；$t=3.742$，$p=0.000<0.05$）；当购买实用品时，时间压力对冲动购买意愿的主效应不显著（$M_{高压组}=5.05$，$SD_{高压组}=0.87$；$M_{低压组}=4.95$，$SD_{低压组}=0.85$；$t=4.513$，$p=0.653>0.05$）。假设 H2b、H2c 再次得到验证。

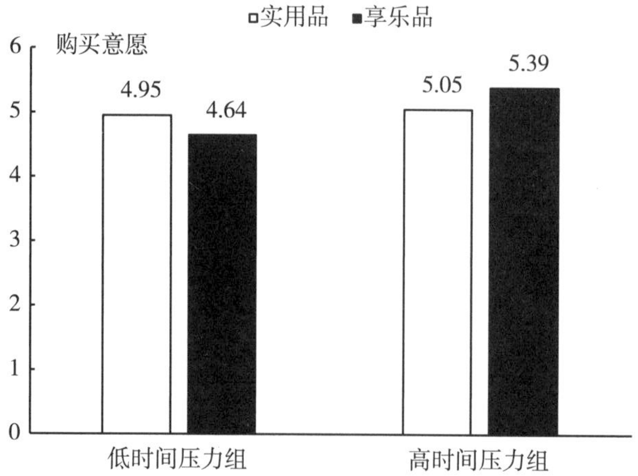

图 11　时间压力与产品类型对冲动购买意愿的交互效应

（3）中介效应检验。首先，分别以预期后悔、预期惊喜为因变量，时间压力和产品类型为固定因子开展双因素方差分析，结果显示，时间压力对预期后悔的主效应显著（$F=6.111$，$p=0.014<0.05$），时间压力和产品类型的交互作用显著影响预期后悔（$F=3.935$，$p=0.049<0.05$）；时间压力对预期惊喜的主效应显著（$F=6.229$，$p=0.013<0.05$），时间压力和产品类型的交互作用显著影响预期惊喜（$F=2.944$，$p=0.088<0.10$）。假设 H3a、H3b 成立。

进一步进行简单效应分析，时间压力与产品类型对预期后悔、预期惊喜的交互效应分别见图 12、图 13。当购买享乐品时，消费者在高时间压力下的预期后悔、预期惊喜相较低时间压力下的预期后悔、预期惊喜更加强烈。当购买实用品时，时间压力对预期后悔、预期惊喜的主效应不显著。

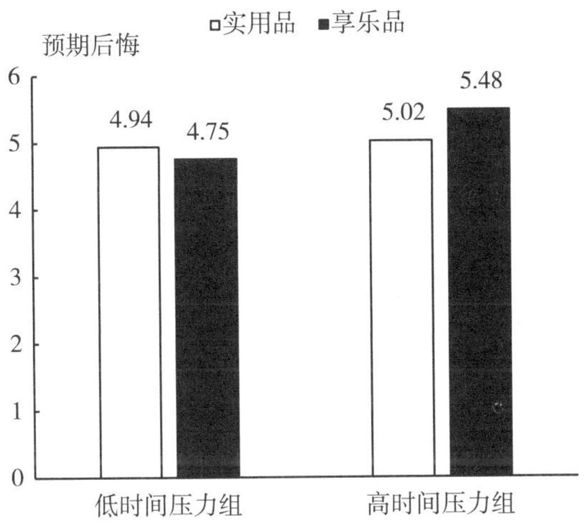

图 12 时间压力与产品类型对预期后悔的交互效应

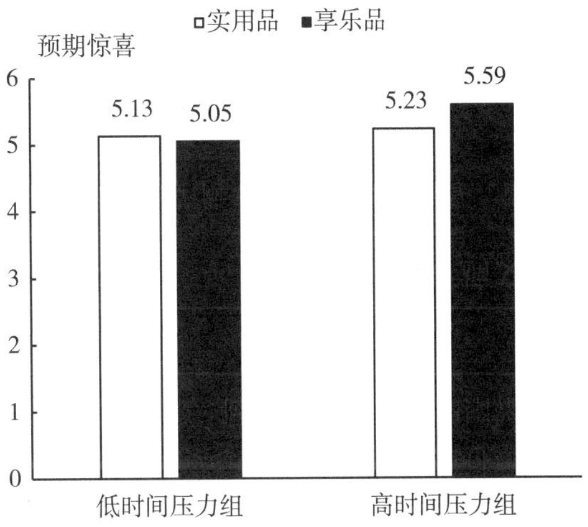

图 13 时间压力与产品类型对预期惊喜的交互效应

接着，以冲动购买意愿为因变量，时间压力和产品类型为固定因子，预期后悔和预期惊喜为协变量开展双因素方差分析，结果如表 2 所示，在加入预期后悔和预期惊喜后，时间压力对冲动购买意愿的效应变得不显著（$F=1.842$，$p=0.176>0.05$）；时间压力和产品类型对冲动购买意愿的交互作用变得不显著（$F=1.097$，$p=0.296>0.05$）；预期后悔对冲动购买意愿效应显著（$F=53.419$，$p=0.000<0.05$）；预期惊喜对冲动购买意愿效应显著（$F=12.817$，$p=0.000<0.05$）。因此，可以证实预期后悔和预期惊喜在时间压力对冲动购买意愿的影响中起中介作用。假设 H4a、H4b 成立。

表 2 **冲动购买意愿与预期后悔、预期惊喜、时间压力、产品类型主体间效应检验**

因变量：冲动购买意愿					
来源	Ⅲ类平方和	自由度	均方	*F*	*p*
修正的模型	103.448	5	20.690	30.955	0.000
截距	9.893	1	9.893	14.801	0.000
预期后悔	35.704	1	35.704	53.419	0.000
预期惊喜	8.566	1	8.566	12.817	0.000
时间压力	1.231	1	1.231	1.842	0.176
产品类型	0.338	1	0.338	0.505	0.478
时间压力×产品类型	0.733	1	0.733	1.097	0.296
误差	129.666	194	0.668		
总计	5248.125	200			
修正后总计	233.114	199			

注：$R^2=0.444$（调整后 $R^2=0.429$）

4.3 结果讨论

实验二的结果再次验证了实验一的结论，增强了情景实验结果的稳健性，并验证了假设 H3a、H3b、H3c、H3d、H4a 和 H4b。时间压力与预期后悔、预期惊喜呈正相关，预期后悔、预期惊喜与消费者冲动购买意愿呈正相关。同时，预期后悔、预期惊喜在时间压力—产品类型对冲动购买意愿的交互影响中起中介作用。具体来说，当消费者购买享乐品时，高时间压力会激发更强烈的预期惊喜和预期后悔情绪，进而增加消费者的冲动购买意愿。然而，当消费者购买实用品时，时间压力对预期后悔、预期惊喜及消费者冲动购买意愿的影响不存在显著差异。

5. 研究结论与启示

5.1 研究结论

随着造节营销活动的频繁举办以及消费者购买行为的转变，促销活动的效果逐渐呈现疲态。如何重新激活限时促销活动的营销效果已引起业界和理论界的广泛探讨，尤其关注企业应如何巧妙设计限时促销活动以更好地满足消费者的情绪需求，从而促进他们的冲动购买。因此，本研究基于 S-O-R 理论框架，探讨限时促销所营造的时间压力对消费者冲动购买意愿的影响，并将前瞻性情绪引入时间压力在不同产品类型条件下影响消费者冲动购买意愿的心理作用机制。研究结论如下：

第一，消费者在限时促销中感知到的时间压力与其冲动购买意愿呈正相关。也就是说，当消费者感知到更高的时间压力时，其冲动购买意愿更强。

第二，时间压力对消费者冲动购买意愿的影响受产品类型的调节。只有当消费者购买享乐品时，时间压力对其冲动购买意愿的影响差异才被放大，即在低时间压力下，消费者对享乐品的冲动购买意愿相对较低，随着时间压力的提升，消费者的冲动购买意愿显著增强。然而，当消费者购买实用品时，时间压力对消费者冲动购买意愿的影响则无显著差异。

第三，时间压力与消费者的前瞻性情绪呈正相关，即时间压力越高，消费者的前瞻性情绪越强烈。这种前瞻性情绪在时间压力—产品类型对消费者冲动购买意愿的交互影响中起到中介作用。具体来说，当消费者购买享乐品时，相较于低时间压力，高时间压力通过前瞻性情绪使消费者产生更强烈的冲动购买意愿。然而，当消费者购买实用品时，时间压力对前瞻性情绪及消费者冲动购买意愿的影响并不存在显著差异。

5.2 研究贡献

相较于以往的研究与认知，本文能在以下几个方面形成有益补充：

首先，营销刺激和情景因素能对消费者购买行为产生重要影响，以往围绕限时促销的研究集中在消费者参与动机和购买行为等方面(席恺媛等，2019)，而涉及冲动购买的研究相对较少。本研究发现时间压力能够促进消费者的冲动购买意愿，这与前人的研究结论大致吻合，在一定程度上丰富了限时促销理论的研究。同时，基于S-O-R理论，本文深入探讨了限时促销中消费者冲动购买意愿的认知机制，验证了限时促销所带来的时间压力可视为外部因素对消费者前瞻性情绪和冲动购买意愿产生重要影响，由此支持了S-O-R模型在限时购物情景中的适用性，拓展了S-O-R理论的应用范围，并为限时促销领域的深入研究奠定基础。

其次，学界对产品类型在影响消费者行为方面的调节作用仍存在不同的观点(朱振中等，2020；黄敏学等，2023)，限时促销对消费者冲动购买影响的边界条件有待进一步探究。本研究将产品类型引入研究框架，验证了产品类型在时间压力与消费者冲动购买意愿之间的调节作用，同时界定了限时促销下时间压力能够有效发挥作用的边界条件。这一研究拓展和深化了产品类型调节效应的研究，为理论和应用领域构建了更清晰的框架。

最后，以往的研究更多聚焦于单一或负面情绪对消费者行为的影响(卢长宝等，2020)，无法全面揭示限时促销诱发的“狂热情绪”并忽略了“促销带来的享乐及愉悦”等情绪的事实。相比之下，本研究分别选取预期后悔和预期惊喜作为前瞻性情绪的负性和正性代表，证实了前瞻性情绪在时间压力—产品类型对消费者冲动购买意愿影响中的中介作用，且时间压力所诱发的情绪不是单一的而是复杂的，正负性情绪都是能促进消费者冲动购买的重要因素。这一发现不仅对前瞻性情绪理论的研究做出了贡献，还为理解时间压力对消费者冲动购买意愿的影响机制提供了新的线索。

5.3 营销启示

针对商家而言，研究结论有助于更深入理解消费者在限时促销活动中做出冲动购买决策的心理过程，为制定高效的限时营销策略提供有益的指导。

首先，商家可以通过创新限时促销活动的设计，加强时间压力对消费者冲动购买欲望的促进效应。例如，在活动限时设置方面，可以强化促销倒计时的提示、提高促销剩余时间的精确度、设计更具紧迫感的促销文案等；在活动限时形式方面，可提前公布促销计划、推出小时特惠等活动。

其次，商家应根据不同产品类型制定差异化的限时促销策略，以达到最佳的促销效果。一方面，可以侧重描述促销产品的享乐特点，增强消费者对同一产品享乐属性的感知，进而让限时促销活动营造的时间压力能够更有效地发挥作用。另一方面，在享乐品的促销活动中，增加时间限制的压力常能取得良好效果，而将其改成实用品则效果可能不明显甚至产生负面后果。因此，在设计实用品的限时促销活动时，可考虑适度延长促销时间或增加其他优惠点以促进产品购买。

最后，商家还可以加强引导和运用前瞻性情绪，丰富情感化营销手段。既能运用传统的限时营销方式突出产品的独特性、稀缺性，如“机不可失，失不再来”“重磅优惠不容错过”等语言激发消费者的预期后悔情绪，还可以采用生动、情感化的广告语言和形象来展示产品使用后带来的愉悦感，增强消费者对产品积极体验的预期，进而提升购买意愿和动力。

5.4 研究局限与展望

首先，本研究中时间压力的变化仅操纵了与客观时间压力相关的促销剩余时间，而与主观时间压力有关的品牌、价格、折扣率和折扣呈现方式保持不变。实际上，主观时间压力也会对消费者的冲动购买意愿产生影响(郝辽钢和曾慧，2017)。因此，未来的研究可以考虑引入诸如品牌规模、产品价格、折扣率等因素，以更深入地探讨它们对消费者冲动购买意愿的影响。

其次，尽管本研究通过 Pixso 软件模拟构建了现实购物界面，但受试者仅能看到与产品相关的图片信息，与真实的购物场景仍有差异。未来的研究还可以考虑在更真实的购物情景中进行实验，以提高研究结果的外部效度，并进一步验证本文所得出的结论。

再次，本文主要关注了前瞻性情绪中的预期后悔和预期惊喜，而未能全面分析其他前瞻性情绪的影响。未来的研究可以加入其他前瞻性情绪，如预期失望、害怕等，并深入探讨它们对消费者决策的影响。

最后，限时促销对消费者冲动购买的影响路径可能有多种，未来需要进一步探讨其中的作用机制，并考虑将促销策略的执行方式、促销信息的传播渠道、消费者个体差异等因素纳入研究，以更全面地理解限时促销的效应机制。

◎ 参考文献

[1]郝辽钢，曾慧．时间压力与调节聚焦对促销框架效应的影响研究[J]．管理工程学报，2017，31(1)．

[2]黄京华，金悦，张晶．企业微博如何提升消费者忠诚度——基于社会认同理论的实证研究[J]．南开管理评论，2016，19(4)．

[3]黄敏学，叶钰芊，王薇．不同类型产品下直播主播类型对消费者购买意愿和行为的影响[J]．南开管理评论，2023，26(2)．

[4]黄思皓，肖金岑，金亚男．基于 S-O-R 理论的社交电商平台消费者持续购买意愿影响因素研究[J]．软科学，2020，34(6)．

[5]李飞．生活者营销：一个新的营销理论框架[J]．北京工商大学学报(社会科学版)，2022，37(4)．

[6]李永强，彭峰，白璇．消费者愿意购买零售商自有品牌吗？[J]．管理世界，2008(10)．

[7]刘洋，李琪，殷猛．网络直播购物特征对消费者购买行为影响研究[J]．软科学，2020，34(6)．

[8]卢长宝，彭静，李杭．限量促销诱发的前瞻性情绪及其作用机制[J]．管理科学学报，2020，23(5)．

[9]卢长宝，秦琪霞，林颖莹．虚假促销中消费者购买决策的认知机制：基于时间压力和过度自信的实证研究[J]．南开管理评论，2013，16(2)．

[10]万禹．限制性促销对消费者在线冲动性购买意愿的影响研究[D]．重庆：重庆工商大学，2021.
[11]汪旭晖，王佳淏，乌云．专门带货还是分享带货：网红直播类型与产品类型的交互作用对消费者购买意愿的影响[J]．财经论丛，2023(5).
[12]王晓田，王娜，何金波．前瞻性情绪作为社会风险的信息源假说：公共场景下风险决策的情绪及文化机制探讨[J]．心理科学进展，2021，29(6).
[13]席恺媛，王欣，梁浩．线上促销倒计时的精确程度对消费者购买意愿的影响[J]．经济与管理，2019，33(5).
[14]熊奇英，熊立．品牌依恋如何提高网络主播带货成绩——基于多路径的作用机制研究[J]．江西财经大学学报，2022（2).
[15]姚卿，陈荣，段苏桓．产品类型对购物冲量效应的调节作用分析[J]．心理学报，2013，45(2).
[16]张洁梅，孔维铮．网络负面口碑对消费者冲动性购买意愿的影响——负面情绪的中介作用[J]．管理评论，2021，33(6).
[17]赵占波，杜晓梦，梁帆，等．产品类型和时间压力对消费者网络冲动性购买倾向的影响[J]．营销科学学报，2015，11(2).
[18]郑军，刘丽云，张初兵．直播带货中冲动购买意愿的唤醒——基于整体社会临场感的有调节的中介模型[J]．珞珈管理评论，2021(3).
[19]周元元，胡杨利，张琴，等．时间压力下你想听什么？参照组影响对冲动购买的调节[J]．心理学报，2017，49(11).
[20]朱华伟，唐典华，段晓玲．限量还是限时促销更能导致分享？感知稀缺性与利他动机的链式中介作用[J]．营销科学学报，2018，14(2).
[21]朱振中，李晓君，刘福，等．外观新颖性对消费者购买意愿的影响：自我建构与产品类型的调节效应[J]．心理学报，2020，52(11).
[22]Aminilari，M.，Pakath，R. Searching for information in a time-pressured setting：Experiences with a text-based and an image-based decision support system[J]. Decision Support Systems，2005，41(1).
[23]Ariely, D.，Zakay，D. A timely account of the role of duration in decision making[J]. Acta Psychologica，2001，108(2).
[24]Bagozzi, R. P.，Belanche，D.，Casaló，L. V.，et al. The role of anticipated emotions in purchase intentions[J]. Psychology & Marketing，2016，33(8).
[25]Bagozzi, R. P.，Dholakia，U. M.，Basuroy，S. How effortful decisions get enacted：The motivating role of decision processes，desires，and anticipated emotions[J]. Journal of Behavioral Decision Making，2003，16(4).
[26]Bagozzi，R. P.，Pieters，R. Goal-directed emotions[J]. Cognition & Emotion，1998，12(1).
[27]Batra，R.，Stayman，D. M. The role of mood in advertising effectiveness[J]. Journal of Consumer Research，1990，17(2).
[28]Baumgartner，H.，Pieters. R.，Bagozzi，R. P. Future-oriented emotions：Conceptualization and

behavioral effects[J]. European Journal of Social Psychology, 2008, 38(4).
[29] Beutty, S. E., Ferrell, M. E. Impulse buying: Modeling its precursors[J]. Journal of Retailing, 1998, 74(2).
[30] Dhar, R., Wertenbroch, K. Consumer choice between hedonic and utilitarian goods[J]. Journal of Marketing Research, 2000, 37(1).
[31] Iyengar, R., Van den Bulte, C., Lee, J. Y. Social contagion in new product trial and repeat[J]. Marketing Science, 2015, 34(3).
[32] Lockwood, P., Jordan, C. H., Kunda, Z. Motivation by positive or negative role models: Regulatory focus determines who will best inspire us[J]. Journal of Personality and Social Psychology, 2002, 83(4).
[33] Loewenstein, G. F., Weber, E. U., Hsee, C. K., et al. Risk as feelings[J]. Psychological Bulletin, 2001, 127(2).
[34] Mehrabian, A., Russell, J. A. An approach to environmental psychology[M]. Cambridge: the MIT Press, 1974.
[35] Millers, B. A. Choice and the relative pleasure of consequences[J]. Psychological Bulletin, 2000, 126(6).
[36] Proksch, M., Orth, U. R., Cornwell, T. B. Competence enhancement and anticipated emotion as motivational drivers of brand attachment[J]. Psychology & Marketing, 2015, 32(9).
[37] Rook, D. W., Fisher, R. J. Trait and normative aspects of impulsive buying behavior[J]. Journal of Consumer Research, 1995, 22(3).
[38] Roy, R., Ng, S. Regulatory focus and preference reversal between hedonic and utilitarian consumption [J]. Journal of Consumer Behaviour, 2012, 11(1).
[39] Shen, F. Information congruity in scarcity appeal: A structural equation modeling study of time-limited promotions[J]. Journal of Marketing Communications, 2016, 22(2).
[40] Sierra, J. J., Hyman, M. R. In search of value: A model of wagering intentions [J]. Journal of Marketing Theory and Practice, 2009, 17(3).
[41] Sohn, H. K., Lee, T. J. Tourists' impulse buying behavior at duty-free shops: The moderating effects of time pressure and shopping involvement[J]. Journal of Travel & Tourism Marketing. 2017, 34(3).
[42] Svenson, O., Maule, A. J. Time pressure and stress in human judgment and decision making[M]. New York: Plenum, 1993.
[43] Voss, K. E., Spangenberg, E. R., Grohmann, B. Measuring the hedonic and utilitarian dimensions of consumer attitude[J]. Journal of Marketing Research, 2003, 40(3).
[44] Xie, C., Bagozzi, R. P., Østli, J. Cognitive, emotional, and sociocultural processes in consumption [J]. Psychology & Marketing, 2013, 30(1).

The Cognitive Mechanism of Impulse Purchase Intention in Limited-time Promotions: An Empirical Study Based on Time Pressure and Prospective Emotions

Wen Xingqi[1] Zhou Bangdong[1] Zhou Min[2]

(1 Economics and Management School, Wuhan University, Wuhan, 430072;

2 School of Finance and Statistics, Hunan University, Changsha, 410004)

Abstract: The frequent hosting of shopping festivals has led to a decline in consumers' perception of limited-time promotion activities. Addressing the marketing fatigue caused by the proliferation of fabricated festivals and reigniting market vitality have become an urgent challenge for the industry. With the emergence of more emotional consumption forms and the trend of consumer shopping behavior pre-positioning, prospective emotions are increasingly becoming a critical factor influencing purchasing behavior. Therefore, exploring the evolutionary process of consumers' prospective emotions during limited-time promotions holds significant practical implications. Based on the S-O-R analysis framework, we construct an intermediate model with time pressure as the independent variable, prospective emotions (anticipated regret, anticipated delight) as the mediating variable, and impulse purchase intention as the dependent variable, while also analyzing the moderating effect of product type. Through two experimental studies, we find that time pressure during limited-time promotions significantly positively influences consumers' impulse purchase intention. The type of product plays a moderating role between time pressure and consumers' impulse purchase intention. Prospective emotions mediate the interaction effect of time pressure and product type on consumers' impulse purchase intention. Specifically, when facing hedonic products, time pressure significantly positively influences the prospective emotions of consumers, thereby amplifying differences in impulse purchase intention. In contrast, when facing utilitarian products, time pressure does not significantly affect prospective emotions or impulse purchase intention. This study extends the application of the S-O-R theory in the field of limited-time promotions, delineates boundary conditions under which limited-time promotional activities effectively function based on product type, deepens our understanding of prospective emotions driving impulse purchases, and provides practical guidance for businesses to optimize their limited-time marketing strategies.

Key words: Limited-time promotions; Time pressure; Impulse purchase intention; Prospective emotions; Product type

专业主编：寿志钢

辅助诊疗系统采用对医生用药多样性的影响*

● 崔　楠　谢济全　吕君颜
（武汉大学经济与管理学院　武汉　430072）

【摘　要】医生的处方行为在医疗过程扮演着至关重要的角色，但在处方开具过程中，经常会发生医生多重用药、开药种类过多等问题，这类处方行为会导致用药多样性的增加，可能会导致诸如抗生素药物滥用等负面影响。如何降低上述处方开具行为的负面影响是医疗管理中的一个重要议题。医疗智慧化技术的发展，尤其是辅助诊疗系统在医疗系统的应用，为缓解上述负面效应提供了一个有希望的途径。然而，辅助诊疗系统能否降低医生开具处方时的用药多样性，从而缓解医生多重用药等负面效应，这一问题尚未得到系统的实证考察。本文利用从我国某省会城市卫健委获取的相关数据，通过构建多期DID模型，实证探讨了辅助诊疗系统采用对医生处方用药多样性与患者医疗成本的影响。研究发现，辅助诊疗系统的采用减少了医生处方的用药多样性，医疗机构等次在辅助诊疗系统对医生处方行为的影响中起调节作用。研究结果从专业服务提供者的视角为智慧化技术的实施效果提供了解释，弥补了现有文献中对医生处方行为研究的不足。

【关键词】辅助诊疗系统　处方行为　用药多样性　多期双重差分
中图分类号：F713.5；R197.324　　　文献标识码：A

1. 引言

医生的处方行为在医疗过程中扮演着至关重要的角色，其规范性和准确性直接关系到患者的治疗效果。在处方开具的实际实践中，经常会发生医生多重用药、开药种类过多和处方开具不符合最佳实践等问题(Abouzahra et al.，2024；Lu et al.，2023)。上述问题的发生，既有在药物使用和处方指南方面医生所接受的培训和教育不足的原因，也是医生为了满足患者的期望或减少向患者解释的时间(Lyu et al.，2017)而产生的结果。这类处方行为通常反映为医生在开具处方时会使用更多不同的

* 基金项目：国家自然科学基金面上项目“专业服务资源不平衡性和异质性视角下的智慧医疗服务及其服务绩效研究”(7217020712)。
通讯作者：崔楠，E-mail：nancui@whu.edu.cn。

药品，即医生用药多样性的增加。用药多样性的增加，不仅导致多种药品间相互作用的风险增加，导致诸如抗生素等药物滥用问题(Stivers，2021)，而且还可能增加患者所负担的医疗成本(Delara et al.，2022)。如何降低上述处方开具行为的负面影响是医疗管理中的一个重要议题。

医疗智慧化技术的发展为缓解上述负面效应提供了一个有希望的途径。近年来，在《"健康中国2030"规划纲要》等文件的指导下，我国各级医疗机构积极推动医疗信息化和人工智能医疗的应用，诸如辅助诊疗系统等信息系统被运用于医疗实践中。辅助诊疗系统利用数据分析、人工智能和其他先进技术，从电子健康记录、临床指南、医学文献等多种来源获取和处理信息，并将信息及时提供给医生，为医生在诊断、治疗和管理患者过程中提出建议(Sutton et al.，2020)。先前研究发现，辅助诊疗系统的采用能为医生和患者带来多种利益。例如，使用辅助诊疗系统可以提高医生疾病诊断的准确性，提高医生工作效率，使医生能将更多时间投入患者护理(Liang & Xue，2022)；辅助诊疗系统的采用也能够提高患者用药依从性，并减少症状复发、急诊就诊次数、住院和再入院率，提高整体医疗质量和患者的治疗效果(Aremu et al.，2022)。

然而，现有研究鲜有关注辅助诊疗系统能否通过对医生处方行为产生约束，降低医生在开具处方时的用药多样性，从而缓解医生多重用药、处方开具不符合最佳实践等问题。上述问题的答案并非显而易见。一方面，智慧医疗技术通常依赖于最新的临床指南和证据库。这些系统向医生提供基于证据的标准化的治疗建议，有可能促使医生更多地遵循标准化治疗方案，减少个体化处方开具的可能性(Abouzahra et al.，2024)。此外，通过提供警示和提醒功能，辅助诊疗系统能够帮助医生识别和避免不必要药物使用。这种变化提高了医疗服务的安全性和一致性，也可能显著降低处方药物的总体费用(Bouayad et al.，2020)以及减少再入院率(Park et al.，2022)。另一方面，作为专业化服务的提供者，医生在服务诊疗过程的专长性及其长期的工作模式和习惯，可能会导致其忽视辅助诊疗系统提供的用药推荐(Dai & Singh，2020)，从而降低其依从或采用辅助诊疗系统的可能性。因此，综合来看，辅助诊疗系统对医生用药多样性的影响尚未得到系统性和实证性的检验。

探讨辅助诊疗系统采用对于医生用药多样性的影响不仅能提供有关智慧医疗如何影响医生处方行为的洞见，而且也有利于增进我们对专业化服务情境中智慧技术与个体行为多样性之间关系的理解。尽管先前有研究探讨了消费等非专业化领域中智慧化技术的采用对个体行为多样性的影响，但在专业服务领域，诸如辅助诊疗系统等智慧医疗系统的采用对医生处方行为的影响尚未得到有效研究。消费领域的相关文献表明，智能推荐系统的采用会导致"过滤泡沫""信息茧房"等行为多样性减少的负面效应(Chow et al.，2015；Davari et al.，2018)。然而，专业化服务情境不同于一般的消费情境。虽然服务提供者(如医生)对产品知识信息有着较强的掌握，但其处方行为并非纯粹依赖于自身偏好，而是要从治疗安全性和效果等多方面考量。因此，辅助诊疗系统的使用与医生处方药物多样性之间的影响关系并不明确。

本文利用从我国某省会城市卫健委获取的多家医疗机构的门诊数据，通过构建多期 DID 模型，实证探讨了辅助诊疗系统的采用对医生处方用药多样性与患者医疗成本的影响。该市部分医疗机构于 2022 年 1—8 月逐步上线运行辅助诊疗系统，为本文的实证研究提供了良好的研究情境。本研究以 2021 年 6 月至 2023 年 4 月作为观测期，以上线运行辅助诊疗系统的医疗机构的医生作为处理组，观测期内未上线辅助诊疗系统的医疗机构的医生作为对照组；通过对辅助诊疗系统上线前后处理组医生和对照组医生的处方行为进行比较，识别辅助诊疗系统对医生处方用药多样性及患者医疗成本的影响。研究发现，辅助诊疗系统的使用减少了医生处方的用药多样性。对上述效应的异质性分析发现，医疗机构等次在辅助诊疗系统对医生处方行为的影响中起调节作用。具体而言，甲等医疗机构医生使用辅助诊疗系统的影响可能更少。

本文通过分析医疗智慧化技术对医生处方行为的影响，丰富了智慧化技术对医疗服务行为影响的文献。本研究系统性和实证性地考察了辅助诊疗系统对医生用药多样性的影响，为智慧化技术对医生和患者的影响提供了新的分析维度和实证证据。此外，本研究也扩展了智能推荐对用户使用行为影响的研究文献，先前关于智能推荐对用户影响的研究主要集中于消费领域(Pariser，2011；Claussen et al.，2019)等非专业化的服务情境，针对专业化服务提供者的智能推荐研究缺少实地实证检验数据。本研究采用医生的实际门诊处方行为，为专业化服务领域中智能推荐系统对用户行为的影响提供了实证证据。本文也为政策制定者在医疗机构推荐辅助诊疗系统提供了依据，为引导药品市场的规范化和增强人民群众健康福祉提供了政策依据。

2. 文献回顾

2.1 医生处方行为

在诊疗过程中，医生的处方行为起着至关重要的作用。医生的处方是基于详细的患者病史和临床检查而开具的，可以帮助患者正确使用药物，避免药物滥用或误用，确保患者获得正确的诊断和适当的治疗(Wang et al.，2024)。通过处方，医生可以向患者传达重要的用药信息，包括剂量、服用方法和注意事项，以提高患者的依从性(Anathhanam et al.，2012)。此外，医生的处方行为影响着医疗资源的使用。例如，处方药品的种类和数量会影响药品库存和医院的采购计划。合理的处方可以避免药品浪费，优化资源配置(Davari et al.，2018)。

但处方开具的实际实践过程经常会发生一些可能会带来不良后果的问题。例如，多重用药(polypharmacy)，即医生倾向于同时开具多种药物，是医生处方行为中一个普遍存在的做法(Davari et al.，2018)。该实践做法的不当使用会给医疗效果和医疗成本造成负面影响(Wushouer et al.，2023)。一项针对社区老年糖尿病患者的研究显示，多重用药的发生率为 46.37%，其中 36.45%属于中度多重用药(使用 5~9 种药物)，9.93%属于重度多重用药(使用 10 种及以上药物)(Lu et al.，2023)。除了多重用药外，医生在实际操作中会开具一些不必要的药物。有研究表明，医生在与患者互动时，为了避免冲突或满足患者期望，会开具过多种类且不必要的药物(Morgan et al.，2015)，制药公司的营销策略也会导致不必要的药物开具(Khazzaka，2019)。此外，医生在药物使用、处方指南方面的培训和教育仍然不足，许多医生缺乏最新的医学知识，导致其处方行为不符合最佳实践(Basu & Garg，2018)。

医生开药种类过多可能导致过度医疗和药物滥用等问题。在诊断不明确时，医生可能为了覆盖更多可能的疾病而开具多种药物，这种做法可能导致不必要的药物使用(Brownlee et al.，2017)。此外，医生可能因为怕承担医疗风险，倾向于给患者开出更多药物以确保任何潜在健康问题都被涵盖，这样可能导致多余的处方开具(Sirovich et al.，2008)。另外，如果医生频繁开具多种药物，患者获取和滥用这些药物的机会就会增加，特别是那些具有成瘾潜力的药物，如阿片类药物(Compton and Volkow，2006)。当患者长期接触多种药物时，可能会产生心理或生理依赖，进一步推动药物滥用(Dart et al.，2015)。

以往研究对上述处方问题提供了一些解决方案。有研究发现加强对药物推广和营销活动的监管，防止制药公司通过赠送礼品和样品来影响医生的处方行为，可以减少不必要的药物开具(Khazzaka，2019)。教育干预、审计反馈和健康政策改变等措施可以在一定程度上改善抗生素的合理使用(Yao et al.，2020)。提供处方行为的反馈和设立合理用药的激励机制，可以促进医生遵循最佳实践和临床指南(Khazzaka，2019)，实施处方审核，通过审计来改进医生的处方行为，可以减少处方错误和不合理用药(Yao et al.，2020)。

近年来我国医疗数字化和智能化的发展迅速，各级医疗机构积极推动医疗信息化和人工智能医疗的使用，诸如辅助诊疗系统和电子健康记录等。作为一种新兴的智慧医疗系统，辅助诊疗系统能否通过对医生处方行为的约束来缓解医生开药数量过多、患者医疗成本过高，这一问题尚未得到系统性实证检验。

2.2 辅助诊疗系统对医生处方行为的影响

辅助诊疗系统(Clinical Decision Support System，CDSS)是智慧医疗的重要组成部分，旨在通过为医生提供医疗保健临床知识、患者信息和其他健康信息来有针对性地加强医疗决策(Osheroff et al.，2012)。CDSS 从各种来源(如电子健康记录、实验室测试结果和影像学报告)收集患者数据，这些数据被集成到一个综合的患者档案中。此外，CDSS 拥有一个知识库，通常包括最新的临床指南、药物数据库和疾病模型等(Chow et al.，2015)。CDSS 的推理引擎可以通过将患者的特征与知识库中的信息进行比对，生成诊断和治疗建议(Sutton et al.，2020)。

CDSS 为医生处方行为提供了很多好处。CDSS 通过综合患者的健康数据和最新的临床指南，帮助医生做出更为准确的诊断和处方开具决策，减少了误诊的可能性(Sutton et al.，2020)，也减少了因用药错误导致的医疗事故。CDSS 还可以简化文书工作，提高医生处方记录的完整性和准确性(Beeler et al.，2014)。医生可以通过 CDSS 快速访问相关的临床研究和数据，这提升了医生处方的科学性，并帮助减轻医生和护士的工作压力(Sutton et al.，2020)。

CDSS 可能通过以下几个方式减少医生处方用药多样性。首先，CDSS 通常基于最新的临床指南和最佳实践，为特定疾病提供标准化的治疗方案(Holstiege et al.，2015)。CDSS 可以帮助提高医生临床指南的依从性，通过自动提醒和推荐，医生更容易遵循最佳实践，从而减少医生对不必要种类药物的开具(Kwan et al.，2020)。其次，CDSS 能够实时提供药物相互作用、过敏反应和剂量建议等信息。当医生选择某种药物时，系统会根据患者的具体情况提供建议或警示，促使医生选择更为安全和标准化的药物，从而减少了用药的多样性(Taheri Moghadam et al.，2021)。再者，CDSS 通过整合大量的临床研究数据和指南，提供基于证据的治疗建议。这些建议通常基于大规模临床试验和专家共识，优先推荐效果最优、风险最小的药物，从而减少了用药的多样性(Gates et al., 2021)。

此外，一些因素可能阻碍 CDSS 对医生用药的规范效用。首先，医生长期形成的工作习惯和决策模式难以改变，可能导致他们对 CDSS 的建议持怀疑态度(Abouzahra et al., 2024; Prakash & Das, 2021)，从而继续使用多样化的用药方案(Jones et al., 2021)。其次，医生可能担心其专业水平因采用 CDSS 而受到质疑，有研究发现，专业技术水平较高和较低的医生使用 AI 辅助诊断的意愿低于专业水平中等的医生(Dai & Singh, 2020)。再者，医生需要充分的培训来有效采用 CDSS。如果培训不足，医生可能会感到不熟悉或不方便，从而降低对系统的依从性，如果缺乏足够的技术支持，医生在遇到系统问题时可能放弃采用 CDSS，转而依赖传统的用药方法(Gates et al., 2021; Taheri Moghadam et al., 2021)。

综上所述，CDSS 可能具有减少医生处方用药多样性的潜力，但这一潜力尚未得到全面证实。CDSS 通过提供基于证据的标准化治疗建议、减少药物相互作用风险和提高诊疗一致性等途径，理论上能够规范医生的用药行为(Reis et al., 2017)。然而，医生对 CDSS 的信任和依从性等问题可能会阻碍 CDSS 的应用效果。本文旨在通过实证证据来充分证明使用辅助诊疗系统在减少医生处方药物多样性方面的作用。通过全面的实证研究，本文可以帮助更好地理解 CDSS 在减少医生处方用药多样性方面的潜力和实际效果，为未来的系统开发和应用提供有价值的参考和指导。

3. 研究设计和研究数据

3.1 数据来源与样本选择

本研究数据来源于我国某省会城市卫健委提供的多家医疗机构的门诊数据。该数据全面地记录了该市各个医疗机构的门诊处方信息，包括患者的门诊诊断明细信息和医嘱明细信息，以及就诊医院和医生的信息，包括医生所开具的药品名称、药品数量、药品费用等。2022 年 1—8 月，该市的医疗信息系统中实现了嵌套 CDSS 板块的功能，各家医疗机构开始陆续上线 CDSS。CDSS 包含两大核心功能：辅助诊疗和知识查询。其中辅助诊疗包含疑似诊断、诊断质控、检查检验推荐、用药推荐等功能。医生打开医院信息系统后，可以在系统界面右边看到 CDSS 板块。医生输入患者的症状后，CDSS 板块会显示患者的疑似诊断。医生给出对患者的诊断后，CDSS 会对医生的诊断进行诊断质控，判断医生的诊断是否正确和完整。如果医生存在漏诊、误诊或诊断依据不足等情况，CDSS 会对相应的情况给出不同的提醒。此外，CDSS 会在医生给出诊断之后提供用药推荐，并提供各类合理用药规则。

本研究选择 2021 年 6 月至 2023 年 4 月作为研究观测期，其中 2021 年 6 月至 2021 年 12 月为预处理期。2022 年 1—8 月是 CDSS 逐步在各个医疗机构上线的时期。2022 年 9 月到 2023 年 4 月是 CDSS 完全上线后的稳定期，这段时间的数据可以提供系统全面实施后的效果评估。一些医疗机构并没有在以上时间段上线 CDSS，这为我们识别 CDSS 的效果提供了条件。由于门诊医嘱数据量庞大，本研究通过随机抽样的方法，从总体数据中抽取 1053 名医生的数据作为样本数据，并将数据处理为医生与月份维度的面板数据格式。在根据下达医嘱人的 ID 与医疗机构代码将医嘱数据与医院和医生数据匹配后，发现其中 724 名医生在观测期有开具处方的记录，并获得了 12691 份观测值。这些数据来自该市 53 家医疗机构，其中 12 家在 2022 年 1—8 月开始使用 CDSS，其余 41 家在整个样本观测期内没有上线 CDSS。

3.2　变量定义与测量

（1）因变量。本研究选择处方药品多样性作为主要结果变量。处方药品多样性通过医生对每个病人平均开具的不同种类处方药品的数量进行月度平均来计算。通过比较医生在采用 CDSS 前后开出的不同种类处方药品数量和处方费用的变化，可以评估 CDSS 采用对医生处方药品多样性和费用的影响。

（2）自变量。CDSS 上线的机构和时间衡量了医生使用 CDSS 的情况。本研究引入了两个虚拟变量。其中一个虚拟变量表示医生所在医疗机构是否在研究期间上线 CDSS，如果上线了 CDSS，则该变量取值为 1，否则为 0。另一个虚拟变量指示医生所在医院上线 CDSS 的时间，如果医生所在医疗机构在观测月份 t 及其之后月份上线了 CDSS，则该变量取值为 1，否则为 0。

（3）其他变量。本研究还控制了医生层面、医疗机构层面及其他层面的变量对因变量的影响。在医生层面，本研究控制了医生性别、职业类别、医生职称、医生学历等变量的影响。在医疗机构层面，本研究控制了医院级别、等次等变量的影响。此外，本研究还控制了医疗机构、医生和月份层面的固定效应。各变量的具体定义见表 1。

表 1　**主要变量定义**

类型	变量名称	变量缩写	解释/测量
因变量	处方药品多样性	$Divers_{it}$	医生 i 在月份 t 为每个病人开出的不同种类处方药品数量的平均值
自变量	是否上线 CDSS	$Treat_i$	医生 i 所在医疗机构如果上线了 CDSS 则取值为 1，否则为 0
	CDSS 上线时间	$Post_{it}$	月份 t 如果处于 CDSS 上线时及之后的时间段则取值为 1，否则为 0
控制变量	医生性别	$Gender_i$	医生 i 性别为男性时取值为 1，女性时为 0
	医生职业类别	$Occup_i$	医生 i 职业类别为中医时取值为 1，西医时为 0
	医生学历	$Degree_i$	医生 i 学历为博士时取值为 0，其他为 1
	医生职称	$Title_i$	医生 i 职称为医师时取值为 0，主治医师时为 1，副主任医师时为 2，主任医师时为 3
	医疗机构等次	$HosCls_i$	医疗机构的等次是甲等时取值为 0，是乙等或丙等时取值为 1
	医疗机构级别	$HosLvl_i$	医疗机构的级别是一级时取值为 0，是二级时取值为 1，是三级时取值为 2
	月份固定效应	$MonFE_t$	用于控制月份特定因素对结果变量的影响
	医生固定效应	$DocFE_i$	捕捉了所有医生层面不随时间变化的特征
	医疗机构固定效应	$HosFE_i$	捕捉了所有医疗机构层面不随时间变化的特征

3.3 模型设定

在理想的研究环境中，CDSS 的上线与否应随机分配到各个医疗机构，然而，现实条件下实现随机分配的机会十分难得。参考以往研究，本研究采用双重差分法的准实验设计。具体而言，上线了 CDSS 的医疗机构的医生构成处理组，而观测期内未上线 CDSS 的医疗机构的医生构成对照组。本文通过对 CDSS 上线前后处理组医生和对照组医生之间处方行为差异的比较，来识别 CDSS 使用对医生处方行为的影响。由于不同的医疗机构采用 CDSS 的时间不同，这种情况对样本医生群体构成了时间交错的外部冲击。因此，本研究构建多期 DID 模型，来估计 CDSS 采用对医生处方行为影响的因果效应。多期 DID 是一种用于估计政策或干预措施效果的计量经济学方法。它是传统两期 DID 方法的扩展，允许研究者使用多个时间点的数据来分析政策效果。这种方法特别适用于处理那些在不同时间点实施的政策或干预（Angrist & Pischke，2009；Osheroff et al.，2012）。在本研究中，该地区医疗机构对 CDSS 的使用是外生冲击事件，由于每个医院上线 CDSS 的时间不同，多期 DID 是合适的研究方法。研究模型设定如下：

$$\text{Divers}_{it} = \beta_0 + \beta_1 \times \text{Treat}_i \times \text{Post}_{it} + \beta_2 \times X_{it} + \text{MonFE}_t + \text{DocFE}_i + \text{HosFE}_i + \epsilon_{it}$$

其中 Divers_{it} 表示研究考察的被解释变量，即医生 i 在时期 t 平均每患者开具的处方药品种类数量。Treat_i 表示医生 i 所在医院是否在研究时点上线 CDSS，如果上线，则赋值 1，否则赋值 0。Post_{it} 表示医生 i 所在医院是否在时间 t 上线 CDSS，如果上线，则赋值 1，否则赋值 0。系数 β_1 捕获了 CDSS 影响效应的大小。X_{it} 为控制变量，包括医生性别、医生中西医类别、医生所处科室、每月接诊病人数量和每月接诊患者平均年龄，具体见表 1。MonFE_t、DocFE_i 和 HosFE_i 分别表示月份固定效应、医生个体固定效应和医疗机构固定效应。

4. 实证分析和结果

4.1 描述性统计与分析

表 2 列出了变量描述性统计分析结果。在本研究中，每个医生每月每患者平均处方药物数量为 2.73，标准差为 2.45；在医生性别中，男性医生占比 56.54%，女性医生占比 43.46%；在医生职业类别中，中医职业类别医生占比 48.92%，西医职业类别医生占比 51.08%；在医生学历中，博士占比 22.46%，硕士和本科占比 77.54%；在医生职称中，医师占比 24.93%，主治医师占比 33.06%，副主任医师 27.20%，主任医师占比 14.81%；在医疗机构等次中，甲等医院占比 77.48%，乙等和丙等医院共占比 22.52%；在医疗机构级别中，一级医院占比 8.41%，二级医院占比 4.90%，三级医院占比 86.69%。

表 2　　　　　　　　　　　　　　　描述性统计

变量	样本量	均值	标准差	最大值	最小值
处方药品多样性	12691	2.73	2.45	35.39	1
医生性别	12691	0.57	0.50	1	0
医生职业类别	12691	0.49	0.50	1	0
医生学历	12691	0.78	0.50	2	0
医生职称	12691	1.32	1.01	3	0
医疗机构等次	12691	0.23	0.42	2	0
医疗机构级别	12691	1.78	0.58	2	0

4.2　平行趋势检验

本文使用事件分析法进行平行趋势检验，将 CDSS 上线前第 3 月这一时间节点定位比较基准期，平行趋势检验的基本模型设定如下：

$$\text{Divers}_{it} = \alpha_0 + \alpha_1 \times \text{Pre}_{-2} + \alpha_2 \times \text{Pre}_{-1} + \alpha_3 \times \text{Current}_0 + \cdots + \alpha_{14} \times \text{Post}_{11} + \text{MonFE}_t + \text{DocFE}_i + \text{HosFE}_i + \epsilon_{it}$$

其中，Current_0 表示上线 CDSS 的当期，Pre 表示 CDSS 上线前，Post 表示上线后，角标数字表示 CDSS 上线前后第几月，系数 α_t 表示第 t 月上线 CDSS 的医疗机构与未上线 CDSS 的医疗机构的用药多样性差异，平行趋势检验图如图 1 所示。结果发现在 CDSS 上线前几期，虚拟变量回归系数均不显著（$\alpha_1 = -0.08$，$p > 0.1$；$\alpha_2 = -0.39$，$p > 0.1$），这表明 CDSS 上线前医疗机构与未上线 CDSS 医疗机构并不存在显著性差异，满足平行趋势假设。在 CDSS 上线后，虚拟变量回归系数前四期显著为负（$\alpha_4 = -0.77$，$p < 0.01$；$\alpha_5 = -0.84$，$p < 0.01$；$\alpha_6 = -0.81$，$p < 0.01$），之后几期的虚拟变量

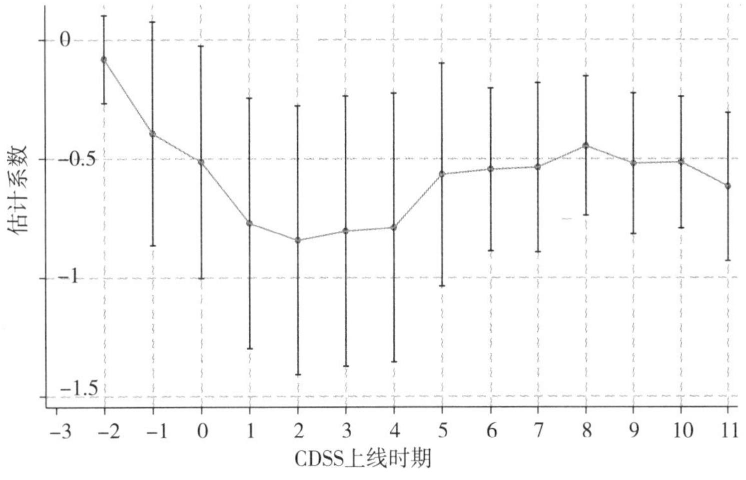

图 1　平行趋势检验图

回归系数也显著为负，表明上线 CDSS 医疗机构与未上线 CDSS 医疗机构之间存在显著差异，CDSS 对减少医生用药多样性的效果显著，综上所述，用药多样性的减少并不是 CDSS 上线前的共同趋势所导致的，模型通过平行趋势检验。

4.3 实证检验结果

表 3 中的模型(1)和模型(2)展示了医生采用 CDSS 对处方药品多样性影响的回归结果。其中，第一列加入医生所在医疗机构是否上线 CDSS 和该月份医疗机构是否上线 CDSS 的虚拟变量的自变量交乘项，模型(2)在模型(1)的基础上加入了医院机构等次的调节变量、月份固定效应、医生个体固定效应和医疗机构固定效应。

从模型(1)可以看到，医生所在医疗机构是否上线 CDSS 和该月份医疗机构是否上线 CDSS 的虚拟变量的自变量交乘项系数显著为负(β=-0. 76，p<0. 01)，这表明采用 CDSS 的医疗机构的医生，在采用 CDSS 后，每月平均会比未采用 CDSS 的医生对每个病人少开 0. 76 种药物，证明医生对 CDSS 的采用会减少医生处方的用药多样性。这可能因为 CDSS 帮助提高了医生临床指南的依从性，CDSS 提供的标准化指南确保了医生遵循临床指南(Wright & Sittig，2008)；而且 CDSS 的实时警报和建议，减少了不必要的药物开具，从而减少了医生处方药物的多样性。

模型(2)在模型(1)的基础上加入了医疗机构等次的调节变量、月份固定效应、医生个体固定效应和医疗机构固定效应，从模型(2)可以看到，自变量交乘项系数依旧显著为负(β=-0. 72，p<0. 01)，自变量交乘项与医疗机构等次的交乘项系数显著为负(β=-0. 75，p<0. 01)，这表明相较于甲级医疗机构，乙级和丙级医疗机构的医生对 CDSS 的采用与医生处方的用药多样性之间的负向关系被增强。这可能因为甲级医疗机构的医生总体上临床经验更为丰富，在对处方药品选择的多样性方面有更高的自主性，而乙级和丙级医疗机构的医生可能更依赖 CDSS 的标准化建议来弥补临床经验的不足，所以采用 CDSS 对乙级和丙级医疗机构医生用药多样性的减少要更为明显。

表 3　　**采用 CDSS 对处方药品多样性的影响**

变量	$Divers_{it}$					Fee_{it}	Std_Divers_{it}
	(1)	(2)	(3)	(4)	(5)	(6)	(7)
Treat×Post	-0. 76***	-0. 72***	-1. 03**	-0. 98***	-0. 82***	78. 31	-0. 48***
	(-12. 56)	(-3. 64)	(-2. 12)	(-3. 30)	(-3. 12)	(0. 46)	(-4. 01)
Treat×Post×HosCls		-0. 75***	-0. 73*	0. 93***	1. 04***	-40. 77	-0. 53***
		(-3. 60)	(-1. 66)	(3. 41)	(4. 05)	(-0. 20)	(-3. 74)
Constant	2. 84***	4. 18***	4. 97***	4. 12***	4. 24***	-2085. 54***	2. 97***
	(120. 97)	(9. 07)	(10. 12)	(13. 73)	(8. 98)	(-3. 69)	(9. 86)
MonFE	NO	YES	YES	YES	YES	YES	YES
DocFE	NO	YES	YES	YES	YES	YES	YES

续表

变量	$Divers_{it}$					Fee_{it}	Std_Divers_{it}
	(1)	(2)	(3)	(4)	(5)	(6)	(7)
HosFE	NO	YES	YES	YES	YES	YES	YES
Observations	12691	12691	7061	8478	5275	12691	12691
R-squared	0. 01	0. 10	0. 14	0. 11	0. 11	0. 12	0. 07
AIC	58646. 5	41030. 2	22457. 4	28013. 9	15592. 0	234662. 5	38812. 9

注：***代表 $p<0.01$，**代表 $p<0.05$，* 代表 $p<0.1$；括号内为 t 统计量。

5. 医生处方费用分析与稳健性检验

5.1　医生处方费用分析与稳健性检验

本文认为 CDSS 的采用可能通过多种途径影响医生的处方行为，帮助他们在选择药物时更加精准，从而优化药物选择，减少多余和不必要的药物使用。尽管这种优化过程可能会导致用药多样性的降低，但这并不必然意味着医生会简单地转向使用更廉价的药品。优化用药可能更侧重于在保证治疗效果的同时减少不必要的药物，而非仅仅压低费用。减少用药多样性并不意味着处方费用减少。

为了排除医生用药多样性的减少是由处方费用变化导致这一可能性，本研究分析了 CDSS 的采用对医生处方费用的影响。本研究把医生处方费用 Fee_{it} 作为结果变量，表示医生 i 在月份 t 为每个病人开出的处方药品费用的平均值。回归结果如表 3 模型(6)所示，医生所在医疗机构是否上线 CDSS 和该月份医疗机构是否上线 CDSS 的虚拟变量的交乘项系数为正但不显著($\beta=78.31$，$p>0.1$)，调节效应系数为负但不显著($\beta=-40.77$，$p>0.1$)，这说明医生采用 CDSS 后，处方费用并没有显著变化，证实了医生用药多样性的减少并非处方费用的变化所导致的。

5.2　稳健性检验

在第一个稳健性检验中，本研究剔除掉存在月份缺失的医生，最终剔除了 417 个医生，留下 307 个医生和 7061 个观测值。对剔除医生的数据进行观察发现，部分医生的月份缺失是连续的，这可能因为他们是研究期内新入职的医生，或者存在离岗与岗位变动。部分医生在研究期内只有少数几个月有开具处方行为，这可能因为他们是兼职医生或是短期负责某些特定项目或任务。回归结果如表 3 模型(3)所示，医生所在医疗机构是否上线 CDSS 和该月份医疗机构是否上线 CDSS 的虚拟变量的交乘项系数依旧显著为负($\beta=-1.03$，$p<0.05$)，调节效应系数边缘显著为负($\beta=-0.73$，$p<0.1$)，说明本研究得到的结果是稳健的。

在第二个稳健性检验中，本研究采用了一个新的医生用药多样性衡量标准，使用每月每个医生为每位患者开药种类数量的标准差 Std_Divers_{it} 来衡量开药种类数量的离散程度，通过计算标准差，可以观察医生在药物选择上是否具有一致性或多变性，标准差离散程度的变化代表了医生用药多样性的变化。回归结果如表 3 模型(7)所示，医生所在医疗机构是否上线 CDSS 和该月份医疗机构是否上线 CDSS 的虚拟变量的交乘项系数依旧显著为负($\beta=-0.48$，$p<0.01$)，且调节效应系数也显著为负($\beta=-0.53$，$p<0.01$)，说明 CDSS 的采用降低了医生对每个病人的处方开药种类的离散度，减少了医生用药多样性。

在第三个稳健性检验中，为了排除阶段性疾病对药品多样性的影响，本研究仅选取 2022 年 9 月及之前的数据进行回归，因为 2022 年 9 月后该市出现了阶段性爆发的疫情，在 2023 年 1 月后逐渐结束，这可能对药品多样性造成影响，最终得到 8478 份观测值。回归结果如表 3 模型(4)所示，医生所在医疗机构是否上线 CDSS 和该月份医疗机构是否上线 CDSS 的虚拟变量的交乘项系数依旧显著为负($\beta=-0.98$，$p<0.01$)，说明本研究得到的结果是稳健的。

在第四个稳健性检验中，为了排除季节因素对药品多样性的影响，本研究把时间维度转变为季度维度，将每年的时间分为 1—3 月、4—6 月、7—9 月、10—12 月 4 个季度，同时加入季度虚拟变量作为额外控制变量，关注 CDSS 的采用对医生每季度用药多样性的影响，最终获得 2021 年第二季度到 2023 年第二季度共 9 个季度的 5275 份观测值。回归结果如表 3 模型(5)所示，医生所在医疗机构是否上线 CDSS 和该月份医疗机构是否上线 CDSS 的虚拟变量的交乘项系数依旧显著为负($\beta=-0.82$，$p<0.01$)，说明本研究得到的结果是稳健的。

6. 结论和讨论

6.1 研究结论

本研究选取中国某省会城市上线 CDSS 为外生事件，评估了采用 CDSS 对医生处方行为的影响。实证结果表明，CDSS 的采用减少了医生处方的用药多样性。这可能因为 CDSS 通常依赖最新的临床指南和证据库。这些系统向医生提供基于证据的、标准化的治疗建议，促使医生更多地遵循标准化的治疗方案，从而减少了个体化处方的可能性。此外，本研究还发现，医疗机构等次在 CDSS 对医生处方行为的影响中起调节作用。具体而言，甲等医疗机构医生采用 CDSS 的影响可能更少。这表明高等次医疗机构的医生临床经验更为丰富，在对处方药品的选择方面有更多的自主性，但低等次医疗机构的医生可能更依赖 CDSS 的标准化建议来弥补临床经验的不足，所以 CDSS 对低等次医疗机构医生行为的规范作用更强。

6.2 研究贡献

第一，本研究扩展了智慧化技术影响医疗服务行为相关文献的研究维度，丰富了关于专业化医疗、信息技术和服务行为的跨学科交叉研究。先前智慧化医疗服务领域的行为文献主要考察了医疗人员的技术采纳行为(Cai et al.，2023)、医患沟通(Yang et al.，2024)、遵从行为(Liang & Xue，

2022）和道德风险行为（Slepchuk et al.，2022）等方面，而本研究重点关注的医生用药多样性直接反映了医疗服务行为中服务提供者与服务接受者之间的服务交互，在理论层面增加了研究智慧化技术对医疗服务行为影响的一个新维度，通过对用药多样性的测量，为用药行为增加了新的刻画。此外，CDSS 的采用可以使医生用药多样性降低这一结果也为医疗领域智慧化技术实施的效果提供了新的实证证据。

第二，本研究为智能推荐技术影响用户使用行为的主题研究提供了不同情境、不同视角的理解。一方面，先前的消费研究已经广泛探讨过 CDSS 作为一项辅助决策的智慧推荐技术，对采用者行为多样性的影响（Holstiege et al.，2015；Slepchuk et al.，2022），然而在专业化服务情境中的实施效果有待进一步明晰。本研究基于专业化服务情境，研究了 CDSS 对医疗人员行为的效果，证明 CDSS 的采用可以减少医生用药多样性，这为专业化服务情境中智慧推荐技术对使用者行为的影响提供了新的证据。另一方面，现有研究一般基于情景模拟实验，考察医患接受与使用智能推荐技术的影响（Bouayad et al.，2020；Liang & Xue，2022），本研究基于大规模的实地实验方法展开研究工作，使用某省会城市的医疗数据进行实证研究，真实行为数据的分析增强了该领域研究的外部效度。

第三，本研究对智慧化医疗技术的现实应用和公共政策研究也提供了贡献。医生多重用药是当前医疗领域亟待解决的重要问题，与医生群体的行为息息相关。本研究表明 CDSS 的采用能够有效地降低医生用药多样性，这些影响在医疗机构层面呈现出差异性。因此，医疗机构管理者与政府部门可以有针对性地制定相应智慧化医疗技术实施方案以缓解上述社会问题，使智慧化医疗技术的成本投入转化为更多的积极效益。同时，本研究也为引导药品市场的标准化和增强人民群众健康福祉提供了政策依据。

6.3　管理启示

第一，本研究证明除了硬性的医疗规章制度可以改变医生行为外，非强制政策也可以在不直接强制执行的情况下，通过软性方式逐渐影响和改进医生的临床行为与决策。CDSS 通过为医生提供实时、基于证据的建议，帮助医生在诊断和治疗过程中做出更明智的决策，逐渐提升医生的依从性。这为政府医疗管理政策的制定和医疗机构规章制度的制定提供了启示，除了一些硬性规定外，一些非强制政策也可以促使医生主动依从，并产生很好的效果。

第二，本研究发现 CDSS 对低等次医疗机构医生用药多样性的减少更为明显，这可能因为高等次医疗机构医生的临床经验更为丰富，低等次医疗机构的医生更依赖 CDSS 的标准化建议来弥补临床经验的不足。由于 CDSS 的上线对低等次医疗机构的影响更大，可以向尚未采用 CDSS 的低等次医疗机构大力推广 CDSS。

6.4　局限性及展望

受到研究数据和方法等方面的限制，本文还存在一些局限性，有待今后研究进一步完善。首先，本研究无法完全消除未观察到的随时间变化的混杂因素导致的内生性。由于进行随机实验具有难度，未来可以使用不同的数据进行更多观察性研究。其次，医生个人信息的相关数据获取存在一定的局限性，由于医生年龄、出生地、入职时间等信息的敏感性，这些信息存在信息披露的局限性，导致控制变量选取有限，可能会影响研究结果的可靠性。此外，研究对象范围有待扩大，本文选取我国某省会城市医疗机构的医生作为研究对象，但在具体分析问题过程中，无法充分考虑地域影响因素，尤其是在我国地区医疗资源分布不均衡的背景下。因此，未来研究在数据可得性的基础上，有必要探讨不同地域辅助诊疗系统所造成影响的异质性。最后，本研究发现高等次医疗机构的用药多样性受 CDSS 上线影响有限，未来研究可以关注如何促进高等次医疗机构使用自动化方式进行诊疗，提升诊疗效率。

◎ 参考文献

[1] Abouzahra, M., Guenter, D., Tan, J. Exploring physicians' continuous use of clinical decision support systems[J]. European Journal of Information Systems, 2024, 33 (2).

[2] Anathhanam, S., Powis, R. A., Cracknell, A. L. et al. Impact of prescribed medications on patient safety in older people[J]. Therapeutic Advances in Drug Safety, 2012, 3 (4).

[3] Angrist, J. D., Pischke, J.-S. Mostly harmless econometrics: An empiricist's companion[K]. Princeton University Press, 2009.

[4] Aremu, T. O., Oluwole, O. E., Adeyinka, K. O. et al. Medication adherence and compliance: Recipe for improving patient outcomes[J]. Pharmacy, 2022, 10 (5).

[5] Basu, S., Garg, S. Antibiotic prescribing behavior among physicians: Ethical challenges in resource-poor settings[J]. Journal of medical ethics and history of medicine, 2018, 11.

[6] Beeler, P. E., Bates, D. W., Hug, B. L. Clinical decision support systems[J]. Swiss Medical Weekly, 2014, 144 (5152).

[7] Bouayad, L., Padmanabhan, B., Chari, K. Can recommender systems reduce healthcare costs? The role of time pressure and cost transparency in prescription choice[J]. MIS Quarterly, 2020, 44 (4).

[8] Brownlee, S., Chalkidou, K., Doust, J. et al. Evidence for overuse of medical services around the world [J]. The Lancet, 2017, 390 (10090).

[9] Cai, Z., He, H., Huo, W. et al. More unique, more accepting? Integrating sense of uniqueness, perceived knowledge, and perceived empathy with acceptance of medical artificial intelligence[J/OL]. International Journal of Human-Computer Interaction, 2023, https://www.tandfonline.com/doi/full/10.1080/10447318.2023.2291616.

[10] Chow, A., Lye, D. C. B., Arab, O. A. Psychosocial determinants of physicians' acceptance of recommendations by antibiotic computerised decision support systems: A mixed methods study[J]. International Journal of Antimicrobial Agents, 2015, 45 (3).

[11] Compton, W. M., Volkow, N. D., Major increases in opioid analgesic abuse in the United States: Concerns and strategies[J]. Drug and Alcohol Dependence, 2006, 81 (2).

[12] Dai, T., Singh, S. Conspicuous by its absence: Diagnostic expert testing under uncertainty [J]. Marketing Science, 2020, 39 (3).

[13] Dart, R. C., Surratt, H. L., Cicero, T. J. et al. Trends in opioid analgesic abuse and mortality in the United States[J]. New England Journal of Medicine, 2015, 372 (3).

[14] Davari, M., Khorasani, E., Tigabu, B. M. Factors influencing prescribing decisions of physicians: A review[J]. Ethiopian Journal of Health Sciences, 2018, 28 (6).

[15] Delara, M., Murray, L., Jafari, B. et al. Prevalence and factors associated with polypharmacy: A systematic review and meta-analysis[J]. BMC Geriatrics, 2022, 22 (1).

[16] Gates, P. J., Hardie, R. A., Raban, M. Z. et al. How effective are electronic medication systems in reducing medication error rates and associated harm among hospital inpatients? A systematic review and meta-analysis[J]. Journal of the American Medical Informatics Association, 2021, 28 (1).

[17] Holstiege, J., Mathes, T., Pieper, D. Effects of computer-aided clinical decision support systems in improving antibiotic prescribing by primary care providers: A systematic review [J]. Journal of the American Medical Informatics Association, 2015, 22 (1).

[18] Jones, C., Thornton, J., Wyatt, J. C. Enhancing trust in clinical decision support systems: A framework for developers[J]. British Medical Journal Health & Care Informatics, 2021, 28 (1).

[19] Khazzaka, M. Pharmaceutical marketing strategies' influence on physicians' prescribing pattern in Lebanon: Ethics, gifts, and samples[J]. BMC Health Services Research, 2019, 19 (1).

[20] Kwan, J. L., Lo, L., Ferguson, J. et al. Computerised clinical decision support systems and absolute improvements in care: Meta-analysis of controlled clinical trials[J]. British Medical Journal, 2020, 370.

[21] Liang, H., Xue, Y. Save face or save life: Physicians' dilemma in using clinical decision support systems[J]. Information Systems Research, 2022, 33 (2).

[22] Lu, L., Wang, S., Chen, J. et al. Associated adverse health outcomes of polypharmacy and potentially inappropriate medications in community-dwelling older adults with diabetes [J]. Frontiers in Pharmacology, 2023, 14.

[23] Lyu, H., Xu, T., Brotman, D. et al. Overtreatment in the United States[J]. Plos One, 2017, 12 (9).

[24] Morgan, D. J., Brownlee, S., Leppin, A. L. et al. Setting a research agenda for medical overuse[J]. British Medical Journal, 2015, 351.

[25] Osheroff, J. A., Teich, J.Levick, D. et al. Improving outcomes with clinical decision support: An implementer's guide[M]. Himss Publishing, 2012.

[26] Park, Y., Bang, Y., Kwon, J. Clinical decision support system and hospital readmission reduction: Evidence from US panel data[J]. Decision Support Systems, 2022, 159.

[27] Prakash, A. V., Das, S. Medical practitioner's adoption of intelligent clinical diagnostic decision support systems: A mixed-methods study[J]. Information & Management, 2021, 58 (7).

[28] Reis, W. C., Bonetti, A. F., Bottacin, W. E. et al. Impact on process results of clinical decision

support systems（CDSSs）applied to medication use: Overview of systematic reviews[J]. Pharmacy Practice, 2017, 15 (4).
[29] Sirovich, B., Gallagher, P. M., Wennberg, D. E. et al. Discretionary decision making by primary care physicians and the cost of U.S. health care[J]. Health Affairs, 2008, 27 (3).
[30] Slepchuk, A. N., Milne, G. R., Swani, K. Overcoming privacy concerns in consumers' use of health information technologies: A justice framework[J]. Journal of Business Research, 2022, 141.
[31] Stivers, T. Managing patient pressure to prescribe antibiotics in the clinic[J]. Pediatric Drugs, 2021, 23 (5).
[32] Sutton, R. T., Pincock, D., Baumgart, D. C. et al. An overview of clinical decision support systems: benefits, risks, and strategies for success[J].Digital Medicine, 2020, 3 (1).
[33] Taheri Moghadam, S., Sadoughi, F., Velayati, F. et al. The effects of clinical decision support system for prescribing medication on patient outcomes and physician practice performance: A systematic review and meta-analysis[J]. BMC Medical Informatics and Decision Making, 2021, 21 (1).
[34] Wang, Z., Wang, R., Li, X. et al. Influencing factors of generic prescribing behavior of physicians: A structural equation model based on the theory of planned behavior[J]. Risk Management and Healthcare Policy, 2024.17.
[35] Wright, A., Sittig, D. F. A four-phase model of the evolution of clinical decision support architectures [J]. International Journal of Medical Informatics, 2008, 77 (10).
[36] Wushouer, H., Ko, W., Du, K. et al. Exploring facilitators and barriers to delayed antibiotic prescribing in rural northwest China: A qualitative study using the theoretical domains framework and behavior change wheel[J]. Antibiotics-Basel, 2023, 12 (12).
[37] Yang, Y., Ngai, E. W. T., Wang, L. Resistance to artificial intelligence in health care: Literature review, conceptual framework, and research agenda[J]. Information & Management, 2024, 61 (4).
[38] Yao, L., Yin, J., Huo, R. et al. The effects of the primary health care providers' prescription behavior interventions to improve the rational use of antibiotics: A systematic review[J]. Global Health Research and Policy, 2020, 5 (1).

The Impact of Clinical Decision Support System Adoption on Physicians' Medication Diversity

Cui Nan　Xie Jiquan　Lv Junyan
(Economics and Management School, Wuhan University, Wuhan, 430072)

Abstract: Physicians' prescribing behavior plays a crucial role in the medical process. However, during the prescription process, issues such as polypharmacy and excessive drug variety often occur. These prescribing behaviors lead to increased medication diversity, which may result in negative consequences such as antibiotic misuse. Reducing the negative impact of such prescribing behaviors is an important issue in healthcare management. The development of smart healthcare technologies, particularly the application of

Clinical Decision Support Systems (CDSS) in healthcare systems, provides a promising approach to alleviate these negative effects. However, whether CDSS can reduce medication diversity in prescriptions and thus mitigate the negative effects of polypharmacy has not been systematically empirically investigated. This study uses data obtained from the Health Commission of a provincial capital city in China, constructing a multi-period DID model to empirically explore the impact of CDSS adoption on physicians' prescription medication diversity and patients' medical costs. The study finds that the adoption of CDSS reduces the diversity of physicians' prescriptions. The level of medical institutions moderates the impact of CDSS on physicians' prescribing behavior. The research results provide an explanation for the implementation effects of smart technology from the perspective of professional service providers, filling gaps in the existing literature on physicians' prescribing behavior.

Key words: Clinical decision support system; Prescribing behavior; Medication diversity; Multi-period difference-in-differences

专业主编：寿志钢

2024 年总目录

第 1 辑

第 2 辑

第 3 辑

第 4 辑

第 5 辑

第6辑

投 稿 指 南

《珞珈管理评论》是由武汉大学主管、武汉大学经济与管理学院主办的管理类集刊，创办于2007年，由武汉大学出版社出版。2017年始入选《中文社会科学引文索引（2017—2018年）来源集刊目录》（CSSCI），至2023年一直持续入选CSSCI集刊目录；2023年入选AMI核心集刊。

自2022年起，《珞珈管理评论》由季刊改为双月刊。为全国一百多所高等院校图书馆或相应院系资料室收藏，为中国知网、超星、万方、重庆维普、博看网收录、发布，被列入中国人民大学复印资料中心重要转载期刊。

《珞珈管理评论》以服务中国管理理论与实践的创新为宗旨，以促进管理学学科繁荣发展为使命。本集刊主要发表工商管理学领域有关本土问题、本土情境的学术论文，介绍知识创造和新方法的运用，推广具有实践基础的研究成果。热忱欢迎国内外管理学研究者踊跃赐稿。敬请投稿者注意以下事项：

1.严格执行双向匿名评审制度，不收版面费、审稿费等任何费用。

2.启用网上投稿、审稿系统，请作者进入本网站（http://jmr.whu.edu.cn）的“作者中心”在线投稿。根据相关提示操作，即可完成注册、投稿。上传稿内容包括：文章标题、中文摘要（400字左右）、关键词（3~5个）、中图分类号、正文、参考文献、英文标题、英文摘要。完成投稿后，还可以通过“作者中心”在线查询稿件处理状态。如有疑问，可与《珞珈管理评论》编辑部（027-68755911）联系。不接受纸质版投稿。

3.上传文稿为Word和PDF两种格式，请用正式的GB简体汉字横排书写，文字清晰，标点符号规范合理，句段语义完整，全文连贯通畅，可读性好：全文以12000~18000字为宜(有价值的综述性论文，可放宽到20000字左右)，论文篇幅应与其贡献相匹配。图表、公式、符号、上下角标、外文字母印刷体应符合规范。

4.正文文稿格式为：(中文) 主题→作者姓名→工作单位→摘要→关键词（3~5个）→1引言(正文一级标题)→内容（1.1 （正文二级标题），1.2……结论）→参考文献→(英文)主题→作者姓名→工作单位一摘要→关键词→附录；摘要不超过400字。

5.来稿录用后，按规定赠予当期印刷物两本（若作者较多，会酌情加寄）。

6.注释、引文和参考文献，各著录项的具体格式请参照网站投稿指南。

7.文责自负。作者须郑重承诺投稿论文为原始论文，文中全部或者部分内容从来没有以任何形式在其他任何刊物上发表过，不存在重复投稿问题，不存在任何剽窃与抄袭。一旦发现论文涉及以上问题，本编辑部有权采取必要措施，挽回不良影响。

8.作者应保证拥有论文的全部版权(包括重印、翻译、图像制作、微缩、电子制作和一切类似的重新制作)。作者向本集刊投稿行为即视做作者同意将该论文的版权，包括纸质出版、电子出版、多媒体出版、网络出版、翻译出版及其他形式的出版权利，自动转让给《珞珈管理评论》编辑部。